원전사고로부터의 부흥과 주민참가

–후쿠시마원전사고 후의 법정책–

원전사고로부터의 부흥과 주민참가

– 후쿠시마원전사고 후의 법정책 –

편저

다카하시 시게루(高橋 滋)

공익재단법인 스미토모덴코(住友電工)그룹사회공헌기금
히토츠바시대학환경법정책강좌

함인선 역

maronie

■ 역자 서문

본서는 다카하시 시게루(高橋 滋) 교수 외 편저『原発事故からの復興と住民参加－福島原発事故後の法政策－』(第一法規, 2017)을 번역한 것이다. 역자가 2017년 3월에 번역하여 출간한『후쿠시마원전사고와 법정책』(마로니에, 2017)의 후속편이라고도 할 수 있다. 본서도 2017년 역서와 마찬가지로 다카하시 교수가 스미토모덴코그룹사회공헌기금의 지원을 받아 이루어진 동일본대진재관련 연구프로젝트의 성과의 일부라고 할 수 있다.

본서는 2017년 역서와 달리, 관련 국제심포지엄에서의 발표형식을 거의 그대로 지면에 옮긴 형태를 취하고 있다. 즉, 2016년 9월 24, 25일 이틀에 걸쳐 개최된 히토츠바시대학정책포럼/환경법정책강좌 심포지엄『후쿠시마원전사고와 법정책－진재・원전사고로부터의 부흥을 향하여－(福島原発事故と法政策－震災・原発事故からの復興に向けて－)』를 거의 그대로 하나의 서책으로 엮은 형태를 취하고 있다. 구체적으로 보면, 인사말, 기조강연, 세션1「후쿠시마원전사고 후의 법정책」, 세션2「주민참가, 리스크커뮤니케이션」, 세션3「후쿠시마원전사고 후의 안전규제」, 그리고 전체강평과 폐회인사의 순으로 구성되어 있다. 그리고, 각 세션별로 3,4개의 주제발표와 패널디스커션으로 되어 있는 바, 세션1은 '원자력손해배상제도－그 현황과 개혁과제－', '방사성물질오염대책①－사고유래방사성물질오염폐기물 처리의 현황과 과제－', '방사성물질오염대책②－오염제거법제의 검증－', '국제적인 원자력손해배상의 체계－통찰과 시사－'와 패널디스커션, 세션2는 '고준위방사성폐기물처분과 리스크커뮤니케이션', '해외의 노력－주민참가・리스크커뮤니케이션－', '오후스조약과 원자력'과 패널디스커션, 그리고 세션3에서는 '일본에서의 안전규제－실용발전용원자로와 관련된 신규제기준에 대하여－', '원자력규제기관의 조직・기능과 원자력규제개혁', '후쿠시마제1원전사고 후의 동아시아 국가들에서의 원자력규제', '한국에서의 안전규제－그 법시스템과 원전관련비리 방지를 중심으로 하여－'와 패널디스커션이 그것이다. 이러한 편제는 종래의 서술형 원고의 형태와는 달리, 대화형의 발표형식이기 때문에 독자들이 종래보다 읽기 쉬운 형태로 된 게 아닌가 생각해본다.

본서를 출간하게 된 배경에 대해서는 2017년 역서의 역자서문에도 나와 있지만, 역자가 2011년 3월의 동일본대진재 당시에 히토츠바시대학에서 연구하고 있던 중 이를 직접 체험하게 되었던 점과 다카하시 교수님과의 오랜 인연 이외에도, 본서의 경우에는 역자도 발제자의 한 사람으로서 참여하게 되었다는 점을 추가로 덧붙이고 싶다. 그리고, 2017년 역서와 마찬가지로 본서의 번역에 대해서도 다카하시 교수님이 흔쾌히 승낙해주셨다.

본서의 출판에 있어서는 전남대학교 학술도서출판사업의 지원을 받았다. 전남대학교의 이러한 지원이 우리에게 필요한 도서의 출판에 큰 힘이 되는 것은 물론이다. 또한, 본서를 출판함에 있어서 어려운 편집을 맡아 잘 처리해주신 전남대학교출판문화원의 배민숙 선생님과 본서의 교정을 꼼꼼하게 보아준 전남대학교 법학연구소의 박은지 연구원에게 감사의 마음을 전한다.

2019년 2월

함인선

■ 편저자 머리말

후쿠시마제1원전사고의 피해액은 사고의 손해배상, 오염제거, 원자로 폐기의 비용으로 한정한다 하더라도 22조 엔에 이를 것이라고 한다(2016년 12월 20일, 도쿄전력개혁 · 1F문제위원회 「도덴개혁제언(東電改革提言)」 참고자료3). 공식집계에 나타나지 않는, 국민경제에 대한 마이너스의 영향을 감안할 것까지도 없이, 후쿠시마제1원전사고가 「일본 역사상 최대규모의 인위적 재해」인 것에 의문이 없다. 이러한 인류사상 미증유의 인위적 재해에 대해서 여러 가지의 어프로치로부터 시도, 각종 분석 · 제언을 하는 것은 현대 일본에서 학술연구에 관계하는 자의 사명의 하나라고 할 수 있을 것이다. 이러한 견지로부터, 히토츠바시대학대학원법학연구과 「진재(震災) · 원전사고로부터의 부흥을 향한 환경법정책강좌」(공익재단법인 스미토모덴코(住友電工)그룹사회공헌기금 기부강좌)에 소속하는 연구그룹은 후쿠시마제1원전사고가 제기한 법적인 제 문제에 대해서 다각적으로 분석하여, 그 성과를 차례로 공표해왔다(다카하시 시게루/공익재단법인 스미토모덴코그룹사회공헌기금 히토츠바시대학환경법정책강좌 편저 『후쿠시마원전사고와 법정책 – 진재 · 원전사고로부터의 부흥을 향하여 –』(第一法規, 2016년)은 그 성과의 하나이다). 본서는 4년간에 걸치는 연구활동의 총결산으로서 개최된 「평성28년도 제2회 히토츠바시대학정책포럼/환경법정책강좌 심포지엄 『후쿠시마원전사고와 법정책 – 진재 · 원전사고로부터의 부흥을 향하여 –』」(2016년 9월 24일 · 25일. 히토츠바시강당 · 중회의장)에서의 보고 · 토론을 정리한 것이다.

덧붙여 말하자면, 후쿠시마제1원전사고를 테마로 하는 학술연구서는 이미 다수 간행되고 있으며, 그 중에는 본서와 마찬가지로 법률학으로부터의 어프로치를 시도하는 것도 포함되어 있다. 그러나, 이들 서적과 비교되는 본서의 특징은 다음의 몇 가지 점에 있는 것으로 편자는 생각하고 있다.

첫째로, 본서의 최대의 특징은 경제협력개발기구 · 원자력기관(OECD/NEA)과의 긴밀한 연계협력 하에서 간행된 점에 있다. 후쿠시마제1원전사고는 세계로부터도 주목을 받았고, 그 교훈을 자국의 원자력과 관련된 안전규제나 손해배상제도 등에 살리고자 하는 노력은 여러 국가들에서 행해지고 있다. 그러한 노력에 협력하여, 후쿠시마제1원전사고에 관련된 학술적인 분석으로부터 얻어진 인식이나 교훈을 세계에 향하여 발신해가는 것은 세계적으로 보더라도 최대규모의 원자력재해를 일으킨 일본에서 학술연구에 관계하는 자의 사회적 책무라고 말할 수 있다. 이 점, OECD/NEA는 후쿠시마제1원전사고의 발생 후, 가맹국간이나 일본과의 정보교환을 촉진하고, 각종 지원 등의 활동을 적극적으로 해오고 있다. 이번에, OECD/NEA와의 협력 하에서 이루어진 심포지엄의 내용을 수록한 본서는 후쿠시마제1원전사고가 가지는 글로벌한 임팩트를 토대로 한 법학적 고찰이라는 의미에서, 나아가서는 후쿠시마제1원전사고로부터 얻어진 인식이나 교훈을 세계를 향해 발신할 것을 의식한 학술적인 영위라는 의미에서 유서에 없는 독자성을 가지는 것이라고 말할 수 있을 것이다.

위에서 말한 것과도 관련하지만, 본서의 두 번째의 특징은 후쿠시마제1원전사고에 의해 초래된 여러 문제에 대해, 법률학적인 어프로치로부터 다면적 · 다각적인 분석과 고찰을 하고 있다는 점이다. 안전규제제도의 개혁, 손해배상제도, 방사성폐기물의 처리 · 처분이나 오염제거 등, 시민참가 · 정보공개 · 사법통제, 리스크커뮤니케이션, 동아시아 국가들의 제도 비교 등, 법률학으로부터의 어프로치가 가능한 테마는 본서에서 거의 망라된 것으로 되어 있다.

세 번째로, 본서에 수록된 보고들은 각 테마의 전문적 연구자로 구성된 연구그룹이 4년간의 긴밀한 공동작업의 성과를 토대로 한 고찰과 OECD/NEA의 총괄 및 부문담당자의 보고, 독일 · 대만 · 한국의 전문가의 논고로 구성되어 있다. 모두 최적의 보고자를 얻을 수 있었던 것으로 편자/기획책임자로서 자부하고 있으며, 이들 전문가와 함께 한 토론의 내용도 관계자의 참고에 이바지하는 바가 클 것으로 기대하고 있다.

본서가 간행됨에 즈음해서는 많은 분들이 대단히 진력해주셨다. 우선, 4년간에 걸치는 연구활동을 지원해주신 공익재단법인 스미토모덴코그룹사회공헌기금 대표이사 · 스미토모전기공업주식회사 대표취체역 사장 마쓰모토 마사요시(松本正義) 씨에 대해 마음으로부터 감사말씀을 드린다. 마쓰모토 씨는 다망하신 가운데 심포지엄에 참가해주셔서 모두(冒頭)의 인사말을 해주셨다. 또한, 원자력규제청장관(당시)인 시미즈 야스히로(清水康弘) 씨도 다망하신 가운데 일부러 오셔서 인사말을 해주셨다. 진심으로 감사의 말씀을 드리고 싶다. 나아가, OECD/NEA 사무국차장인 다니엘 이라칸 씨를 비롯하여, 프랑스로부터 멀리서 참가해주신 보고자들에 대해 깊이 감사말씀을 드린다. 특히 연구그룹의 일원이며, 문부과학성에서 상석법률어드바이저로서 OECD/NEA에 파견된 가운데, 이번 심포지엄을 비롯하여 OECD/NEA와의 연계의 중심역할을 해주신 하세 히로유키(長谷浩之) 씨에게 감사를 드리고 싶다. 그리고 히토츠바시대학사무국 연구 · 사회연계과의 여러분, 동 대학대학원법학연구과 · 환경법정책강좌 객원준교수인 다나까 요시히로(田中良弘) 씨, 동 연구과조수인 무라카미 유리코(村上由利子) 씨, 동 박사후기과정인 미야모리 세이지(宮森征司) 씨, 요시오카 이쿠미(吉岡郁美) 씨에 대해 심포지엄 개최 즈음에 크게 진력하신데 대해 사의를 표하고 싶다.

마지막으로, 본서의 기획에서 간행에 이르기까지 다이이치호키(第一法規)주식회사의 니시이 가오리(西井香織) 씨가 수고해주셨다. 히토츠바시대학・공공정책제언시리즈는 본서로써 4번째 서적이 되지만, 힘든 학술연구활동을 이해해주신 것에 마음으로부터 감사를 드린다.

본서가 후쿠시마제1원전사고가 가지는 법률학적인 측면에 관심을 가지는 연구자나 실무가, 나아가서는 폭넓은 독자층에게 받아들여져 원자력사고의 재발방지, 피해자의 확실하고 원활한 구제제도의 확립, 방사성폐기물의 처리・처분, 오염제거 등의 과제 해결에 이바지하게 된다면 본서의 편자/기획책임자로서 행복이다.

2017년 1월

히토츠바시대학환경법정책강좌 책임자

다카하시 시게루(高橋 滋)

■ 목차

패널디스커션

[패널리스트]
오리 아케미(織朱實)(죠치대학 교수)
가와이 도시키(川合敏樹)(고쿠가쿠인대학(國學院大學) 준교수)
토마스 · 쇼메루스(로이화나대학 교수)

[코디네이터]
다카하시 시게루(히토츠바시대학 교수)

SESSION. 3 「후쿠시마원전사고 후의 안전규제」

(번역 : 하세 히로유키(長谷 浩之)(경제협력개발기구원자력기관(OECD/NEA) 시니어리걸어드바이저))

※ OECD/NEA 관계자의 강연 및 발언의 내용은 보고자의 개인적인 견해에 근거하는 것이며, OECD 및 그 가맹국정부의 견해를 나타내는 것이 아니다.

※ 본서에 게재된 직위・자료 등에 대해서는 심포지엄 당시(2016년 9월 24일・25일)의 것이다(한편, 다카하시 시게루는 현재는 호세이대학(法政大學) 교수이다).

인사말 · 기조강연

개회인사

다카하시 시게루(高橋 滋)
히토츠바시대학환경법정책강좌 책임자 · 히토츠바시대학 교수

소개받은 히토츠바시대학의 다카하시입니다. 오늘은 「히토츠바시대학정책포럼/환경법정책강좌 심포지엄 『후쿠시마원전사고와 법정책 – 진재 · 원전사고로부터의 부흥을 향하여 – 』」에 참가해주셔서 진심으로 감사드립니다. 히토츠바시대학대학원법학연구과는 경제학연구과와 연계하여 공공정책에 종사하는 전문직업인을 양성하는 대학원을 설치하는 등, 사회의 여러 가지 문제에 적극적으로 관계하여, 정책제언을 하는 것을 중시해왔습니다.

지금까지도 공공정책에서의 리스크매니지먼트 등을 테마로 한 공동연구를 실시하여, 그 성과는 히토츠바시대학 · 공공정책제언 시리즈로 간행되었습니다. 그리고, 아시는 바와 같이, 후쿠시마제1원전사고는 우리나라로서 최대규모의 인위적인 재해이며, 사고 후 5년을 경과해서도 일본사회에 커다란 상처를 남기고 있습니다. 지금도 여전히 고향에 돌아갈 수 없는 분들이 많이 계시며, 후쿠시마제1원전사고로부터의 본격적인 부흥이 이루어지기 위해서는 많은 정책과제가 남겨져 있다고 생각합니다.

그래서, 히토츠바시대학대학원법학연구과는 2013년도부터 공익재단법인 스미토모덴코그룹사회공헌기금의 대학기부강좌를 받아서 진재, 원전사고로부터의 부흥을 향한 법정책적인 과제를 연구하여, 성과를 사회에 환원하는 활동을 해왔습니다. 구체적으로 2014년에는 2개의 이벤트를 개최하였습니다.

하나는 원자력손해배상에 관한 심포지엄의 개최이며, 그 성과는 상업잡지의 별책으로 간행하였습니다. 또 하나는 일본공공정책학회의 의뢰에 근거하여, 동 학회의 전체회에서 원전사고로부터의 부흥을 향한 정책과제를 분석하여 제언하는 활동을 하였습니다. 그 성과도 학회의 기관지에 게재되었습니다. 나아가 금년 1월에는 지금까지의 연구성과를 단행본의 서적으로 간행하였고, 같은 책은 증간도 하였습니다.

지금까지의 4년간의 활동의 총결산으로서 경제협력개발기구원자력기관(OECD/NEA), 그리고 원자력규제청의 협력을 받아서, 이번 국제심포지엄을 개최하게 된 것입니다. 오늘은 다망하신데도 스미토모덴코그룹사회공헌기금으로부터 마쓰모토 마사요시 대표이사님이 내빈으로 참가해주셨습니다. 또한, 원자력규제청을 대표하여 시미즈 야스히로 장관님이 참석해주셨고, 그리고 OECD/NEA로부터 사무국차장 다니엘 이라칸 씨도 참가해주셨습니다.

여러분들께는 이후 각각 인사말씀을 해주시게 되어있습니다만, 프로젝트의 대표자로서 깊이 감사말씀을 드리고 싶습니다. 이틀간에 걸치는 이번 심포지엄이 후쿠시마제1원전사고로부터의 본격적인 부흥을 위한 유익한 정책제언의 장으로 될 것, 그리고 세계적으로도 원자력사고 방지와 재해대책의 정책레벨 향상으로 연결되는 장으로 될 것을 바라면서, 주최자로서의 인사말씀을 드립니다. 경청해주셔서 감사합니다.

내빈인사

마쓰모토 마사요시(松本 正義)
공익재단법인 스미토모덴코그룹사회공헌기금 대표이사

방금 소개받은 스미토모덴코그룹사회공헌기금 대표이사 마쓰모토입니다. 오늘 초대해주셔서 대단히 감사합니다. 또한 본 포럼이 대단히 많은 분들이 참가해주시고, 개최된 것을 마음으로부터 축하말씀 드립니다. 당 기금이 오늘의 포럼을 주최하고 있는 환경법정책강좌에 미력이나마 지원하고 있는 관계에서 한 말씀 드리고 싶습니다.

저희 스미토모덴코그룹사회공헌기금은 2009년에 스미토모덴코그룹이 기본재산을 갹출해서 설립된 공익재단법인입니다. 인재의 존중, 기술의 중시, 보다 좋은 사회환경만들기를 테마로 하여, 대학강좌기부, 학술연구조성에 의한 학술진흥, 장학금 지급에 의한 인재육성 등의 사업을 계속적으로 실시하고 있습니다. 여러분 모두 아시는 바와 같이, 2011년 3월에 발생한 동일본대진재 및 그에 동반하여 발생한 후쿠시마원전사고는 미증유의 국난이라고 할 수 있는 심대한 피해를 야기하였습니다.

이러한 상황 아래, 당 기금에서도 학술적인 측면으로부터 진재부흥지원을 해야하는 것이 아닌가하고 생각하여서, 2012년에 방재대책과 에너지문제, 피해지역지원 등 동일본대진재로부터의 부흥에 이바지할 테마를 연구하는 대학강좌를 모집하였습니다. 그리고, 복수의 응모 중에서 선발 결과, 본 강좌를 채택하고 4년간의 지원을 해왔습니다. 금년이 최종년도가 됩니다만, 다카하시 교수님으로부터 지금까지의 연구성과에 대해서 말씀을 들었습니다.

본 포럼에서 취급하고 있는 원자력 문제에 대해서는 정치, 산업, 공학, 자연과학의 전문가가 지혜와 기술을 결집해서 논의해 갈 필요가 있다고 느끼고 있습니다. 사회 전체의 합의를 형성해가며, 원자력손해배상보장, 방사성물질오염대책, 안전규제 등을 연구하는 본 강좌가 달성해야 할 역할은 한층 중요해질 것이라고 느끼고 있습니다.

한편, 동일본대진재 및 후쿠시마원전사고로부터 5년이 경과하였습니다. 진재부흥에 대해서는 부분최적과 감정론이 아니라, 장기적, 중기적, 그리고 중요한 위기에의 대응이라고 하는 대국적인 관점에서 과제를 정리한 다음 논의를 진행시켜, 산학관이 연계해서 노력하는 것이 필요하다고 느끼고 있습니다. 아직 실행중인 부흥사업과 지역진흥책, 방재대책의 어려움, 앞이 보이지 않는 원전사고처리 등, 여러 가지 난제가 보도되고 있는 것에 대하여, 이 미증유의 국난이 남긴 상흔의 크기를 알게 합니다.

이들 방대한 과제를 극복하기 위해서 부흥을 향하여 자치단체, 국가, 기업 각각의 입장에서 할 수 있는 것에 계속해서 노력해가는 것은 물론, 앞에서도 말씀드린 바와 같이, 원자력 문제에 관하여 사회 전체의 합의를 형성하기 위해서는 사회과학적인 어프로치에 의한 연구가 필수입니다. 그러한 의미에서도 사회과학의 종합대학인 히토츠바시대학에는 크게 기대를 하고 있습니다.

이전, 히토츠바시대학대학원상학연구과의 깃카와 다케오(橘川武郎) 교수님의 강연을 청강하였습니다. 선생님은 원자력문제에 관해서 안일하게 원자력의 선택지를 버려서는 안되지만, 장기적으로는 백엔드의 문제, 즉 사용완료핵연료의 문제가 미해결이라면, 원자력은 과도적인 에너지에 그치고, 2050년경까지 현실적이고 포지티브하게 원전을 접는 문제도 필요하게 되는 것, 또한 그를 위해서는 지열, 풍력, 태양광, 바이오매스 등의 재생가능에너지의 대폭적인 확충, 화석연료의 확보, 석탄화력의 제로에밋션화, 성에너지의 진흥, 전기사업체제의 검토를 추진해갈 필요가 있다고 말씀하신 것을 기억하고 있습니다.

자원이 부족한 일본은 지금까지도 에너지관련 기술개발을 추진해왔습니다만, 금후 에너지 정책의 가능성을 넓혀가기 위해서는 더욱 재생가능에너지분야에서의 이노베이션이 필요하다고 생각합니다. 제가 사장으로 근무하고 있는 스미토모전기공업은 1897년 창업 이래 전선케이블, 레독스플로전지 등의 축전지와 보다 효율적인 태양광발전시스템 등의 기술을 보유하고 있습니다.

저희들은 이들 연구개발, 제품개발에 의해 금후의 에너지개발의 가능성을 넓히고, 사회의 발전에 공헌해가고 싶다고 생각하고 있습니다. 또한, 스미토모덴코그룹사회공헌기금도 학술 진흥, 인재양성에 관한 사업을 계속적으로 실시하여, 미력이지만 사회에 공헌해가고 싶다고 생각하고 있습니다.

마지막으로, 오늘 정책포럼이 보다 내실있는 것으로서 진재, 원전사고로부터의 부흥에 이바지하도록 마음으로부터 빌겠습니다. 여러분들의 참가에 거듭 감사말씀을 드리며, 저의 인사말을 마치겠습니다.

인사말

시미즈 야스히로(淸水 康弘)
원자력규제청장관

방금 소개받은 원자력규제청장관 시미즈입니다. 잘 부탁드립니다. 오늘은 간편복차림으로 넥타이없이 인사말씀을 드리도록 하겠습니다. 오늘은 「히토츠바시대학정책포럼/환경법정책강좌 심포지엄 『후쿠시마원전사고와 법정책 －진재・원전사고로부터의 부흥을 향하여－』」의 개최에 있어서, 한마디 축하의 말씀을 올리도록 하겠습니다.

이번 심포지엄에는 OECD/NEA의 다니엘・이라칸 차장을 비롯하여, 원자력분야의 톱레벨의 전문가분들이 다수 참가하고 계십니다. 대단히 레벨이 높은 모임이 되지 않을까 기대하고 있습니다. 이 심포지엄을 개최함에는 주최자이신 스미토모덴코그룹사회공헌기금과 히토츠바시대학의 관계자분들을 비롯하여, 많은 분들이 진력하신 것으로 알고 있습니다. 관계자의 노력에 경의를 표하고 싶습니다.

저는 현재 원자력규제청의 장관으로 있습니다만, 원래는 환경분야가 전문이었습니다. 그 의미에서 옛날부터 환경법분야에서는 다카하시 시게루 교수님에게 신세를 지고 있고, 현재의 원자력규제청의 검토에 있어서도 다카하시 선생님께 원자로등규제법의 제도 개정을 향한 검토팀에 참가해 주셔서 많은 조언을 해주시고 계십니다. 그러한 인연이 있기 때문에, 오늘은 다카하시 선생님을 중심으로 하여 기획된 이 심포지엄에는 꼭 와야한다고 생각해서, 다른 용건을 모두 취소하고 참석하였습니다.

오늘의 테마는 후쿠시마원전사고와 법정책이라는 것입니다. 금년(2016년) 4월에 빈의 국제원자력기구(IAEA)의 회의가 있었습니다. 그 회의의 테마는 Effective Nuclear Regulatory Systems, 일본어로 말하면 효과적인 원자력규제시스템에 관한 회의입니다. 그 회의에서 제가 일본을 대표해서 출석하여, Lesson learned from FUKUSHIMA, 후쿠시마제1원전사고로부터 얻은 교훈이라는 테마로 프레젠테이션을 하고 왔습니다.

2011년 3월 11일, 매그니튜드(M) 9.0이라는 일본이 예전에 체험한 적이 없는 지진과 그에 수반된 쓰나미를 원인으로 하여, 원자력발전소의 사고가 일어났습니다. 그 도쿄전력・후쿠시마제1원자력발전소의 사고로부터 5년이 지난 현재, 국제사회로서도 이 사고로부터 무엇을 배우고, 그것을 교훈으로 하여 장래에 어떻게 연결해갈 것인가라는 것은 커다란 관심사로 되고 있습니다. 그 의미에서도 대단히 시의적절한 심포지엄의 개최라고 생각합니다.

이러한 사고의 배경으로서는 일본의 원자력규제에 관한 조직의 문제, 나아가 규제제도의 문제가 존재하였던 것은 명백하다고 생각하고 있습니다. 그 의미에서 후쿠시마원전사고와 법정책이라는 테마를 말할 때에 원자력규제위원회의 설립, 그로부터 원자로등규제법의 개정이라는 사항에 관한 이해는 빼뜨릴 수 없다고 생각합니다. 그 점에 대해서 두 가지만 말씀을 드리겠습니다.

제1은 원자력규제에 관한 조직론에 대해서입니다. 후쿠시마제1원전사고 이전에는 원자력발전소에 관한 규제의 실무는 경제산업성 가운데 있는 원자력안전·보안원이 담당하고, 그것을 내각부의 원자력안전위원회가 더블체크하는 체제로 되어 있었습니다. 이밖에, 시험연구로에 대해서는 문부과학성이 규제하고, 그리고 방사성동위원소의 규제도 문부과학성이 행하였습니다.

이러한 시스템에는 2가지 점에서 문제가 있었다고 생각하고 있습니다. 하나는 원자력규제를 행하는 부서가 원자력의 추진을 행하는 조직의 일부로 되었던 점입니다. 둘째는 규제가 칸막이로 다수의 조직이 역할을 담당하고 있어서, 그것이 대단히 복잡하였다는 점입니다. 후쿠시마제1원자력발전소의 사고를 당하고서, 정부에서의 규제조직의 대폭적인 개선이 이루어졌습니다. 원자력 추진의 역할을 담당하는 경제산업성과 문부과학성과는 다른 중립의 조직인 환경성 아래에 독립성이 높은 3조위원회로서 원자력규제위원회를 설치하게 되었습니다. 즉, 추진과 규제를 분리했다는 것입니다. 그리고, 원자력규제에 관한 행정은 모두 원자력규제위원회 아래로 일원화하는 것으로 되었습니다.

제2는 원자력규제에 관한 제도론입니다. 원자력규제위원회를 설치함과 동시에, 원자로등규제법을 대폭적으로 개정하였습니다. 원자력규제위원회는 설립 후 곧바로 새로운 규제기준의 검토에 들어가, 2013년에는 IAEA의 규제기준 등을 참고로 하여 새로운 규제기준을 설정하였습니다. 이 규제기준에서는 지진과 쓰나미 등 자연현상에 관한 대비를 대폭적으로 강화함과 동시에, 이러한 자연사상(事象)을 포함한 공통적인 요인으로 한꺼번에 많은 기계가 고장나는 것을 방지하기 위해서 대책시설과 설비의 다중화, 다양화를 도모하였습니다.

또한, 종래는 설계기준사고가 일어날 것을 상정해서 그에 대한 대응을 요구사항으로 하였습

니다만, 이러한 상정을 넘어서 만일의 중대사고가 일어났을 때에 어떻게 할 것인지를 생각하여, 냉각시키고 폐쇄한다는 대책을 요구하기로 하였습니다. 나아가, 새로운 규제기준을 기존의 오래된 원자로에도 적용한다는, 이른바 백피트제도를 도입하였습니다. 기존의 노라고 할지라도 새로운 규제기준에 적합하지 않는 한은 운전할 수 없게 된 것입니다. 이 때문에, 기존노를 작동시키기 위해서는 방대한 대책공사 등이 필요하게 되고 있습니다.

이러한 내용을 가지는 우리나라의 규제기준은 세계 최고수준이라고 자부하고 있습니다. 조직과 규제제도의 발본적인 강화를 한 것입니다만, 원자력규제의 시점에서는 계속적인 개선이 대단히 중요한 것으로 되고 있습니다. 현재의 조직과 규제가 충분하다면, 이로써 개선할 필요는 없다고 하는 사고에 빠졌을 때에, 안전의 열화(劣化)가 시작된다고 생각하고 있습니다. 조직과 제도는 인간이 만드는 것이기 때문에 항상 점검을 하여 필요한 개선을 계속해 가는 것, 이것이 안전의 레벨을 유지, 향상시켜가기 위해서 불가결하다고 생각하고 있습니다.

IAEA에서는 실무가가 서로 상호의 국가의 제도를 리뷰하는 종합규제평가서비스(IRRS)라고 하는 제도가 있습니다. 저희 원자력규제위원회도 금년 1월에 이 IRRS의 리뷰를 받았습니다. 3월에 리뷰결과가 권고된 것입니다만, 그 중에서는 크게 두 개의 것이 있습니다. 하나는 일본은 사고발생으로부터의 짧은 기간에 확실히 새로운 조직을 만들고 제도를 만들어서 새로운 규제를 실시하고 있다는 것입니다. 이것은 평가를 받은 점입니다. 그러나 한편으로, 심사 등의 면에서는 진전되고 있더라도 운전후의 안정확보를 위한 검사제도에 대해서는 더욱 유연하게 대응할 수 있도록 개선하여야 할 점이 있다고 권고를 받았습니다.

현재 이 권고를 받아서, 내년의 통상국회에서 원자로등규제법의 법률개정을 하고자 검토하고 있는 바입니다. 서두에서도 말하였지만, 이 검토에는 다카하시 선생님께서도 참가하고 계십니다. 2013년에 새로운 규제기준이 만들어지고 나서, 현재 26기의 원자력발전소로부터 운전을 하고 싶다는 신청을 받고 있습니다. 이 가운데 7개의 노에 대해서는 기본적인 허가인 설치변경허가라는 것을 제출하고 있습니다만, 그 가운데 3개가 현재 운전을 하고 있는 상황입니다. 금후 심사가 진행되어, 운전하는 원자로가 증가해갈 것이 예상되는 가운데에서 역시 운전중의 안전성을 더욱 향상시켜, 오퍼레이셔널・세이프티를 확보한다는 관점에서 새로운 검사제도는 꼭 필요하다고 생각해서, 내년의 제도개정을 향해 작업을 진행하고 있는 것이 현황입니다.

후쿠시마제1원자력발전소의 사고에 의해서, 원자력에 관한 조직, 전문가에의 신뢰는 땅에 떨어졌다고 말할 수 있습니다. 아무리 제도와 조직을 새롭게 하더라도 국민과 주민의 신뢰가 없으면 우리나라의 원자력에 장래는 없다고 생각하고 있습니다. 신뢰회복이라는 면에서 원자력규제위원회도 노력하고 있습니다. 특히 정보공개와 투명성의 확보가 대단히 중요하게 되고 있습니다. 원자력규제위원회의 의사결정은 백도어, 이른바 밀실에서는 하지 않는다는 것을 대원칙으로 하고 있습니다. 모두 공개의 장에서 결정한다고 하는 것으로 여러분도 뉴스 등에서 원자력규제위원회의 회합의 장을 보시고 계신지 모르겠습니다.

방청희망자, 그리고 매스컴에 풀오픈의 형태로 하고 있으며, 공개 이외의 장에서는 3인 이상의 위원이 모여서 규제에 대해서 논의는 하지 않기로 하고 있습니다. 이러한 것도 포함하여 공개에 노력하고 있는 것입니다만, 지금은 인터넷이 주요한 시대이기 때문에 회의의 자료는 모두 사전에 인터넷상에 공개하고, 회의의 모양도 라이브로 인터넷 중계를 하고 있습니다.

인터넷상에서는 과거의 회의의 영상, 자료도 보존되어 있기 때문에 YouTube 등에서 보는 것이 가능합니다. 흥미가 있으신 분은 꼭 보시면 좋겠습니다. 원자력규제위원회는 규제조직의 신뢰회복을 조직목표로서 내걸고 있습니다. 그러나, 길은 아직 멀다고 인식하고 있습니다. 정보공개, 투명성의 확보도 포함하여 우리들이 나날이 착실하게 일을 하고, 그것을 국민, 주민 여러분께 정중하게 설명해가는 것으로 한걸음씩 신뢰를 회복해가는 이외에 방법은 없다고 생각하고 있습니다. 이러한 것을 꾸준히 계속하고 있는 것이 우리들의 현황입니다.

이상으로 원자력의 규제를 둘러싼 상황을 개괄하였습니다만, 이 상황을 토대로 하여, 오늘과 내일의 심포지엄에서 활발한 논의가 이루어져, 많은 참가자 여러분들이 귀중한 정보를 얻을 수 있을 것을 기원하면서, 간단하지만 저의 인사말을 마치겠습니다. 대단히 감사합니다.

원자력 안전의 향상과 후쿠시마제1원전사고로부터의 교훈

다니엘 · 이라칸(OECD/NEA 사무국차장)

여러분, 안녕하세요. 후쿠시마제1원자력발전소의 사고는 원자로를 상당히 손상시켰을 뿐만 아니라, 다수의 일본인들의 생활에도 영향을 주었습니다. 세계의 원자력규제기관, 원자력 산업계는 이 사고로부터 얻은 교훈을 살려서, 똑같은 사고를 금후 일으키는 일이 없도록 안전성의 향상을 실현하는 것에 최우선으로 노력해왔습니다. 오늘의 강연에서는 원자력기관(NEA)과 그 가맹국이 후쿠시마제1원전사고로부터 교훈을 배우기 위하여 해온 활동과 원자력의 안전성의 향상을 위한 주된 노력에 대해서 말씀드리겠습니다[1].

1. 원자력기관(NEA)

처음에, NEA에 대해서 극히 간단하게 소개드리겠습니다. NEA는 선진적인 원자력기술과 인프라를 가지고 있는 국가들의 협력을 촉진하는 정부간 기관입니다. 현재, 31개국이 가맹하고 있으며, 세계의 원자력발전설비용량의 85%를 차지하고 있습니다. NEA의 활동과 위원회를 통해서 가맹국은 원자력에 관한 안전성, 기술, 연구, 환경, 법률 면에서의 향상을 도모하기 위한 정보교환을 하고 있습니다. NEA에서는 후쿠시마사고에 관해서는 다음 4개의 위원회가 특히 관계하는 활동을 하고 있습니다.

- 원자력규제분야를 중심으로 활동하는 원자력규제활동위원회(CNRA)
- 원자력안전연구분야에서는 원자력시설안전위원회(CSNI)
- 방사선방호분야에서는 방사선방호 및 공공보건위원회(CRPPH)
- 원자력법분야에서는 원자력법위원회(NLC)

1) 상세는 NEA(2016), *Five Years after the Fukushima Daiichi Accident Nuclear Safety Improvements and Lessons learnt*, OECD, Paris를 참조.

사고 시에는 긴급사태관리의 역할을 담당하는 국제기관(국제원자력기관(IAEA), 유럽평의회(EC), NEA, 세계보건기관(WHO), 세계기상기관(WMO) 등)으로 구성되는 방사선・원자력 긴급사태에 관한 국제기관간위원회(IACRNE)가 사고에 관한 정보수집・발신을 해왔습니다. NEA사무국은 사고 이후 제출된 정부의 결정과 권고에 관한 정보를 수집하여, IAEA의 웹사이트에 게재하는 등, 정보의 정합성을 확보하는 것에 적극적으로 공헌하였습니다.

2. NEA 국가들에 의한 대응

후쿠시마제1원전사고 직후부터 NEA와 그 가맹국은 일본정부의 사고대응에 대한 지원을 해왔습니다. 가맹국의 전문가로 구성된 그룹이 설치되어, 사고가 끼친 영향에 대응하기 위해 일본의 관계기관의 노력에 대해서 조언을 제공해왔습니다. 이 그룹은 원자력 안전, 오염제거, 방사선방호 등의 분야를 커버해왔습니다. 그와 병행해서 NEA가맹국에서는 원자로의 안전시스템이 후쿠시마제1원전사고와 같은 손상에 이르지 않고, 안전성에 신뢰를 가지고 원자로의 운전을 계속할 수 있도록 개선을 해왔습니다.

여러 NEA 가맹국의 규제기관, 사업자 등은 원자로의 안전성을 높이기 위한 광범위한 대책을 즉시 행해왔습니다. 그 대책은 원자로와 각국에 각각 특유의 상황에 따라 다양합니다. 예컨대, 어떤 지역에서는 지진이 대단히 중요한 해저드로 될 수 있는 것에 대해, 비교적 그 중요성이 낮은 지역도 있습니다. 원자로의 설계 상의 특징에 따라서는 피해 감소를 위해 특정의 조치가 유효한 경우도 있습니다. 나아가서는 국가의 규제제도와 사고대응체제에도 상당한 차이가 있을 수 있습니다.

안전성의 향상방안은 새로운 장치와 추가적인 장치를 설치하는 것, 새로운 운전수순의 작성, 새로운 감독제도와 대응조치의 실시 등 광범위 합니다. NEA 가맹국이 실시해온 안전성의 향상방안이 어떠한 것인지 이미지를 그릴 수 있도록 몇 가지 예를 들겠습니다.

- 악천후나 홍수 등의 외부위험에 대한 경보를 발하기 위한 모니터링시스템을 설치한 것
- 사안의 빈도나 가혹함에 관한 최신정보를 반영하여, 외부위험의 평가를 갱신한 것
- 사고시의 백업전원이나 냉각수 공급을 위해 강화된 시스템을 추가한 것
- 격납용기의 압력을 콘트롤하면서 감소시키기 위한 필터벤트를 도입한 것
- 후쿠시마제1원전사고의 교훈을 토대로 하여, 과혹사고 대응의 수순과 긴급시 대응의 수순을 개정한 것
- 특히 관계기관간의 효과적인 연계를 확보하는 관점에서 긴급시 대응책을 강화한 것
- 위기대응시에 이용할 수 있도록 추가적인 방사선 방호・방사선 모니터링기기를 비축해 두는 것

- 긴급시 대응계획에 대하여 국내 및 국제적인 대응을 검증, 개선한 것
- 독립성, 투명성, 실효성을 확보하기 위해 규제기관을 개혁하는 것

되풀이하지만, 이러한 개선방안은 각국에 대응해서 국가마다 사안별로 실시되고 있습니다.

3. 후쿠시마제1원전사고에 관련한 NEA의 활동

각국의 각각의 기관이 즉시 실시한 이들 대응들을 보완하기 위하여 상호협력에 의해 한층 더 추진하는 것이 적당한 단기적으로 우선순위가 높은 많은 분야를 생각할 수 있습니다. 이들 팔로우업활동은 NEA의 위원회와 워킹그룹을 통하여, 원자력규제, 안전연구, 방사선방호, 원자력법의 각 분야에서 이루어졌습니다.

원자력규제에 대해서는 단기적인 활동으로서는 규제프로세스의 강화, 규제가이던스의 개선이 있었습니다. 사이트내에서 원자력사업자가 행하는 사고대응과 의사결정의 참고로 되도록 권장된 규제활동을 정리한 보고서가 제출되었습니다[2]. 또한, 후쿠시마제1원전사고와 유사한 현상의 발생가능성을 평가할 때나 강화・도입되어야 할 방지조치를 결정할 때 참고가 되도록 후쿠시마제1원전사고에 관한 사고인자, 사고전 사안에 대해서 정리하고 있습니다[3]. 규제기관의 피어리뷰를 통해서 원자력안전의 중심적인 개념인 심층방호에 대해서 재검토하여, 이것이 현재에도 유효한지 확인함과 함께 추가적인 개선의 여지도 명백히 하였습니다[4]. 실효적인 규제기관의 특징을 정리한 안내서[5]와 실효적인 규제기관의 안전문화에 대해서 정리한 안내서[6]도 나와 있습니다. 새로운 원자로에 대해서는 입지선정과 준비에 즈음해서 외부위험을 보다 적절하게 고려하기 위한 개선된 안내서를 작성하고[7], 또한 설계가 후쿠시마제1원전사고의 교훈을 토대로 하고 있는지 여부를 검증하고 있습니다[8].

---

2) NEA(2014), "Accident Management Insights After the Fukushima Daiichi NPP Accident : Report of the CNRA Task Group on Accident Management", NEA/CNRA/R(2014)1.

3) NEA(2014), "Report on Fukushima Daiichi NPP Precursor Events", NEA/CNRA/R(2014)1.

4) NEA(2014), "NEA/CNRA/CSNI Joint Workshop on Challenges and Enhancements to Defence in Depth(DiD) in Lights of Fukushima Daiichi NPP Accident : Workshop Proceedings", CNRA/R(2014)4. NEA(2016), *Implementation of Defence in Depth at Nuclear Power Plants : Lessons learnt from the Fukushima Daiichi Accident*, OECD, Paris.

5) NEA(2014), *The Characteristics of an Effective Nuclear Regulator*, OECD, Paris.

6) NEA(2016), *The Safety Culture of an Effective Nuclear Regulatory Body*, OECD, Paris.

7) NEA(2014), "Supplementary Report on the Regulation of Site Selection and Preparation : CNRA Working Group on the Regulation of New Reactors", NEA/CNRA/R(2014)5.

8) NEA(2014), "Report on the Survey of the Design Review of New Reactor Applications − Instruments and Control", NEA/CNRA/R(2014)7. NEA(2015), "Report on the Survey of the Design Review of

원자력의 안전연구에 대해서는 안전성의 향상방안을 실시해가기 위한 기술적인 지원을 제공해야 할 많은 분야가 있습니다. 자연재해에 관한 리스크를 분석하기 위하여 확률론적 안전분석을 이용하는 경우의 추천할만한 실천사례가 정리되어 있습니다[9]. 또한, 사고시에 격납용기내의 공기를 콘트롤하면서 필터를 통해서 벤트를 하기 위하여 이용되는 시스템과 수순에 대한 보고서[10]와 과혹사건에서 발생한 수소의 거동, 관리에 관한 현재의 지견을 정리한 보고서도 나와 있습니다[11]. 후쿠시마제1원전사고와 같은 극한상태에서는 긴급대응에 임하는 작업원은 작업에 사용되는 리소스가 대단히 한정되어 있고, 또한, 스스로의 신변의 안전과 가족 · 지역에 무슨 일이 일어나고 있는지를 알 수 없다는 스트레스 하에 놓여 있습니다. 이러한 것을 고려해서, 그러한 상황 하에서도 인간이 확실한 행동을 할 수 있도록 참고로 되는 좋은 사례를 생각하는 워크샵이 개최되었습니다[12]. 나아가, 전기계통의 완강성에 관한 지견을 공유하고, 원자력시설의 시스템 중에 가장 중요한 부분에 대한 전원공급의 신뢰성을 높이기 위한 새로운 기준에 관한 제언을 정리하였습니다[13]. 이밖에, 많은 안전연구의 공동프로젝트가 실시되고, 후쿠시마제1원전의 원자로내에서 사고가 어떻게 진행했는지를 해명하기 위한 작업이 이루어지고 있습니다.

별도의 중요한 분야로서, 방사선방호, 긴급사태관리, 사고 후의 식품관리, 사고 후의 복구단계에서의 이해관계자의 참가, 직업피폭이 있습니다.

식품관리에 대해서는 지역 · 국가레벨에서의 수출입기준이나 증명서의 정비, 인증을 위한 제도에 대하여 논의되고 있습니다[14]. 또한, 복구단계에서의 이해관계자의 참가에 관한 교훈

New Reactor Applications. Volume2 : Civil Engineering Works and Structures", NEA/CNRA/R(2015)5.

9) NEA(2014), "Probabilistic Safety Assessment(PSA) of Natural External Hazzards Including Earthquakes : Workshp Proceedings, Prague, Czech Republic, 17-20 June 2013, NEA/CNRA/R(2014)9.

10) NEA(2014), "Status Report on Filtered Containment Venting", NEA/CSNI/R(2014)7.

11) NEA(2014), "Status Report on Hydrogen Management and Related Computer Codes", NEA/CSNI/R(2014)8.

12) NEA(2015), "Human Performance under Extreme Conditions with Respect to Resilient Organisation : Proceedings of a CSNI International Workshop", NEA/CSNI/R(2015)16.

13) NEA(2015), "Robustness of Electric Systems of Nuclear Power Plants in Lights of the Fukushima Daiichi Accident : Workshop Proceedings", NEA/CSNI/R(2015)4.

이 수집되고 있습니다. 일본의 환경대신의 요청을 받아서, NEA는 부흥과 오염제거문제에 관하여 2012년에 두 개의 워크샵을 개최하였습니다[15]. 직업피폭에 관해서는 과혹사건에서의 피폭관리의 경험에 대해서 2014년에 보고서가 정리되었습니다[16]. 2016년에는 의사결정에서 참고가 되도록 방사선방호과학의 현황에 대해서 정리한 보고서가 발표되어 있습니다[17]. 마지막으로, 방사선과 갑상선암에 관한 워크샵이 2014년에 개최되었습니다[18].

후쿠시마제1원전사고의 법적인 측면에서 가장 중요한 교훈은 원자력손해배상조약에서 규정되고 있는 원자력손해배상책임의 제 원칙이 피해자에 대해서 배상을 하기 위하여 유효한 법적 체계를 제공하고 있다는 것입니다. 이 원자력손해배상책임의 제 원칙은 사고 당시에 일본의 법체계 중에 이미 반영되어 있었습니다.

원자력시설을 운영하는 사업자, 또한 필요한 경우에는 정부가 신속하게 개별 사고의 사정에 대응하여, 적시에 그리고 금전적으로 충분한 배상을 피해자에게 확보하기 위하여, 명확하고 포괄적인 법적 체계가 필요하다는 것이 후쿠시마제1원전사고에 의해 명백히 되었습니다[19].

이 때문에, 후쿠시마제1원전사고 이후, 국제사회는 보다 많은 국가가 원자력손해배상조약에 참가하여, 그에 의해서 원자력손해배상책임에 관한 각국의 제도가 보다 조화되어 가도록 작용해가는 방향으로 움직이기 시작하고 있습니다. 이에 의해서, 원자력사고의 영향을 받는 국가간의 조약관계가 확대되어 갈 것이 기대됩니다. 이것은 국경을 넘는 손해가 발생한 경우에 어느 국가의 법원이 배타적인 관할권을 가지는지, 어떤 국가의 법률이 적용될 것인지, 또한, 외국법원의 판결이 집행될 것인지라는 것을 명확하게 해주고 있습니다.

이 문제의 중요성을 감안해서, NEA이사회에 임하는 운영위원회는 2014년 4월의 회합에서 「글로벌한 원자력손해배상체제을 향하여」로 제목을 붙인 정책대화를 하고 있습니다[20].

---

14) NEA(2014), "Framework for the Post-Accident Management of Containment Food", NEA/CRPPH/R(2014)4.

15) NEA(2013), "Third Workshop on Science and Values in Radiological Protection Decision Making. Summary Report of the Workshop and of 6th Asian Regional Conference on the Evolution of the System on Radiological Protection Tokyo, Japan 6-8 November 2012", NEA/CRPPH/R(2013)5.

16) NEA(2014), "Occupational Radiation Protection in Severe Accident Management", NEA/CRPPH/R(2014)5.

17) NEA(2016), *Radiological Protection Science and Application*, OECD, Paris.

18) NEA(2014), "The International Workshop on Radiation and Thyroid Cancer Summary Report", NEA/CRPPH/R(2014)3.

19) NEA(2012), *Japan's Compensation System for Nuclear Damage : As Related to the TEPCO Fukushima Daiichi Nuclear Accident*, OECD, Paris.

20) NEA(2014), "Progress towards a global nuclear liability regime", Nuclear Law Bulletin No. 93, OECD, Paris.

그리고, 원자력의 이용계획을 가지는 NEA 가맹국뿐만 아니라 그밖의 찬동하는 국가도 아직 강화된 원자력손해배상조약의 하나에 가맹하고 있지 않고, 조약에 대응한 국내법을 정비하고 있지않는 것이라면, 그렇게 촉구해가는 것으로 하고 있습니다.

4. 정리

지금까지 후쿠시마제1원전사고의 교훈으로 우선순위가 높은 것에 대해서는 NEA 및 그 가맹국에 의해서 대응이 이루어져왔지만, 사고 후의 복구활동 중에서 얻은 정보도 더 있을 것입니다. NEA는 그 활동을 통하여, 금후도 관심을 향해야 할 것으로 생각되는 분야로서 안전연구가 필요한 것과 안전 및 적시의 복구에 도움이 되는 것을 발견해왔습니다. 정보가 더욱 얻어지고, 또한 새로운 활동이 이루어짐에 따라서, 국제적인 공동프로젝트에 의해서 효과적인 협력이 이루어져갈 것입니다. 체르노빌과 스리마일섬과 같은 과거의 중대사고를 토대로 말씀드리면, 얻은 교훈을 실시하고, 관련하는 안전연구를 계속하는 것은 장기에 걸치는 프로세스로 될 것입니다.

NEA와 그 가맹국은 원자력발전소의 안전성을 확보하기 위하여 곧바로 대응을 함과 더불어, 사고가 초래한 영향에 대응하고자 하는 일본의 노력에 대해서 공헌해왔습니다. 우선순위가 높은 대응은 이미 완료하고 있습니다만, 안전성의 확보란 계속적인 프로세스입니다. 원자로 폐기가 진행되고, 새로운 사실을 알게 되어감에 따라서 더욱 교훈을 얻을 수 있을 것입니다. NEA는 국제적인 지혜를 결집해서 후쿠시마제1원자력발전소의 폐로에 관련되는 일본의 관계 각 기관을 계속해서 지원해가겠습니다. 또한, NEA는 가맹국이 원자력안전분야에서 계속해서 교훈을 얻어 필요한 개선방안을 실시해가는 것을 지원해가겠습니다.

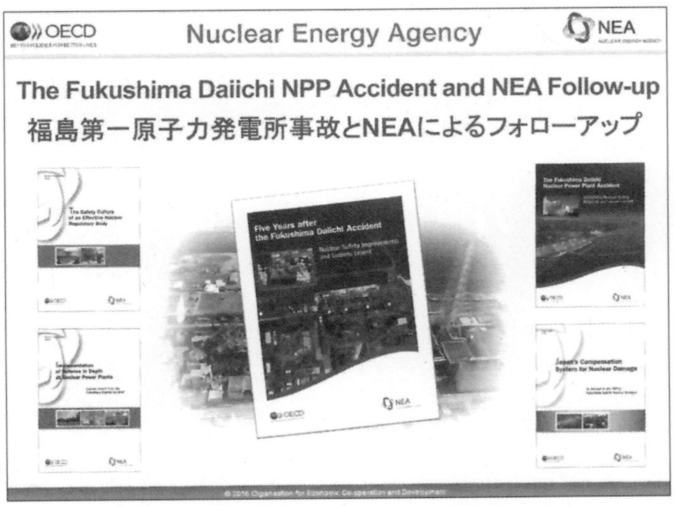

SESSION. 1

후쿠시마원전사고 후의 법정책

원자력손해배상제도
-그 현황과 개혁과제-

다카하시 시게루(高橋 滋)(히토츠바시대학 교수)

저는 원자력손해배상제도의 우리나라에서의 현황과 과제에 대해서 말씀드리겠습니다. 저의 보고에서는 처음에 원자력손해배상제도의 개요를 소개하고 싶습니다. 그리고 나서, 후쿠시마제1원전사고의 손해배상의 현황과 과제에 대하여 소개하겠습니다. 마지막으로, 배상의 현황을 토대로 한 개혁작업의 개요에 대하여 말씀드리겠습니다.

1. 일본의 원자력손해배상제도

(1) 제도의 기본적 체계 및 사고 후의 대응조치

우선, 원자력손해배상제도의 개요를 말씀드리겠습니다. 우리나라에서는 민법의 불법행위의 특칙으로서 원자력손해배상법이 있습니다. 그리고, 같은 법 하에서 배상조치가 실시되었습니다. 한편, 이 법률은 일본이 원자력손해의 보완적인 보상에 관한 조약(CSC조약)을 체결한 후에, 필요한 개정조치도 이루어졌습니다. 나아가, 이 법률 하에서 도쿄전력에 의한 배상을 확실한 것으로 하기 위하여 원자력손해배상지원기구법이 제정되었습니다. 이 법률은 후의 법개정에 의해, 원자로 폐기 등의 과제가 포함되어 현행의 명칭(원자력손해배상·폐로등지원기구법)으로 되었습니다.

또한, 사고로 인한 방사성물질의 대량의 확산이 있었기에, 이것을 제거하기 위하여 재난발생사업자인 도쿄전력의 부담으로 국가나 지방자치단체가 오염제거를 실시하기 위한 방사성물질오염대처특조법(평성23년3월11일에발생한도호쿠지방태평양해역지진에동반한원자력발전소의사고에의해방출된방사성물질로인한환경의오염에의대처에관한특별조치법)이 제정되었습니다.

(2) 사고의 경험을 토대로 한 개선작업

현재 후쿠시마제1원전사고에서의 손해배상의 과정에서 발생한 여러 가지 문제를 토대로 하여, 일본정부가 개선작업을 하고 있습니다. 다만, 현재로는 후쿠시마제1원전사고에 대한 배상이 진행되고 있기 때문에, 이 개선작업은 현쟁 진행 중인 배상에는 영향을 주지 않는다는 것으로 합의가 이루어져 있습니다.

다른 한편에서, 커다란 대립점이 있습니다. 구체적으로는 무한책임인지 유한책임인지의 대립입니다. 즉, 사업자의 책임을 무한정으로 해둘 것인가, 그렇지 않으면 일정한 범위에서 배상액을 한정할 것인가라는 문제가 있습니다. 이 점에 대해서는 양론병기(兩論併記)로 될 가능성이 있다고 생각하고 있습니다. 결론은 내지 않으면 안되는 것입니다만, 원자력위원회·원자력손해배상제도 전문부회로서는 양론병기로 될 가능성이 있다는 것이 현황입니다.

2. 후쿠시마제1원전사고의 손해배상의 현황

(1) 개관

후쿠시마제1원전사고의 손해배상조치의 현황에 대해서입니다. 대단히 커다란 규모의 사고가 발생하였습니다. 사고로부터 5년이 경과하였습니다만, 현재로는 개인이나 법인에의 재물배상 등에 대해서는 거의 지불이 끝난 상황입니다. 약 6조2,000억 엔이라는 배상액이 지불되었습니다. 다만, 다음과 같은 문제점이 있다고 생각하고 있습니다.

3가지 정도 있습니다. 우선 하나는 피난지시가 해제되지 않은 지역의 피난민들, 나아가서는 피난지시구역 외의 일정범위 가운데에서 자주적으로 피난하고 있는 분들에게 위자료로서 정신적인 손해배상조치가 이뤄져 있습니다만, 이 분들에 대한 대책을 어떻게 할 것인가라는 문제가 계속해서 남아 있습니다.

나아가서는 계속되는 풍문피해의 과제가 있고, 특히 농림수산업에 대한 피해를 어떻게 배상할 것인가라는 문제가 남아 있습니다.

더하여, 지방자치단체도 손해를 입었습니다. 지금까지 지방자치단체는 개인의 배상을 우선하는 것에 협력하였기 때문에, 이제는 지방자치단체의 손해에 대한 배상청구가 시작되고 있습니다. 그러나, 예컨대, 정부의 재정조치와의 관계를 어떻게 생각할 것인가, 세수를 배상액, 손해액에 포함할 것인가라는 것이 이론적인 과제로서 남아 있습니다.

(2) 배상의 특색

배상의 특색에 대하여 몇 가지 점을 들겠습니다. 하나는 앞에서 소개 해드린 원자력손해배상·폐로등지원기구법입니다. 이 법률은 원자력손해배상법이 사고를 일으킨 사업자에 대해 국가가 지원할 것을 기본적인 체계로 하고 있기 때문에 그 지원을 위한 법률이라는 것으로 됩니다. 그리고 국가가 지원한 국비에 대해서는 기본적으로 전력요금에 부가하여 회수할 것으로 예정되어 있습니다.

제2의 특색은 거대한 원자력재해였기 때문에, 이 특색을 토대로 하여, 지금까지의 민사법학에서 인정되어온 배상범위에서 대담하게 벗어나 넓은 배상이 이뤄졌다는 점입니다. 풍문피해 등의 간접피해에 대한 배상과 사고에 의한 공포나 산정 불가능한 생활비 등의 증가를 대상으로 하는 배상, 나아가서는 장기간 고향에 돌아갈 수 없는 분들에 대하여 고향을 상실한 것에 수반하는 정신적 피해에 대한 배상이 이뤄졌습니다. 이것은 사고의 특성을 토대로 한 배상이 아닐까 생각하고 있습니다.

(3) 과제

다음으로, 후쿠시마제1원전사고에 수반된 배상이 실시되는 가운데 부상된 과제에 대해서 말씀드리겠습니다.

① 손해배상에서의 발재(發災)사업자와 국가와의 역할 분담

제1의 과제는 손해배상에서의 발재사업자와 국가와의 역할분담이라는 문제입니다. 원자력손해배상법은 국가는 사업자가 원자력손해배상법 하에서 배상책임을 가지는 경우에 대해서는 사업자에 의한 배상을 지원한다는 원칙을 규정하고 있습니다.

다른 한편으로, 천재 등을 이유로 하여 사업자가 면책되는 경우에 대하여 국가의 역할을 다른 재해구조와 같도록 방재 · 재해에 대한 구조로 위치지우고 있습니다. 전자의 규정이 제16조로, 후자가 제17조라는 것으로 됩니다.

그러나 이러한 국가의 지원형태는 원자력사업을 국가의 정책으로서 행하고, 민간 사업자가 실제 사업을 진행하는 국책민영의 제도로 추진해 온 국가의 역할에 비하여 불충분하지 않을까, 지나치게 소극적인 것은 아닐까라는 비판이 생기고 있습니다.

또한 이번에는 여러 가지의 정책적인 과제를 포함하여 발재사업자인 도쿄전력의 법적 정리, 도산을 시키는 것은 행하지 않았습니다. 이 점에 대하여 발재사업자를 국가가 원조하는 원자력손해배상법 제16조가 구조상 사업자를 법적으로 정리하지 않는, 특히 사업재생 등의 법적인 정리를 하지 않는 것을 전제로 입법화되고 있는 것은 아닌가라는 지적이 이뤄지고 있습니다. 이것이 법적인 검토과제입니다.

나아가서는 배상금의 지불을 순전히 발재사업자에게만 맡기는 것이 아니라, 국가에 의한 적극적인 입체불(立替拂)제도를 만들어야 한다는 지적도 유력하게 이루어지고 있습니다.

② 발재사업자의 부담의 한계 등

제2의 과제로서 발재사업자의 부담을 유한으로 해야 한다는 주장이 있습니다. 특히 일본의 전력공급의 체계가 후쿠시마제1원전사고 후에 지역독점에서 일반적인 소매를 포함한 자유화로 이행하고 있는 가운데에 원자력사업자는 유한책임으로 하고 싶다고 강하게 주장하고 있습니다.

이 문제와 관련해서 유한책임으로 한 경우에 대한 책임의 한도액의 정도, 나아가서는 정해진 금액의 손해배상조치를 실시하는 것이 현행법으로 의무되고 있습니다만, 그 금액의 정도와 그것과 병행되는 정부보증액의 정도도 논란이 되고 있습니다.

또한, 사고를 일으키지 않은 다른 원자력사업자도 현행법에서는 배상을 위하여 협력하는 것으로 되어 있습니다. 이러한 제도에 대하여 배상금액의 결정방식에 관해 예컨대, 지불을 요구받은 사업자의 예견가능성을 확보해야 하는 것이 아닌가라는 논의도 이뤄지고 있습니다.

③ 민사의 손해배상과 정부의 재해대책과의 관계

제3의 과제입니다. 이것은 사견입니다만, 민사손해배상과 정부의 재해대책과의 관계에 대하여 문제가 되어야 한다고 생각합니다. 예컨대, 오염제거가 어느 정도까지 신속하게 진전할 것인가 또는 피난지시가 어느 범위까지 계속되어야 하는가라는 점은 배상액 그 자체를 결정하는 커다란 요소가 됩니다.

그 때문에, 현실에서는 역으로 피난지시의 해제 시기 등이 배상의 관점에서 규정되어버린다는 문제가 나오고 있습니다. 즉, 손해배상이 종결될 것에 대한 우려로부터 피난지시의 해제를 연기하고 싶다는 목소리가 피해지로부터 강하게 나오는 등, 역전현상이 생기고 있습니다.

나아가서, 지금 말씀드린 것처럼 지역재생사업과 배상과의 관계가 중요합니다. 원자력손해배상법 제16조도, 면책을 한 경우의 제17조도, 지역재생에 관한 국가의 책임에 대해서는 통상의 재해대책과 같다는 전제에서 생각하고 있습니다.

이에 대해서는 저는 지역재생의 시책의 실시와 관련된 국가의 책임의 측면에서 불충분하지 않는가라고 생각하고 있습니다. 오히려, 후쿠시마제1원전사고에 즈음해서는 미야기현(宮城縣)과 이와테현(岩手縣) 등의 지역에서의 쓰나미나 지진피해와 달리, 원자력손해에 대한 배상을 받기 위하여 정부의 책임에 의한 지역재생사업이 늦어진 측면은 없는지가 문제 되어야 한다고 생각하고 있습니다.

이 점, 지역재생사업에 대해서도 우리나라에서는 원인자부담주의에 근거하여, 합리적인 범위에 대해서는 발재사업자에 대한 구상을 법적으로 제도조치하는 것은 가능하다고 생각하고 있습니다. 그러므로, 국가의 재정능력에 한계가 있다는 이유만으로는 후쿠시마제1원전사고의 피해지역에 대하여 지역재상사업이 늦어지고 있는 원인이 될 수 없는 것은 아닌가라고 생각하고 있습니다.

3. 원자력손해배상제도의 개선

본 보고의 마지막으로 원자력손해배상제도의 개선에 대해서 말씀드리겠습니다. 이미 말한 바와 같이, 원자력위원회・원자력손해배상제도 전문부회에서는 후쿠시마제1원전사고를 토대로 한 개선작업이 진전하고 있습니다. 저도 부회의 논의에 참가해왔습니다만, 일관해서 다음의 점을 강하게 주장해왔습니다.

(1) 개선에 있어서의 유의점

제1로, 우리나라에서는 과거의 도까이무라(東海村)의 우라늄가공연료사고, 이번의 후쿠시마제1원전사고에서 볼 수 있는 것처럼 사고의 규모, 그리고 사고에 즈음해서의 사업자의 책임의 정도, 사업자의 규모와 사업형태는 다양하다는 점입니다.

이번 후쿠시마제1원전사고에만 사로잡혀서, 원자력손해배상제도를 결정해버리는 것은 오히려 제도의 공평성과 실효성을 손상시킬 우려가 있다고 생각합니다. 원자력손해배상사고의 다양성을 토대로 한다면, 일반적인 제도로서의 플렉시블한 성격을 가지는 것이 중요하다고 생각합니다.

(2) 후쿠시마제1원전사고 후의 새로운 상황

제2로, 후쿠시마제1원전사고 후의 새로운 상황을 토대로 하여, 개정의 논의가 이뤄져야 한다고 생각합니다. 특히 일반소매를 포함하여 전력사업의 자유화가 실시된 것은 개정의 논의에 커다란 영향을 주고 있습니다. 사업관계의 변화를 이유로 하여, 원자력사업자는 무한책임으로부터 유한책임으로 제도변경을 요구하고 있습니다. 그리고, 부회의 일부 위원도 이 주장을 지지하고 있습니다.

전력자유화로 본격적으로 이행하는 가운데, 전략사업자에게만 사업계속의 책임을 부과하는 것, 나아가 현재의 제도가 암묵의 전제로 해온 것처럼, 사업재생형의 법적 정리를 포함하여 원자력사업자의 법적 정리는 있을 수 없다는 제도의 체계를 이후로도 유지할지 여부에 대하여 의문이 제기되고 있습니다.

(3) 개선작업의 합의점과 대립점

이상의 점을 토대로 하여, 개정의 논의를 정리해보겠습니다.

① 합의점

우선 기본적으로 합의하고 있는 점입니다만, 상당인과관계의 범위의 손해를 배상한다는 민법의 대원칙을 유지하는 것, 나아가서는 분쟁해결을 위한 제도와 체계를 유지·발전하는 것에 대해서는 대체로 합의가 이뤄지고 있다고 생각하고 있습니다.

나아가서는 전력자유화 아래에서 민법의 통상의 체계에서는 발재사업자의 법적 정리, 특히 사업재생형의 법적 정리의 가능성은 이론적으로는 배제할 수 없다는 것에 대해서도 인식은 일치한다고 생각하고 있습니다.

② 대립점

이에 대해서, 무한책임을 유지할 것인지 유한책임으로 전환할 것인지, 나아가서는 발재사업자와 다른 원자력사업자의 부담의 형태를 어떻게 규율할 것인지에 대해서는 의견의 대립이 있고, 양론병기로 될 가능성이 있다고 생각하고 있습니다.

이 점에 관해서 사견을 말한다면, 안전확보에 관한 사업자의 자기책임을 중시하는 개혁이 안전규제의 측면에서 실시되고 있습니다. 그러한 것을 생각한다면, 사업자의 자기책임이 경감된다는 메시지를 가질 수 있는 유한책임에 대해서는 회피되어야 하는 것이 아닌가라고 생각하고 있습니다.

나아가, 사업자의 사고에 관한 책임의 형태는 다양하며, 사업자의 귀책성이 강한 사고에 대하여서도 책임제한을 적용하는 제도는 적당하지 않다고 생각합니다. 사업자의 예견가능성이 강하게 주장되고 있습니다만, 예견가능성에 대해서는 면책제도를 유지하고, 경과실의 경우에 대해서는 기본적인 정책으로서 법적 정리는 실시하지 않고, 국가로부터의 충분한 지원이 담보된다고 하는 것으로 충분하지 않는가라고 생각하고 있습니다.

후쿠시마제1원전사고 후의 시기에 굳이 유한책임으로 정책전환하는 것은 원자력발전사업자에 대한 국민의 신뢰를 결정적으로 손상시킬 가능성이 있는 것이 아닌가라고 생각하고 있습니다.

4. 마치며

마지막으로, 행정법학자로서의 입장으로부터 부회에서도 지금까지 주장해왔던 것을 여러분들에게 말씀드리고서 보고를 마치겠습니다. 즉, 피난민에 대한 배상과 풍문피해에 대한 배상을 토대로 한다면, 신속한 정부의 재해대책이나 부흥지원의 과제와 확실한 손해배상의 과제는 불가분의 관계에 있습니다. 그러한 시점은 특히 대규모의 원자력사고에서의 배상의 과제를 검토함에 있어서는 대단히 중요하다고 생각하고 있습니다.

앞에서 말씀드린 바와 같이, 현재의 원자력손해배상법 제16조가 규정하는 발재사업자에 대한 국가의 원조도, 제17조가 규정하는 피해자에 대한 국가의 원조도 국책민영의 체계에서의 국가의 책임이라는 관점으로 대단히 불충분한 것이라고 생각하고 있습니다. 충분한 배상을 확보하고, 본래는 피할 수 있는 배상을 회피하여, 배상조치액을 합리적인 것에 그치게 한다는 관점으로부터서는 국가에 의한 적극적인 지역재생사업이 실시될 제도적 체계를 구축하는 것이 대단히 중요하다고 생각하고 있습니다.

국민부담을 최소화한다고 하는 관점으로부터서는 원인자부담주의에 근거하여, 지역재상사업의 부담에 대해서 특별입법으로 합리적인 범위에서 사업자에게 요구하는 것은 가능하다고 생각하고 있습니다.

원자력손해배상법은 불법행위의 특칙입니다만, 그 공법적인 시점・측면을 중시해서, 특별한 공법적 입법의 제정가능성을 원자력손해배상법 중에 편입하는 것은 후쿠시마제1원전사고의 교훈을 토대로 하여, 꼭 필요한 것이라고 생각하고 있습니다.

이상으로 보고를 마치겠습니다. 경청해주셔서 감사드립니다.

1

원자력손해배상제도

-그 현황과 개혁과제-

2016년 9월 24일

히토츠바시대학 대학원법학연구과

高橋 滋

2

I 일본의 원자력손해배상제도①·②

① 제도의 기본적 틀

- 원자력손해배상법
- CSC조약(원자력손해보완적보상조약)의 체결과 국내법 실시조치

② 후쿠시마제1원전사고 후에의 대응조치

- 원자력손해배상·폐로등지원기구법
- 관련법으로서의 방사성물질오염대처특조법

3

I 일본의 원자력손해배상제도③

③ 후쿠시마제1원전사고의 경험을 토대로 한 개선작업

- 후쿠시마제1원전사고에 대한 배상에는 영향을 주지 않는 범위에서의 개선
- 현재, 대립점(무한책임인가 유한책임인가 등)에 대해서는 양론병기로 될 가능성.

4

Ⅱ 후쿠시마원전사고의 손해배상의 현황①

① 개관

- 개인・법인에 대한 재물배상 등에 대해 거의 지불을 마친 단계 (6조2000억 엔)

5

Ⅱ 후쿠시마원전사고의 손해배상의 현황①

- 금후의 개별적인 과제로서,

a) 피난지시미해제지역의 피난민, 일정범위의 자주적 피난민 등의 정신적 손해의 배상
b) 계속하는 풍문피해에 의한 농림수산업 등의 피해에 대한 배상
c) 지방자치단체의 각종 손해에 대한 배상
이 있다.

6

Ⅱ 후쿠시마원전사고의 손해배상의 현황②

② 배상의 특색

a) 원자력손해배상・폐로등지원기구법
- 발재사업자에 대한 국가의 지원을 통한 배상
- 국비에 대해서는 기본적으로는 전기요금에 추가하여 회수할 것을 예정.

7

Ⅱ 후쿠시마원전사고의 손해배상의 현황②

b) 사고의 특성에 응한 배상범위의 확대

- 풍문피해 등의 간접손해에 대한 배상
- 사고에 의한 공포 · 산정 곤란한 생활비 증가 등을 대상으로 하는 위자료
  고향의 상실에 수반하여 정신적 손해에 대한 위자료

8

Ⅱ 후쿠시마원전사고의 손해배상의 현황③

a) 손해배상에서의 발재사업자와 국가와의 역할분담

- 사업자에 대한 지원(법 16조)과 면책 등의 경우의 국가의 원조(법 17조)와의 구별
- 국가의 지원의 형태
  사업자의 법적 정리(특히 사업재생형의 정리)를 전제로 하지 않는 제도의 가부
- 국가에 의한 적극적인 입체불(立替拂)의 필요성

9

Ⅱ 후쿠시마원전사고의 손해배상의 현황③

b) 발재사업자의 부담의 한계 등

- 무한책임인가 유한책임인가
- 유한책임의 경우의 책임한도액 · 손해배상조치액, 정부보상액의 정도
- 다른 원자력사업자의 부담의 정도

Ⅱ 후쿠시마원전사고의 손해배상의 현황③ 10

c) 손해배상과 정부의 재해대책과의 관련

- 오염제거 · 피난지시와 배상이 연동한다.
  그 때문에, 역으로 피난지시의 해제가 배상에 영향을 주는 경향이 있었다.
- 지역재생사업과 배상과의 관계. 배상이 있기 때문에 정부의 책임에 의한 지역재상사업이 늦어진 측면은 없는가(원인부담주의에 의한 발재사업자에 대한 구상은 가능).

Ⅲ 원자력손해배상제도의 개선① 11

① 후쿠시마제1원전사고를 토대로 한 개선
(前出) 다만, 유의해야할 점이 있다.

a) 사고의 규모, 사업자의 책임, 사업자의 규모 · 사업형태는 다양

b) 일반적인 제도로서의 플렉시블한 성격을 가질 것의 중요성

Ⅲ 원자력손해배상제도의 개선② 12

② 후쿠시마제1원전사고 후의 새로운 상황

a) 일반소매를 포함하여 전력사업의 자유화가 실시되었다.

b) 제도의 변경을 어떻게 평가할 것인가

13

Ⅲ 원자력손해배상제도의 개선③

③ 개선작업의 합의점과 대립점

a) 합의점

- 완전배상의 원칙, 분쟁해결의 제도와 체계에 대해서는 대체로 합의하였다.
- 발재사업자의 법적 정리(특히 사업재생형의 법적 정리)의 가능성은 이론적으로는 배제할 수 없는 것에 대해서도 합의.

14

Ⅲ 원자력손해배상제도의 개선③

b) 대립점

- 유한책임인지 무한책임인지
- 발재사업자의 부담의 정도
- 다른 원자력사업자의 부담의 정도 등에 대해서는,

전문부회에서 의견의 대립이 있고, 양론병기의 가능성이 있는 것으로 추측된다.

15

Ⅲ 원자력손해배상제도의 개선③

c) 사적 견해

- 피난민에 대한 배상, 풍문피해에 대한 배상을 토대로 한다면,

신속한 정부의 재해대책, 지역부흥시책과 배상과는 불가분이며, 그 시점은 중요하다.

방사성물질오염대책①
-사고유래방사성물질오염폐기물 처리의 현황과 과제-

치쿠시 게이이치(筑紫圭一)(죠치대학 준교수)

1. 처음에(테마와 구성)

죠치대학의 치쿠시입니다. 잘 부탁드립니다. 저는 방사성물질오염대책에 대하여 보고드리겠습니다. 저의 보고테마는 사고유래방사성물질오염폐기물의 처리에 대하여 지금까지의 노력을 평가하는 것입니다. 2011년 3월의 후쿠시마제1원전사고에 의해 대량의 방사성물질이 환경 중에 방출되어 후쿠시마현의 내외로 확산되고, 그로 인해 오염된 폐기물이 각지에서 다량으로 발생하였습니다.

이 사고에서의 오염대처조치는 방사성물질오염폐기물의 처리와 오염제거로 크게 나누어집니다. 오염제거에 대해서는 이 다음의 다나카 선생님이 보고하시기 때문에, 저의 보고는 폐기물 처리에 초점을 맞추겠습니다. 또한, 고준위방사성폐기물 처리에 대해서는 내일 오리 선생님이 보고하시기 때문에, 이것도 보고의 대상으로 하지 않겠습니다.

본 보고의 구성은 처리의 제도, 처리의 현황, 성과와 과제입니다.

2. 처리의 제도

(1) 방사성물질오염대처특조법

그럼 우선, 처리의 제도에 대하여 극히 간단하게 설명하겠습니다. 제1로, 이번 사고유래방사성물질오염폐기물에 대처하기 위하여 2011년 8월 30일에 방사성물질오염대처특조법(평성23년3월11일에발생한도호쿠지방태평양해역지진에수반하는원자력발전소의사고에의해방출된방사성물질로인한환경의오염에대한대처에관한특별조치법)이 제정되었습니다. 이하 이 법률을 특조법이라고 부르겠습니다.

특조법의 커다란 특징은 두 가지 있습니다. 하나는 방사성농도, 즉 세슘134와 세슘137의 합계치입니다만, 이 방사능농도의 비교적 높은 폐기물에 대하여 국가의 처리책임을 규정한 것입니다. 이것은 통상의 폐기물처리법이 시정촌이나 사업자의 처리책임을 규정하고 있는 것과 다릅니다.

국가의 처리책임이 규정된 것은 원자력정책을 추진해온 국가의 사회적 책임을 중시한 때문이라고 되어 있습니다.

또 하나의 특징은 사고원인사업자, 즉 도쿄전력입니다만, 여기에 처리비용을 구상하는 제도를 채용한 것입니다. 이것은 오염자부담원칙의 관점을 반영한 것입니다.

(2) 적용법

제2로, 약간 복잡한 법률의 적용관계를 설명하겠습니다. 특조법이 대상으로 하는 것은 원자력사업소 외부로 비산하고, 방사능 농도가 비교적 높은 것입니다. 방사능농도가 높지 않은 것에 대해서는 통상의 폐기물처리법으로 대처하는 것으로 되었습니다. 이번 보고에서는 특조법 아래에서 국가가 처리책임을 지는 두 가지의 특정폐기물 중 지정폐기물을 중심으로 다루겠습니다.

한편, 또 하나의 특정폐기물인 대책지역 내 폐기물은 후쿠시마현 내의 일정지역내에 있는 폐기물로 쓰나미로 인한 재해폐기물, 피해가옥 등의 해체로 발생한 폐재료 등의 쓰레기가 중심입니다. 이에 대해, 지정폐기물은 방사능농도 8,000베크렐(Bq)/kg 초과의 폐기물로 소각재, 볏짚, 퇴비, 하숫물 등입니다.

(3) 기본방침

제3으로, 처리의 기본방침은 다음과 같습니다. ①주민의 생활에 방해가 되는 폐기물의 처리를 우선할 것, ②현행 폐기물처리법에 근거하는 폐기물의 처리체제・시설 등을 적극적으로 활용할 것, ③처리에 임해서는 주변주민의 건강의 보호와 생활환경의 보전에 배려할 것, ④안전성을 확보하면서 가능한 한 감용화(減容化)할 것, ⑤지정폐기물의 처리는 당해 지정폐기물이 배출된 도도부현(都道府県) 내에서 할 것 등입니다. 여기에서는 특히 기본방침의 ⑤의 지정폐기물의 처리가 각 도도부현 내에서 이루어진다고 결정된 점에 주목하고 싶습니다.

(4) 후쿠시마현 내

구체적인 처리공정은 슬라이드 7과 같습니다만, 기본적인 흐름은 일시보관, 중간처리, 최종처분입니다. 즉, 우선 쓰레기가 발생하면, 그 다음에 보관이 이루어지고, 그 후 소각 등의 중간처리가 이루어집니다. 후쿠시마현 내의 경우에는 중간저장시설을 설치하고, 여기에서 감용화 등을 한다는 것입니다.

(5) 후쿠시마현 외

후쿠시마현 외에서도 중간저장시설의 설치를 제외하고, 동일한 처리공정입니다. 방사능농도가 10만Bq 초과의 지정폐기물은 견고한 콘크리트구조의 차단형 처분장에서 처분하고, 방사능농도가 10만Bq 이하의 지정폐기물은 지하수오염을 방지하기 위한 차수공(遮水工)을 갖춘 관리형 처분장에서 처분하는 것으로 되어있습니다. 여기에서는 방사능농도에 응한 관리가 이뤄지고 있는 것에 주목하고 싶습니다.

(6) 최종처분

최종처분에 대하여 조금 더 설명하겠습니다. 후쿠시마현 내에서는 10만Bq 이하의 폐기물은 현내의 기존 관리형 처분장에서 처분하는 것으로 되고, 10만Bq 초과의 폐기물은 중간저장 개시후 30년 이내에서 후쿠시마현 외에서 최종처분을 완료하는 것으로 되었습니다.

한편, 후쿠시마현 외에서는 지정폐기물이 다량 발생하여, 보관이 어려운 도도부현에서 2014년도 말을 목표로 국가가 필요한 처분장을 설치하는 것으로 되었습니다. 그러나, 이 방침 하에서 정부가 2012년에 도치기현(栃木県)과 이바라기현(茨城県)의 후보지를 제시했지만, 지역의 강한 반발을 받았습니다.

(7) 처분장후보지선정프로세스의 개선

그 때문에 처분장후보지선정프로세스의 개선이 이루어졌습니다. 우선, 종래의 프로세스가 선정작업의 실시와 선정결과의 공유에 있어서 시정촌과의 의사소통이 부족했던 것, 후보지의 제시에 있어서의 상세한 조사, 전문적인 평가가 부족했던 것, 각 현의 상황을 토대로 한 대응이 불충분했다는 반성이 이루어졌습니다.

그래서 새롭게 시정촌장회의의 개최를 통한 공통이해의 조성, 전문가로 구성되는 유식자회의에 의한 평가의 실시, 후보지의 안전성에 관한 상세조사의 실시라는 방침에 근거하여, 선정이 이루어지는 것으로 되었습니다. 안전성에 관한 상세조사란 예컨대 지하수 등의 상세조사입니다.

3. 처리 현황

(1) 지정폐기물

그럼, 처리 현황은 어떨까요. 지정폐기물의 지정량은 2016년 6월 30일 시점에서 12도현(都県)내에서 약 17만 5,000t입니다. 그 가운데, 약 8할이 후쿠시마현 내에 지정되어 있고, 나머지 대부분이 미야기현(宮城県), 이바라기현(茨城県), 도치기현(栃木県), 군마현(群馬県), 치바현(千葉県)에 있습니다.

(2) 후쿠시마현 내 · 외의 지정폐기물

앞에서 설명드린 대로 후쿠시마현 내의 처리는 일시보관, 중간처리, 중간저장, 최종처분이

라는 공정으로 이루어집니다. 후쿠시마현 내에서의 지정폐기물 처리는 항상 계획한 대로 진행되고 있지는 않습니다. 중간저장시설과 현내의 최종처분장의 확보에 대해서 계획이 세워지는 등 중요한 진전도 보입니다. 그러나 다른 한편으로, 현외의 최종처분장의 확보에 대해서는 계획이 없는 상황입니다.

다음으로, 후쿠시마현 외의 지정폐기물입니다만, 이에 대해서는 순조롭게는 진행되고 있지 않습니다. 특히 2014년도 말로 예정된 최종처분장의 확보가 각지에서 난항을 겪고 있습니다. 최종처분장의 설치가 진행되고 있지 않기 때문에, 일시보관이 장기화되고 있는 상황입니다.

(3) 2015년 7월말의 상황과 그 후의 동향

2015년 7월말의 상황을 정리한 것이 슬라이드 13입니다. 시오야마치(塩谷町)와 가미마치(加美町)와 같이 후보지 지자체가 수원보전조례를 제정하여, 최종처분장의 설치를 반대하는 움직임도 보입니다. 작년 7월말 이후의 주목할 만한 동향으로서 두 가지 지적하겠습니다.

제1로, 2015년 9월의 간토・도호쿠(關東・東北) 호우로 재해리스크가 현재 진행 중입니다. 후쿠시마현 이이다테무라(飯舘村)에서 하천이 넘쳐, 오염제거폐기물을 넣은 자루가 유출되는 등의 사태가 발생하였습니다.

그래서 정부도 유식자회의의 논의를 토대로 하여, 현지보관의 안전강화를 추진하고 있습니다. 이것은 현지보관의 장기화가 예상되는 현황에서는 타당한 대응이라고 생각합니다.

제2로, 지정폐기물의 지정해제에 관한 동향입니다. 2016년 4월 28일에 특조법시행규칙이 일부개정되었습니다. 이로 인해, 지정폐기물의 지정해제의 요건과 절차가 정비되고, 기준을 하회하면 지정을 해제하고, 통상의 폐기물로서 지자체가 처분할 수 있게 되었습니다.

그 후, 동년 7월 23일에 치바시(千葉市)에 있는 지정폐기물의 지정이 해제되었습니다. 이바라기현과 미야기현에서도 지정해제를 향한 검토가 이루어지고 있는 것 같습니다.

4. 평가

(1) 문제의 성질

이상을 토대로, 이번 방사성물질오염폐기물의 처리에 대하여 평가를 하고 싶습니다. 처음에, 문제의 성질상 이번 폐기물 처리는 원래 커다란 곤란을 수반하는 것임을 지적하고 싶습니다. 그 이유는 이하와 같습니다.

제1로, 처리해야 할 폐기물이 광범위 하고 다량으로 발생하였습니다. 그 때문에 광역적으로 질서 있는 대응이 필요합니다. 제2로, 방사성물질 특유의 건강・환경리스크, 즉 저선량(低線量)이라도 장기적인 리스크가 있을 것이 우려됩니다.

그래서 우선, 처리에 있어 장기적인 관리를 시야에 넣을 필요가 있습니다만, 그 한편으로, 신속한 처리의 실시도 요구됩니다. 사고유래방사성물질오염폐기물의 처리는 이미 방사성물질이 환경 중에 확산되고 있다는 점에서 고준위방사성폐기물의 처리와는 다릅니다. 사고유래방사성물질오염폐기물의 처리에 즈음해서는 최종처분장의 확보를 포함해, 한층 신속성이 필요하게 됩니다.

또한, 신속한 대응이 요구되면서도 방사성물질을 포함하는 폐기물의 처리방침을 결정할 때, 적정하고 고도의 전문적인 지식이 필요합니다. 나아가서는 처리를 원활하게 추진함에 있어서 관계자나 국민의 이해가 필수적이지만, 그것을 단기간에 얻는 것은 대단히 어렵습니다.

(2) 성과와 과제

그럼, 이러한 문제의 성질을 토대로 하면서, 지금까지의 국가의 대응을 어떻게 평가하면 좋을까요. 우선, 신속성, 체계성, 일관성, 전문성과 투명성이라는 관점에서 어느 정도 긍정적 평가가 가능할 것입니다. 특조법과 그 기본방침은 비교적 조기에 정비되어, 실제의 폐기물 처리도 그에 따라서 체계적으로 추진되어 왔습니다.

또한, 전문가의 의견청취나 정보공개가 처리의 각 단계에서 이루어졌습니다. 나아가, 지정폐기물과 관련된 지정해제의 제도화 등, 상황의 변화에 응한 대응도 취하고 있으며, 정책의 유연성이나 적합성의 관점에서도 긍정적으로 평가할 수 있다고 생각합니다.

그러나, 물론 과제도 있습니다. 각지에서 최종처분장의 설치가 늦어지고 있으며, 보관의 장기화, 보관의 핍박, 분산관리로 인한 관리리스크의 증가라고 하는 문제가 생기고 있습니다. 이러한 현황을 토대로 하면서, 이번 사고대응으로부터 얻은 교훈으로서, 몇 가지 환경법정책상의 논점을 지적・검토해보겠습니다.

(3) 법정책상의 논점

① 방사능농도에 응한 리스크관리

제1로, 이번 폐기물 처리에 있어서 방사능농도에 응한 리스크 관리의 관점이 취하여졌습니다. 이것은 국제적인 관점에도 적합한 것이며, 합리적일 것입니다. 또한, 저선량폭로의 건강리스크에 관한 과학적 지견이나 안전대책의 효과에 대하여 불확실성이 남아있는 부분이 있는 것과 주민의 불안에 근거하는 소송제기가 상정될 수 있는 것을 고려하면, 이번 대책이 기본적으로 안전측에 서서 이루어지고 있는 것은 적절할 것입니다.

다른 한편으로, 안전대책을 가중해서 대응하는 것은 대책비용의 증대와 처분장의 부족이라는 별개의 리스크를 낳습니다. 그래서 현장관리의 안전성과 방사능의 물리적 감쇄를 고려에 넣으면서, 과학적 지견의 충실도에 응하여, 일정한 규제완화를 검토하는 것도 필요하다고 생각합니다. 지금까지도 특정일반폐기물, 특정산업폐기물의 지정요건을 개선한 것과 지정폐기물에 대하여 지정해제의 제도를 만든 것은 이러한 노력의 일환으로서 지지될 것입니다.

한편, 이바라기현에서의 분산관리를 인정했을 때와 같이, 예외적인 대응을 인정할 때에는 그 이유를 국민에게 잘 설명해야 한다고 생각합니다. 그렇게 하지 않으면, 장기현지보관이 위험하기 때문에 처분장의 신설이 필요하다고 하는 원칙 자체의 합리성도 의심받기 때문입니다.

② 리스크분담의 형태

제2로, 리스크분담의 형태입니다. 이번 폐기물 처리에 임하여, 기본방침 자체에 대한 비판도 보입니다. 앞에서 말한대로, 정부는 지정폐기물의 처리에 대하여 그것이 배출된 각 현 내에서 처리한다고 하는 기본방침을 세웠습니다만, 후보로 된 지역의 지자체나 주민은 그 방침을 비판합니다.

예컨대, 후쿠시마제1원전의 부지에서 집중적으로 처리한다고 하는 관점을 채용하지 않은 이유에 대해 후쿠시마현에 이 이상의 부담을 주어서는 안된다고 하는 정부의 설명만으로는 설득되지 않는 부분이 있습니다.

그러한 불만에 대응함에는 각 현으로부터 방사성물질오염폐기물을 운반하는 것에 의해 건강・환경리스크가 보다 증대하지 않을까, 또한 별개의 문제가 생기지 않을까라는 관점에서의 설명도 이루어지는 것이 바람직하다고 생각합니다.

③ 리스크관리의 의사결정주체

제3으로, 리스크관리의 의사결정주체입니다. 구체적으로는 특조법과 지자체조례의 관계가 문제로 됩니다. 국가는 특조법에 근거하여, 최종처분장의 후보지 선정을 추진하고 있지만, 후보지가 된 지자체는 수원보전조례를 규정하여, 처분장의 설치를 반대하고 있습니다. 여기서 상세한 검토를 할 여유는 없습니다만, 조례의 적법성을 판단함에 있어서는 지자체에 의한 독자규제의 필요성이 있는지 여부가 중요한 논점으로 될 것입니다.

슬라이드 9・10에서 말한 바입니다만, 국가는 2012년 9월에 후보지 선정에 실패한 것을 계기로 하여, 후보지선정프로세스를 개선하였습니다. 그 후는 수원(水源)과의 거리 등의 지역적 사정을 고려·중시하면서 후보지선정을 추진하고 있습니다만, 이것은 수원보전조례의 필요성에 관한 평가에 영향을 준다고 생각됩니다.

④ 전문성·중립성의 확보

제4로, 전문성과 중립성의 확보입니다. 지금까지의 처리에 관해, 환경성이 적정하고 전문적인 지견과 중립성의 확보에 노력해 온 것은 틀림없습니다. 그러나 이번 폐기물 처리가 이후 수십년 이상의 장기에 걸치는 것, 또한 환경성 자신이 반드시는 방사성물질 관리의 전문성을 가지지 않은 것에 비추어 본다면, 장래에서의 과학적 지견의 충실도 시야에 넣으면서, 원자력규제위원회의 계속적이고 또한 정기적인 관여를 명확하게 제도화한다는 대응도 검토의 여지가 있는 것으로 생각합니다. 이것은 신뢰확보의 전제로 되는 중립성의 확보라는 점에서도 중요할 것입니다.

국민의 신뢰를 회복하는 방법으로는 주민참가절차의 정비와 리스크커뮤니케이션의 개선 등이 들어집니다만, 이미 환경성도 설명회의 실시와 홈페이지의 충실화 등 국민의 이해촉진에 노력을 기울이고 있습니다. 이러한 대책이 불가결한 것입니다만, 그와 함께 적정처리의 실적을 계속해서 쌓아가지 않으면 국민의 신뢰는 얻을 수 없을 것으로 생각합니다. 행정조직의 전문성, 중립성 확보는 이후로도 중요한 논점으로 된다고 생각합니다.

⑤ 일반법의 정비

제5로, 일반법 정비의 필요성입니다. 특조법은 이번 사고에 대응하기 위한 법률이기 때문에, 장래에 향한 일반법을 정비할 필요가 있다고 생각합니다. 이번 특조법을 서둘러 제정할 필요가 생긴 것은 후쿠시마제1원전사고 이전은 사고유래방사성물질오염폐기물의 처리에 관한 법제도가 정비되지 않았기 때문이며, 이후로도 원자력관계시설이 존재·가동하는 이상, 사고발생에 대비한 일반법의 정비가 필요할 것입니다.

상정되는 사고의 내용과 정도는 다종다양하기 때문에, 일반법의 내용을 경직적인 것으로 하는 것은 바람직하지 않습니다. 그러나 그렇다고 하더라도, 이번 폐기물 처리에 임하여 실천된 것의 몇 가지는 명문화해두는 것도 가능하다고 생각합니다. 그 일례로서 가설소각시설과 최종처분장 등의 각종 시설에 관련된 환경영향평가의 원칙 실시를 명문화하는 것 등이 검토되어도 좋다고 생각합니다.

보고는 이상입니다. 경청해주셔서 감사합니다.

1

방사성물질오염대책①

사고유래방사성물질오염폐기물 처리의 현황과 과제

2016년 9월 24일

치쿠시 게이이치(築紫圭一)(죠치대학)

2

1. 테마와 구성

1. 테마 : 사고유래방사성물질오염폐기물의 처리에 대하여 지금까지의 노력을 평가.
   * 오염제거 → 다나카(田中) 보고
   * 고준위방사성폐기물 처리 → 오리(織) 보고
2. 구성 : ①처리의 제도, ②처리의 현황, ③성과와 과제.

3

2. 처리의 제도① : 특조법

1. 방사성물질오염대처특조법(평성23년법률110호. 특조법)의 제정 (2011년 8월 30일).
2. 특조법의 커다란 특징

① 방사능농도가 비교적 높은 폐기물에 대하여 국가의 처리책임을 규정한 것. ↔ 폐기물처리법(시정촌/사업자의 처리책임)

② 사고원인사업자(도쿄전력)에게 처리비용을 구상하는 체계를 채용한 것. = 오염자부담원칙

2. 처리의 제도② : 적용법 4

■ 원자력사업소 내와 그 주변에 비산한 폐기물(관계원자력사업자가 처리)	원자로등규제법
■ 특정폐기물(국가가 처리) • 대책지역내 폐기물 • 지정폐기물(8,000Bq/kg 초과. 대신 지정)	특조법
■ 특정일반폐기물/특정산업폐기물 (8,000Bq/kg 이하 · 성령 지정. 시정촌/사업자 처리)	폐기물처리법 (특조법에 의한 특별처리 기준의 추가 있음)

(참고)폐기물의 종류 5

焼却灰

農林業系副産物(稲わら)

農林業系副産物(たい肥)

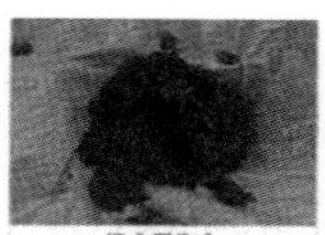
浄水発生土

下水汚泥

○출전 : 환경성HP

2. 처리의 제도③ : 기본방침 6

○ 평성23년 기본방침(2011년 11월 11일 각의결정) :

① 주민의 생활의 방해가 되는 폐기물의 처리를 우선할 것,

② 현행 폐기물처리법에 근거하는 폐기물의 처리체제 · 시설 등을 적극적으로 활용할 것,

③ 처리에 임해서는 주변주민의 건강의 보호와 생활환경의 보전에 배려할 것,

④ 안전성을 확보하면서, 가능한 한 감용화할 것,

⑤ 지정폐기물의 처리는 당해 지정폐기물이 배출된 도도부현 내에서 할 것, 등.

2. 처리의 제도④ : 후쿠시마현 내 7

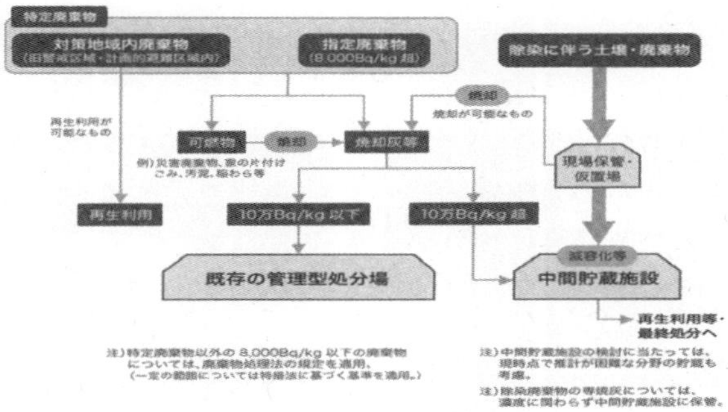

○출전 : 환경성HP

2. 처리의 제도⑤ : 후쿠시마현 외 8

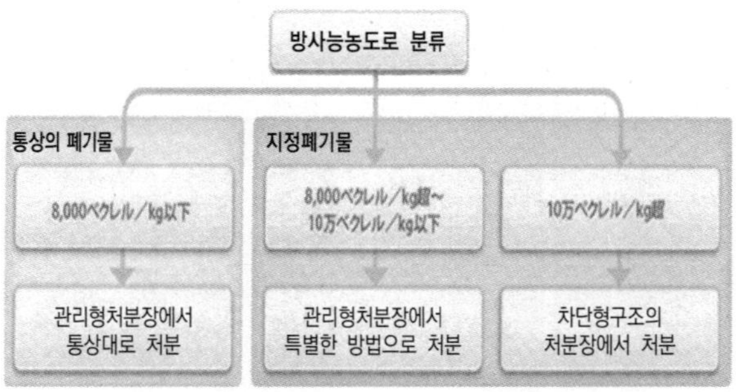

○출전 : 환경성HP

2. 처리의 제도⑥ : 최종처분 9

후쿠시마현 내

- 10만Bq/kg이하의 폐기물 : 현내의 기존 관리형 처분장에서 처분.
- 10만Bq/kg초과의 폐기물 : 국가는 중간저장개시 후 30년 이내에 후쿠시마현 외에서 최종처분을 완료한다(중간저장・환경안전사업주식회사법 3조2항에서 명기).

후쿠시마현 외

- 환경성「지정폐기물의 금후의 처리방침」(평성24년3월30일) : 2014년도 말을 목표로 다량 발생・보관 핍박의 도도부현에서 국가가 필요한 처분장을 집약해서 설치한다.
- 2012년 9월, 도치기현・이바라기현의 후보지를 제시도, 지역의 강한 반발로 단념.

10

2. 처리의 제도⑦ : 처분장후보지선정 프로세스의 개선

- 환경성「최종처분장 선정과 관련된 경위의 검증 및 금후의 방침」(2013년 2월 25일)

검증결과	금후의 방침
① 선정작업의 실시나 선정결과의 공유에 임하여, 시정촌과의 의사소통이 부족. • 선정작업에서 현이나 시정촌의 협력이 불가결 • 선정작업이나 결과의 공유에 있어서, 의사소통이 부족	① 시정촌회의의 개최를 통한 공통이해의 양성 • 지정폐기물 처리를 향한 공통이해의 양성 • 지역의 실정에 응하여 고려해야할 구체적인 사항에 대해서도 선정작업에서 충분히 배려
② 후보지의 제시에 있어서의 상세한 조사, 전문적인 평가의 부족 • 안정성에 대해 지역의 충분한 이해를 얻을 수 없다. • 안전성과 관련된 상세한 조사나 전문가에 의한 평가가 부족	② 전문가에 의한 평가의 실시 • 3월에 전문가로 구성되는 검토회를 발족 • 시설의 안전성의 확보에 관한 관점의 논의 • 후보지의 선정수순, 평가항목 · 평가기준의 논의
③ 각 현의 상황을 토대로 한 대응이 불충분 현이나 시정촌과 시설의 내용 · 안전성 등에 대하여 정보공유한 위에, 협력요청이나 의향의 청취를 행하는 등, 각 현의 상황을 토대로 한 대응을 행하여야 한다.	③ 각 현의 상황을 토대로 한 대응이 불충분 후보지의 안전성에 관한 상세조사(보링등에 의한 지반, 지질, 지하수 등)의 실시, 평가

○출전 : 환경성HP

11

3. 처리의 현황① : 지정폐기물

都道府県	合計	
	件	数量(t)
岩手県	10	475.6
宮城県	41	3,412.4
山形県	3	2.7
福島県	772	147,031.7
茨城県	24	3,532.8
栃木県	79	13,533.1
群馬県	12	1,186.7
千葉県	64	3,714.2
東京都	2	981.7
神奈川県	3	2.9
新潟県	4	1,017.9
静岡県	1	8.6
合計	1,015	174,900.4

- 지정폐기물의 지정량은 2016년 6월 30일 시점에서 12도현(都県)에서 약 17만5,000t.
- 약 84%(147,031t)가 후쿠시마현 내에 지정.
- 미야기현(宮城県) 3,412t, 이바라기현(茨城県) 3,532t, 도치기현(栃木県) 13,533t, 군마현(群馬県) 1,186t, 치바현(千葉県) 3,714t.

○출전 : 환경성HP

12

3. 처리의 현황②

후쿠시마현 내의 지정폐기물

- 처리공정 : 일시보관 · 중간처리 · 중간저장 · 최종처분.
- 반드시 계획대로 진행되지는 않는다.
- 중간저장시설이나 현내 최종처분장의 확보에 대해서 일정한 진전 있음.
- 현외 처분장의 확보에 대해서 예정이 서지 않음.

후쿠시마현 외의 지정폐기물

- 처리공정 : 중간저장을 제외하고, 후쿠시마현 내와 같음.
- 순조롭게 진행되지 않는다.
- 2014년도 말을 예정한 최종처분장의 확보는 각지에서 난항.
- 최종처분장의 설치가 진행되지 않기 때문에 일시보관이 장기화.

13

3. 처리의 현황③ : 2015년 7월말

- 도치기현(栃木県) : 환경성은 2014년 7월, 시오야마치(塩谷町)의 국유지를 후보지로 제시. 동 마치는 동년 9월 19일, 「시오야마치(塩谷町)다카하라산(高原山) · 쇼진자와용수(常仁沢湧水)보전조례」를 제정.
- 미야기현(宮城県) : 현은 후보지의 상세조사를 받아들였지만, 구리하라시(栗原市) · 다이와쵸(大和町) · 가미쵸(加美町)의 3후보지는 반대. 가미쵸는 2014년 12월에 수원(水源)보전조례를 제정.
- 이바라기현(茨城県) : 환경성은 전 시정촌 대상의 앙케이트를 실시하여, 2015년 1월, 분산보관의 가능성을 시사.
- 치바현(千葉県) : 환경성은 2015년 4월 도쿄전력치바(千葉)화력발전소의 부지를 후보지로 선정. 치바시(千葉市)는 반발.
- 군마현(群馬県) : 후보지 자체가 미정.

14

3. 처리의 현황④ : 그 후의 동향

- 재해리스크의 현재화(顕在化) : 2015년 9월의 간토 · 도호쿠(關東 · 東北)호우. 일시보관의 폐기물이 유출한 예 있음.
  → 현지보관의 안전 강화(지정폐기물 처분 등 유식자회의 제9회. 2016년 3월 16일)
- 특조법시행규칙의 일부개정(2016년 4월 28일 공포 · 시행) : 지정폐기물의 지정해제의 요건과 절차를 정비. 기준을 하회하면 지정을 해제, 통상의 폐기물로서 지자체가 처분 OK.
  → 치바시(千葉市)의 지정폐기물의 지정해제(2016년 6월 28일 신청, 동년 7월 23일 해제). 이바라기(茨城) · 미야기(宮城)에서도 검토.

15

4. 평가① : 문제의 성질

○ 이번 폐기물 처리는 원래 커다란 곤란을 수반함.

① 처리해야 할 폐기물이 광범 · 다량으로 발생.
  → 광역적으로 질서있는 대응이 필요.

② 특유(저선량 · 장기)의 건강 · 환경리스크의 우려.
  → 장기적인 관리가 필요하지만, 이미 환경 중으로 비산하고 있기 때문에 신속한 처리 실시도 필요.
  → 적정하고 고도의 전문적 지견을 얻을 것도 필요.
  → 관계자와 국민의 이해가 불가결하지만, 그것을 단기간에 얻는 것은 대단히 곤란.

4. 평가② : 성과와 과제 16

1. 성과

- 국가의 대응에 대해, 신속성 · 체계성 · 일관성, 전문성이나 투명성이란 관점에서 일정한 긍정적 평가가 가능.
- 특정일반폐기물 · 특정산업폐기물의 요건 개선, 지정폐기물과 관련된 지정해제의 제도화 등, 과학적 지견의 충실과 상황의 변화에 응한 대응은 정책의 적절성 · 적응성이라는 점에서도 긍정적인 평가가 가능.

2. 과제

- 그러나, 각지에서 최종처분장의 설치가 늦어지고, 보관의 장기화, 보관의 핍박, 분산관리에 의한 관리리스크의 증가라는 문제가 발생.

4. 평가③ : 법정책상의 논점 17

① 방사능농도에 응한 리스크 관리 : 국제적인 관점에 적합. 처분장 신설과 장기 현지보관의 시비.

② 리스크 분담의 방식 : 기본방침(지정폐기물의 처리는 배출된 각 도도부현 내에서 처리)의 논거.

③ 리스크 관리의 의사결정주체 : 특조법과 조례의 관계.

④ 전문성 · 중립성의 확보 : 원자력규제위원회를 포함하는 전문조직의 계속적 관여.

⑤ 일반법의 정비 : 장래에 향해서 일반법의 정비, 환경영향평가의 원칙적 실시 등의 명문화.

2. 処理の仕組み⑦:処分場
候補地選定プロセスの見直し
・環境省「最終処分場選定に係る経緯の検証
及び今後の方針」(平成25年2月25日)

방사성물질오염대책②
-오염제거법제의 검증-

다나카 요시히로(田中 良弘)(니이가타대학 준교수, 히토츠바시대학 객원준교수)

소개받은 다나카입니다. 치쿠시 선생님에 이어서 방사성물질오염대책에 대하여 오염제거에 관한 법제도를 중심으로 말씀드리겠습니다[1]. 저의 보고에서는 제1로, 후쿠시마제1원전사고 전후에서의 일본의 오염제거법제에 대하여 소개하고, 제2로, 방사성물질오염대처특조법(평성23년3월11일에발생한도호쿠지방태평양해역지진에동반한원자력발전소의사고에의해방출된방사성물질로인한환경의오염에의대처에관한특별조치법)의 평가와 과제에 대하여 언급하고, 제3으로, 비용부담에 관한 규정을 중심으로 같은 법의 검증을 하겠습니다. 그리고, 제4로, 오염제거법제에서의 비용부담의 형태에 대해 검토를 가하고, 마지막으로, 본 보고의 정리를 하겠습니다.

1. 일본의 오염제거법제

그럼, 처음에 일본의 오염제거법제에 대하여 소개하겠습니다. 앞에서 치쿠시 선생님의 보고에서도 있었던 것과 같이, 후쿠시마제1원전사고 전, 즉 2011년 이전은 일본의 법제도상 원자력발전소의 시설 밖으로 방사성물질이 확산하는 것은 상정되어 있지 않았습니다[2]. 예컨대, 당시의 환경기본법 제13조는 방사성물질을 오염방지조치의 대상으로부터 제외하였으며, 대기오염방지법과 수질오탁방지법 등의 개별법도 각각의 대상으로부터 방사성물질을 제외하고, 원자력법제에 맡겼습니다.

한편으로, 당시의 원자력법제는 원자력시설 외부로의 방사성물질의 방출이라는 사태를 일으키지 않는 전제에서 법제도설계가 이루어졌으며, 방사성물질이 일반환경에 널리 확산하는 것을 상정한 규정을 만들지 않았습니다. 그 때문에, 후쿠시마제1원전사고 직후는 원자력발전

1) 본 보고는 田中良弘「除染の現状と在り方－除染費用に関する法的仕組みを中心に－」高橋滋他編著『福島原発事故と法政策－震災・原発事故からの復興に向けて－』(第一法規, 2016年) 119쪽 이하의 내용에 약간의 보족을 가하여 재구성한 것이다.

2) 田中良弘「放射性物質汚染対処特措法の立法経緯と環境法上の問題点」『一橋法学』13巻1号, 264쪽 이하.

소의 시설 외부로 방출된 방사성물질로 인한 환경오염에 대처하기 위한 근거법령이 없는 상태였습니다.

이러한 상태를 해소하기 위하여 후쿠시마제1원전사고 후, 몇 가지의 법정비가 이루어졌습니다. 예컨대, 앞에서 소개한 환경기본법 제13조는 2012년에 삭제되고, 대기오염방지법과 수질오탁방지법에서의 제외규정도 삭제되었습니다. 다만, 폐기물처리법과 토양오염대책법의 제외규정은 현재도 남아있습니다.

보다 중요한 것은 방사성물질오염대처특조법이 제정・시행된 것입니다. 이에 따라, 후쿠시마제1원전사고로 인해 방출된 방사성물질에 의한 환경오염에 대하여 법적 근거를 가지고 대처하는 것이 가능하게 되었습니다. 한편, 본 보고에서는 이하 후쿠시마제1원전사고를 단지 「사고」라고 하고, 방사성물질오염대처특조법은 단지 「특조법」이라고 하겠습니다.

2. 방사성물질오염대처특조법의 평가와 과제

다음으로, 특조법의 평가에 대하여 말하겠습니다. 우선, 특조법은 사고 직후의 「법의 공백지대」에 재빨리 대응하여, 방사성물질로 인한 환경오염에 대하여 법령에 근거한 조치를 가능하게 하였다는 점에서 적극적으로 평가할 수 있다고 생각합니다. 또한, 특조법이 종래부터 존재한 원자력손해배상법(원자력손해의배상에관한법률)의 체계를 활용함으로써 신속한 대응을 실현한 것에 대하여서도 일정한 평가가 이루어져야 한다고 말할 수 있습니다. 이 점에 대해서는 오염제거비용이라는 환경손해에 관련한 비용에 대하여 원자력손해배상의 제도와 행정상의 조치를 조합하는 방법에 의해 제도적으로 대응한 점에서 국제적으로도 귀중한 선례로 될 수 있다고 하는 평가도 있습니다[3].

다른 한편, 특조법은 사고 후의 긴급사태에 대응하기 위하여 충분한 논의를 거치지 않은 채 의원입법에 의해 제정된 것이며, 법제도로서 과제를 가지고 있지 않은 것은 아닙니다. 우선, 특조법은 사고에 의해 방출된 방사성물질에 대응하기 위한 특별조치법에 지나지 않습니다. 특조법의 정식명칭은 「평성23년3월11일에발생한도호쿠지

3) 長谷浩之「原子力損害賠償に関する条約と日本の原子力損害賠償制度」, 高橋滋他・전게주1) 73쪽.

방태평양해역지진에동반한원자력발전소의사고에의해방출된방사성물질로인한환경의오염에의대처에관한특별조치법」입니다. 이 명칭으로부터 명백한 것처럼 만일 새로운 원자력발전소의 사고가 발생한 경우, 현재로는 같은 법에 근거하여 오염제거 등의 조치를 취할 수 없습니다.

덧붙여, 특조법은 부칙 제5조부터 제7조에서 같은 법을 포함하는 원자력법제의 개선에 대하여 규정하고 있고, 이에 근거하여 이미 몇 가지의 법개정과 검증작업이 이루어지고 있습니다. 그러나, 한편으로, 특조법의 법적 제도 그 자체의 검증과 만일 새로운 원전사고가 발생한 경우에 대비한 일반적·범용적인 오염제거법제의 정비에 대해서도 이 개정규정의 대상으로 되어있는 것인지는 반드시 명확한 것만은 아닙니다[4].

이미 말한 바와 같이, 특조법에 의해 종래의 법제도가 상정하지 않았던 사태에 신속하게 대응한 것은 적극적으로 평가되어야 한다고 생각하고, 두 번 다시 원전사고를 발생시키지 않도록 노력해야 하는 것은 당연합니다. 그러나 그렇다고 하여 만일의 사태에 대비한 법 정비를 할 필요가 없다는 것은 아닙니다. 설령, 다시 원전사고가 발생한 경우에 새롭게 특별조치법을 제정한다고 하는 방법으로 대응한다고 하더라도 보다 좋은 법제도의 형태를 검토함에는 일정한 의의가 있다고 생각됩니다.

그래서 다음으로 오염제거에 관한 법제도의 형태라는 관점에서 특조법의 제도에 대하여 검증하겠습니다.

3. 특조법에서의 비용부담체계의 검증

(1) 비용부담의 법적 제도에 대하여

오염제거법제의 형태에 관한 가장 기본적인 문제는 누가 오염제거를 담당할 것인가라고 하는 실시주체의 문제와 그 비용을 누가 부담할 것인가 하는 비용부담의 문제라고 생각할 수 있습니다.

우선, 실시주체에 대해서는 환경오염의 정도와 범위에 따라 여러 가지의 대응이 있습니다만, 이번 사고와 같이 방사성물질이 국토의 광범위에 걸쳐서 확산된다고 하는 대단히 심각한 사태에서는 국가와 지방자치단체가 전면에 나서서 오염제거를 실시할 수밖에 없다고 생각합니다.

다음으로, 비용부담에 대해서는 법기술로서 이제부터 말하는 두 가지의 방법이 생각될 수

4) 安部慶三「放射性物質による環境汚染防止に関する法制度の現状と課題－放射性物質汚染対処特措法を中心として－」『立法と調査』360号, 145쪽 참조.

있습니다. 제1의 방법은 특조법과 같이 오염제거비용의 부담을 불법행위에 근거하는 손해배상책임의 제도로 파악하는 방법입니다. 특조법 제44조제1항은 「…이 법률에 근거하여 강구되는 조치는 원자력손해의배상에관한법률…제3조제1항의 규정에 의해, 관계원자력사업자가 배상할 책임있는 손해와 관련된 것으로서, 당해 관계원자력사업자의 부담 하에서 실시되는 것으로 한다」고 하여, 특조법에 근거하여 행하여지는 오염제거에 대해, 관계원자력사업자, 즉 도쿄전력이 비용을 부담하는 내용을 규정하고 있습니다.

이에 대해, 제2의 방법으로써 오염제거를 일종의 공공적 사업으로 위치지워, 공해방지사업비사업자부담법의 체계에 준하여 적절한 비율의 부담을 원인자에게 요구한다는 제도도 생각할 수 있습니다[5]. 그러나, 특조법은 이러한 관점을 채용하지 않고, 특조법에 근거하여 실시되는 오염제거비용은 원자력손해배상법 제3조제1항에 의한 「원자력손해」로 위치지웁니다.

원자력손해배상법 제3조제1항 본문은 「원자로의 운전 등에서 당해 원자로의 운전 등으로 인해 원자력손해를 주었을 때는 당해 원자로의 운전 등과 관련된 원자력사업자가 그 손해를 배상할 책임이 있다」고 규정하고 있습니다. 이 「원자력손해」에 대한 배상책임은 무과실책임이지만, 상당인과관계가 불필요하다고 되어있지는 않습니다. 그 때문에 이번 사고에 관해서도 사고와의 상당인과관계가 인정되는 한도에서 도쿄전력이 배상책임을 진다고 하는 것으로 됩니다. 즉, 특조법은 사고와의 상당인과관계가 인정되는 범위 내의 조치를 국가나 지방자치단체가 대행하고, 그 비용을 도쿄전력에게 부담시킨다고 하는 제도를 채용한 것이라고 말할 수 있습니다[6].

이 상당인과관계에 대해서는 앞에서 다카하시 선생님의 보고에서도 있었던 것처럼, 어느 정도 완화해서 해석하는 운용이 이루어지고 있습니다만, 특조법 제44조제1항이 오염제거비용을 「원자력손해」로 위치지운 이상, 특조법에 근거하는 오염제거조치에는 사고와의 상당인과관계가 인정되는 한도에서만 실시가 가능하다는 일정한 제약이 있는 것이 됩니다. 그렇다면, 특조법의 해석으로서는 도쿄전력이 지는 민사상의 책임의 범위를 초과하는 것과 같은 대책을 같은 법에 근거하여 실시하는 것은 어렵다고 하지 않을 수 없습니다.

이 점에 대해서는 제가 3년전에 현지에서 히어링을 하였을 때, 환경성의 오염제거가이드라인이 사고와의 상당인과관계를 전제로 작성되어 있기 때문에 현장의 요청에 유연하게 대응할 수 없다고 하는 지적이 이루어졌었고, 현장에서는 빠른 단계에서 불법행위법체계를 전제로 한 체계의 한계가 인식되었었던 것으로 생각합니다.

또한, 금년 7월말의 보도에 의하면[7], 현재도 후쿠시마현 내의 2만6,000개소의 택지에 대하

5) 高橋滋「福島原発事故からの復興と原子力損害賠償－事故後4年の現状と課題－」, 高橋滋他・전게주1) 51쪽.
6) 高橋・전게주5) 50쪽.

여 주민의 동의를 얻을 수 없다는 등의 이유로 오염제거 실시의 예정이 서있지 않고, 주민이 동의에 응하지 않은 이유의 하나로서 오염제거의 방법에 납득할 수 없는 것이 들어집니다. 나아가, 피재지에서 문제가 되고 있는 오염제거 실시 후의 재오염제거에 대해서도 현행법의 체계 하에서는 종래의 불법행위법체계와의 관계에서 어려운 문제가 있습니다.

이들 문제는 특조법이 원자력손해배상법의 체계를 전제로 하고 있는 것에 기인하는 것이라고 말할 수 있고, 오염제거에 관한 법제도의 선택지로서 불법행위법의 체계에 구애되지 않는 유연한 대응을 가능하게 하는 법적 제도를 채용하는 것도 검토되어 좋다고 생각합니다.

(2) 오염제거비용의 부담체계에 대하여

오염제거비용에 대해서는 이것을 도쿄전력에 구상하지 않고, 국가가 보유하는 도쿄전력주식의 매각익으로 충당한다고 하는 방침이 각의결정에 의해서 제시되고 있습니다. 오염제거비용을 도쿄전력에 구상하지 않는 것의 시비에 대해서는 정책적인 문제이기 때문에 본 보고에서는 다루지 않겠습니다. 그러나, 특조법 제44조제1항과의 관계에서는 여전히 문제가 남아있는 것으로 생각됩니다.

제1로, 국가가 보유하는 도쿄전력주식의 매각익을 도쿄전력의 부담으로 생각하는 것은 곤란하기 때문에, 그것을 오염제거비용에 충당하는 것이 특조법에 근거하는 오염제거의 조치에 대해 도쿄전력의 부담 하에서 실시된다고 규정하는 특조법 제44조제1항에 저촉하지 않는지 의문의 여지가 있습니다.

제2로, 오염제거비용의 구체적인 부담체계에 대해서도 과제가 남아있는 것으로 생각됩니다. 현행 체계에서는 오염제거비용은 일단 동일본대진재부흥특별회계로부터 갹출되고, 그 후, 국가가 도쿄전력에게 차례로 구상하게 됩니다. 그러나, 약 2.5조 엔이라는 오염제거비용을 현재의 도쿄전력이 곧바로 지불하는 것은 사실상 불가능하기 때문에, 오염제거비용이 원자력손해배상의 대상으로 되는 것을 전제로, 국가로부터 원자력손해배상・폐로등지원기구를 매개로 하여 도쿄전력에게 자금원조가 이루어지고, 그로부터 국가에 대해 오염제거비용이 지불된다고 하는 체계가 취해져 있습니다(슬라이드 9 참조).

이 자금원조는 본래 도쿄전력이 지불하는 특별부담금과, 도쿄전력을 포함하는 원자력사업자가 지불하는 일반부담금으로 상환되는 것으로 되어 있습니다. 그러나, 앞에서 말한 것처럼 오염제거비용에 관해서는 도쿄전력에 부담시키지 않는다고 하는 방침이 각의결정에 의해 제시되어 있기 때문에, 오염제거비용에 관한 한, 도쿄전력은 단지 자금의 중계점에 불과하게 됩니다(슬라이드 10 참조).

7) 『読売新聞(電子版)』 2016년 7월 29일자.

여기에서도 그 정책적 판단의 시비에 대해서는 다루지 않겠습니다만, 오염제거비용을 도쿄전력에 부담시키지 않는 것이라면, 애시당초 이러한 기교적인 비용부담체계를 이용할 필요는 없었던 것으로도 생각됩니다. 또한, 결과론입니다만, 이러한 체계를 이용함으로써 오염제거비용을 도쿄전력에 부담시키지 않음에도 불구하고, 오염제거조치는 도쿄전력이 지는 민사상의 책임의 범위로 한정된다고 하는 약간 논리적 필연성이 결여된 상태가 발생하고 있습니다.

이상의 점은 특조법 제44조제1항이 오염제거비용을 일의적으로 도쿄전력의 부담으로 규정함으로써 발생한 문제라고 말할 수 있습니다.

4. 오염제거법제에서의 비용부담규정의 형태

이처럼 특조법에서의 오염제거비용의 부담에 관한 법적 제도가 원자력손해배상법의 체계를 전제로 해서 구축된 것은 긴급사태에서의 응급조치로서는 높게 평가할 수 있지만, 보다 바람직한 오염제거법제의 형태라는 관점에서는 과제가 남겨져 있는 것으로 생각됩니다[8]. 그래서, 비용부담규정을 가지는 몇 개의 법률을 참고로 오염제거법제에서의 비용부담규정의 형태에 대해 약간의 검토를 하고자 합니다.

우선, 일본법에서 오염제거에 관한 규정을 가지는 것으로서 특조법 이외에 어린이피재자지원법[9] 및 후쿠시마부흥재생특별조치법[10]을 들 수 있습니다. 이 가운데, 어린이피재자지원법 제19조는 「국가는 피재자생활지원등 시책의 실시에 요한 비용 중 특정원자력사업자에 대하여 구상해야 하는 것에 대해 적절하게 구상하는 것으로 한다」고 규정하고 있습니다. 또한, 후쿠시마부흥재생특별조치법 제96조는 오염제거를 포함하는 후쿠시마의 부흥재생을 위한 조치 가운데 「원자력손해」와 관련된 것에 대하여 「국가가 당해 원자력사업자에 대해 당해 조치에 요하는 비용액에 상당하는 액의 한도에서 구상하는 것을 방해하는 것이 아니다」고 규정하고 있습니다. 이들 규정은 모두 오염제거를 포함하는 조치 등에 요한 비용의 부담에 대하여 규정하고 있습니다만, 오염제거비용을 일의적으로 도쿄전력의 부담으로 하는 특조법 제44조제1항과는 다른 법적 제도를 채용하고 있습니다.

다음으로, 앞에서 말한 바와 같이, 오염제거를 일종의 공공적 사업으로 본 경우, 공해방지

---

8) 특조법에 대해 긴급사태에 맞춰서 제정된 법률이 그대로의 상태로 남아있기 때문에, 미해결의 과제도 남아있다고 지적하는 것으로서, 방사성물질오염대처특조법시행검토회(제1회)에서의 아사노 나오토(浅野直人)좌장 발언(동 검토회의사록 14쪽)

9) 도쿄전력원자력사고에 의해 피재한 어린이를 비롯한 주민등의 생활을 지탱하기 위한 피재자의생활지원등에관한시책의추진에관한법률(평성24년법률제48호)

10) 후쿠시마부흥재생특별조치법(평성24년법률제25호)

사업비사업자부담법의 규정도 참고로 된다고 생각합니다. 같은 법 제4조 내지 제5조는 원인사업자의 부담액에 대하여 「당해 공해방지사업에 관련된 공해에 대하여 그 원인으로 된다고 인정되는 한도」에 응하여 결정된다는 내용을 규정하고 있습니다.

마지막으로, 다른 국가의 예로서, 2001년의 뉴욕 동시다발테러 후, 행정에 의한 일반환경하의 오염제거가 실시된 미국의 연방법을 소개하고자 합니다. 뉴욕시에서 실시된 오염제거의 근거법으로 된 스타포드법[11]은 같은 법이 규정하는 대규모재해 등을 의도적으로 일으킨 자는 그에 대응하기 위하여 미국이 요한 비용 중 「그 작위 또는 부작위에 귀속될 수 있는 금액」을 부담한다고 하여, 미국이 비용을 갹출한 다음, 고의에 의한 경우에 한하여, 상당인과관계가 인정되는 범위에서 원인자가 비용을 부담하는 내용을 규정하고 있습니다.

이처럼, 국내외에서 조문상은 비용부담자를 일의적으로 규정하지 않고, 국가가 비용을 갹출한 다음 원인자가 부담해야 할 금액을 부담시킨다고 하는 법적 제도를 채용한 입법례가 존재합니다.

5. 결어에 대신하여

마지막으로, 결어에 대신하여, 본 보고의 정리를 하겠습니다. 우선, 오염자부담원칙에서는 방사성물질을 배출한 원자력사업자에게 그 기여비율에 응해서 오염제거비용을 부담시켜야 한다고 할 수 있습니다.

다른 한편으로, 원자력사업자가 모든 비용을 부담하는 것을 당연한 전제로 하는 법적 제도를 채용한 경우, 불법행위법의 체계를 초과하는, 보다 심도있는 대책을 강구하는 것이 법해석상 곤란하게 될 것입니다.

이러한 관점에서 사견에 의하면, 특조법 제44조제1항의 규정은 개선되어야 한다고 생각하고, 또한 만일의 사고에 대비한 오염제거법제를 정비함에 임해서는 비용부담의 점을 포함하여 사고의 규모나 원인, 상황 등에 응한 유연한 대응을 가능하게 하는 법적 제도를 채용해야 한다고 생각됩니다.

이상으로 저의 보고를 마치겠습니다. 경청해주셔서 감사합니다.

11) Robert T. Stafford, Disaster Relief and Emergency Assistance Act, Public Law 100-707, as amended, 42 U.S.C. 5121-5207.

0

방사성물질오염대책②

- 오염제거법제의 검증 -

니이가타대학 준교수, 히토츠바시대학 객원준교수

다나카 요시히로(田中 良弘)

1

오늘의 예정

1. 일본의 오염제거법제
2. 특조법의 평가와 과제
3. 특조법의 검증
4. 비용부담의 규정의 형태
5. 결어에 대신하여

2

일본의 오염제거법제 사고 전

- 일본의 법제도상, 원전시설 외부로 방사성물질이 확산하는 것은 상정되지 않았다.

  ex. 환경기본법 13조(2011년 당시)

  「방사성물질에 의한 대기의 오염, 수질의 오탁 및 토양의 오염의 방지를 위한 조치에 대해서는 원자력기본법…그밖의 관계법률로 규정하는 바에 의한다」
- 원전시설 외부로 방출된 방사성물질에 의한 환경오염에 대처하기 위한 근거법령 없음.

일본의 오염제거법제 사고 후 3

- 환경법에서의 제외규정의 삭제
  환경기본법, 대기오염방지법, 수질오탁방지법, 환경영향평가법…
  (다만, 폐기물처리법과 토양오염대책법에는 제외규정이 남아있다.)
- 방사성물질오염대처특조법의 제정 · 시행
  ⇒ 방사성물질에 의한 환경오염에 법적 근거로써 대응하는 것이 가능하게 되었다.

특조법의 평가 4

- 「법의 공백지대」에 신속하게 대응하여, 방사성물질오염에 대하여 법령에 근거하는 조치를 가능하게 하였다.
- 종전부터 존재한 원자력손해배상법의 체계를 활용하여, 신속한 대응을 가능하게 했다.
- 오염제거비용이라는 환경손해에 대하여, 원자력손해배상의 제도와 행정적인 조치를 조합한 방법에 의해 제도적으로 대응하였다.

특조법의 과제 5

- 충분한 논의를 거치지 않은 채 제정되었다.
- 「평성23년3월11일에발생한도호쿠지방태평양해역지진에동반한원자력발전소의사고에의해방출된방사성물질로인한환경의오염에의대처에관한특별조치법」
  ⇒ 만일 새로운 원전사고가 발생한 경우, 같은 법에 근거하는 오염제거 등의 조치는 할 수 없다.

6

특조법의 검증　비용부담①

- 특조법 44조1항

  「이 법률에 근거하여 강구되는 조치는 원자력손해의배상에관한법률… 제3조제1항의 규정에 의해, 관계원자력사업자가 배상할 책임있는 손해와 관련된 것으로서, 당해 관계원자력사업자의 부담 하에서 실시된다」
- 원자력손해배상법 3조1항 본문

  「원자로의 운전 등을 할 때, 당해 원자로의 운전 등에 의해 원자력손해를 주었을 때는 당해 원자로의 운전 등에 관련된 원자력사업자가 그 손해를 배상할 책임이 있다」

7

특조법의 검증　비용부담②

- 사고와의 상당인과관계가 인정되는 범위 내의 조치를 국가나 지방자치단체가 행하고, 그 비용을 도쿄전력에게 부담시키는 제도를 채용.

  ⇒ 도쿄전력이 부담하는 민사상의 책임의 범위를 넘는 대책의 실시는 곤란

불법행위법의 체계에 구애되지 않는 유연한 대응을 가능하게 하는 제도를 검토할 필요성

8

특조법의 검증　오염제거비용①

- 오염제거비용에 대해서는 도쿄전력에게 구상하지 않고, 국가가 보유하는 도쿄전력주식의 매각익으로써 충당하는 방침이 제시되고 있다.

  ⇒ 특조법 44조1항과 저촉할 가능성

  「이 법률에 근거하여 강구되는 조치는 …당해 관계원자력사업자의 부담 하에 실시된다」

9

특조법의 검증 오염제거비용②

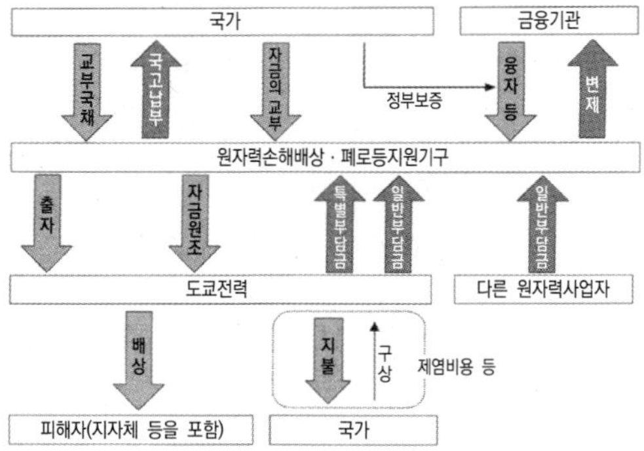

원자력손해배상의 지원체계

10

특조법의 검증 오염제거비용③

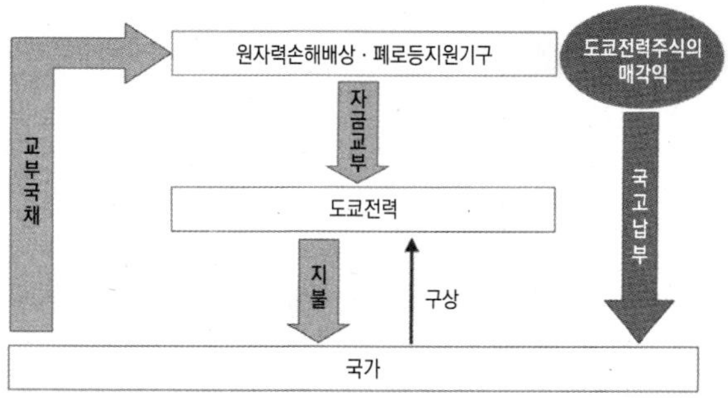

오염제거비용에 관한 지불 · 부담체계

11

비용부담의 규정형태①

- 어린이피재자지원법 19조
「국가는 피재자 생활지원 등 시책의 실시에 요한 비용 중 특정원자력사업자에 대해 구상해야 하는 것에 대하여 적절하게 구상하는 것으로 한다」

12

비용부담의 규정형태②

- 후쿠시마부흥재생특별조치법 96조
  「이 법률의 규정은 이 법률에 근거하여 강구되는 국가의 조치로서 원자력손해의배상에관한법률…제3조제1항의 규정에 의해 원자력사업자가 배상할 책임있는 손해와 관련된 것에 대하여, 국가가 당해 원자력사업자에 대하여 당해 조치에 요하는 비용액에 상당하는 금액의 한도에서 구상하는 것을 방해하는 것이 아니다」

13

비용부담의 규정형태③

- 공해방지사업비사업자부담법 4조・5조
  원인사업자의 부담액은, 「당해 공해방지사업에 관련된 공해에 대하여 그 원인으로 된다고 인정되는 정도」에 응하여 결정된다.

14

비용부담의 규정형태④

- 미국 스타포드법(42U.S.C.5160(a))
  대규모재해 등을 의도적으로 일으킨 자는 당해 대규모재해 등에 대응하기 위하여 미국이 요한 비용 중 「그 작위 또는 부작위에 귀속할 수 있는 금액」을 부담한다.

15

결어에 대신하여

- 오염자부담원칙에서, 방사성물질을 배출한 원자력사업자에게 그 기여비율에 응하여 비용을 부담시켜야 한다.
- 다른 한편, 원자력사업자의 비용부담을 전제로 하면, 불법행위법의 체계를 넘는 보다 심도있는 대책을 강구하는 것이 법제도상 곤란하게 된다.
- 사고의 규모나 상황에 응한 유연한 대응을 가능하게 하는 제도를 채용하여야 한다.

特措法の課題

국제적인 원자력손해배상의 체계
-통찰과 시사-

히메나 · 바스케스 = 메냔(OECD/NEA 사무국 원자력법과장)

안녕하세요. 이미 원자력손해배상제도에 대하여 몇 가지 보고가 있었습니다만, 저는 국제레벨에서 규정되고 있는 내용에 대하여 그 전체상을 말씀드리겠습니다.

1. 원자력손해배상제도의 중요성

원자력사고는 건강, 재산, 환경, 경제에 악영향을 미칠 수 있습니다. 손해는 국경에서 그치는 것이 아니라, 국경을 초월한 영향을 초래하는 경우가 있습니다. 다른 한편으로, 원자력은 사회에 대하여 편익도 가져옵니다. 예컨대, 저탄소 에너지를 공급하고, 산업 · 농업에서 중요한 역할을 수행하고 있습니다. 정부는 원자력손해배상책임에 관한 특별한 법제도를 정비하고, 원자력사고에 의해 개인이나 재산에 대한 손해가 발생한 경우의 충분한 배상을 확보함과 더불어, 파멸적인 배상책임의 청구에 노출됨으로써 원자력발전소에 투자한다든지 기기를 공급한다든지 하는 자가 원자력관련기술의 발전에 관여하지 않게 되는 일이 없도록 하고 있습니다.

2. 원자력손해배상제도의 기본원칙

원자력손해배상제도가 정비되어온 배경의 하나에는 일반불법행위법은 통상의 리스크에 대해서는 유효하지만, 원자력손해의 피해자가 적시에 충분한 배상을 받기 위하여서는 오히려 장해로 될 가능성이 있다고 하는 관점이 있습니다. 전형적인 점으로서 일반불법행위법은 사고에 책임이 있는 자를 피해자가 특정할 것을 요구하고 있습니다. 바꾸어 말하면, 원자력사고에 관여하고 있는 가능성이 있는 다수의 관계자(사업자, 설계자, 건설자, 기기의 공급자 등) 중에서 누가 법률상의 책임을 지고 있으며, 그 자에게 하자(고의 또는 주의의무 위반)가 있는지를 피해자가 증명할 필요가 있습니다. 그러한 작업은 기술적으로 복잡하기 때문에, 소송당사자는 비용 및 시간이 걸리는 법원의 법적 절차를 거치지 않으면 안 될 것이라고 생각할 수 있습니다. 또한, 국경을 넘는 손해가 발생한 경우에는 준거법·관할법원의 문제나 법원의 판결의 승인·집행가능성의 문제가 있고, 관계국간, 즉, 사고나 손해가 발생한 국가들간에서 이들 점에 대해 규정한 조약이 없는 한은 문제가 발생하게 됩니다.

오늘날의 원자력손해배상에 관한 조약의 기초에는 이러한 사정이나 원자력 이용에 내재하는 리스크의 크기가 고려되어 있습니다. 그러한 모든 원자력손해배상조약에 지금부터 구체적으로 말씀드리는 원자력손해배상의 기본원칙이 반영되어 있습니다. 그 설명에 들어가기 전에 중요한 것으로서, 일본은 후쿠시마제1원전사고 당시 어떠한 원자력손해배상조약의 체결국도 아니었습니다만, 그 국내법인 원자력손해의배상에관한법률은 앞에서 다카하시 선생님이 설명하신 바와 같이, 그러한 기본원칙에 합치하고 있습니다.

(1) 무과실책임 및 책임집중

첫 번째 원칙으로서 사업자, 즉 권한있는 당국에 의해 원자력시설의 사업자로서 허가, 인가, 지정 등을 받은 자는 무과실책임을 집니다. 그러므로, 피해자는 배상을 요구함에 있어서 과실이나 과오를 증명할 필요가 없습니다. 다만, 원자력사고와 발생한 손해와의 사이의 상당인과관계만은 증명할 필요가 있습니다.

또한, 원자력사업자는 배타적인 책임을 집니다. 즉, 원자력시설에서 발생한 원자력사고, 또는 원자력시설에 향하여 또는 원자력시설에서 운반되는 핵연료물질 등의 수송 중에 발생한 원자력사고에 의하여 제3자에게 발생한 손해를 배상할 책임은 당해 원자력시설의 사업자가 배타적으로 지고, 원자력사업자 이외의 어떠한 자도 원자력사고로 인해 발생한 손해에 책임을 지지 않습니다. 이것을 원자력손해배상책임이 원자력사업자에게 「집중」한다고 말합니다. 나아가, 사업자는 원자력손해배상법 이외의 법률에 의하여 책임을 지지 않습니다. 한편, 저의 말 중에 「손해」라고 할 때에는 「원자력손해」, 즉 전리(電離) 방사선으로 인해 발생하고, 또는 그에 기인하여 발생하는 손실이나 손해를 가리키고 있는 것에 주의해주십시오.

(2) 배상책임액

원자력손해배상조약의 체약국은 그 나라의 원자력시설의 하나에서 발생한 원자력사고로 인해 제3자에게 손해가 발생한 경우에 원자력사업자가 지는 책임의 액에 대하여 규정하는 것으로 되어 있습니다. 그 액은 그 국가가 체약국으로 되어 있는 조약에서 규정되고 있는 최저액을 하회하는 액이어서는 안된다고 되어 있습니다. 독일, 스위스, 일본 등 몇 개국에서는 무한책임이 국내법으로 규정되어 있습니다. 흥미있는 사실은 초기의 원자력손해배상제도, 특히 1960년의 원자력손해배상책임에 관한 파리조약(파리조약)은 원자력사업자의 책임에 한도액을 설정하고 있습니다. 다른 한편으로, 개정된 조약에서는 최저액만이 설정되어 있고, 각 체약국의 판단에 의해 이보다도 높은 액이나 무한책임도 규정할 수 있도록 되어 있습니다.

(3) 자금적 보증

지불에 충당할 수 있는 자금을 확보하기 위하여, 사업자는 책임한도액을 모두 커버할 수 있는 액까지, 또는 무한책임의 경우에는 사업자가 소재하는 국가가 체결하고 있는 조약에서 규정되어 있는 최저한도액 이상으로서 법률에서 규정된 액까지 자금적 보증을 대비할 것이 요구됩니다. 예컨대, 무한책임인 일본에서는 사업자는 1,200억 엔까지의 손해배상조치를 대비할 필요가 있습니다. 사업자에게 의무되고 있는 것은 반드시 보험에 한정되지 않고, 다른 방법, 여기에서는 상세하게는 들어갈 수 없습니다만, 상호부조나 정부보상 등도 있습니다. 그렇더라도 보험은 사업자가 원자력손해배상책임을 커버하기 위하여 이용하는 자금적 보증의 제도로서 가장 일반적인 것입니다.

(4) 책임의 시간적 한도

원자력손해배상책임도 일반적인 민사법 하에서의 청구와 마찬가지로 시간적인 한도가 있습니다. 시효는 통상은 원자력사고가 발생한 날부터 10년으로 되어 있습니다. 다만, 전리방사선에 의해 발생하는 건강에 관계하는 손해는 사고가 발생하고 나서 장기간에 걸쳐서 현재화하지 않을 가능성이 있기 때문에, 개인의 신체에 대한 손해에 관해서 소송제기가 인정되는 기간은 개정된 조약에 의해 원자력사고가 발생한 날부터 10년이었던 것이 30년으로 연장되었습니다.

(5) 재판관할의 통일 및 무차별 취급

조약은 월경(越境)손해나 국경을 넘은 청구에 의해 발생할 수 있는 복잡한 상황에 대처하기 위하여 다른 원칙도 또한 준비하고 있습니다. 원자력손해에 관한 재판관할은 사고가 발생한 국가(시설국)의 법원에만 있으며, 보다 정확하게는 개정된 조약에서는 단독의 법원만이 권한을 가져야 한다고 되어 있습니다. 권한있는 법원에 의해 내려진 판결은 시설국이 가맹하는 조약의 모든 체결국에서 집행가능으로 되어 있습니다. 관할권을 가지는 법원은 원자력사고에 기인하는 소송에 대하여 관계하는 조약 및 그 국가의 국내법을 적용합니다. 법은 실체적·절차적인 사항 모두 모든 피해자에 대해 국적, 주소, 거소의 차별없이 적용됩니다. 이들 원칙은 그 국가 모두가 같은 조약에 가맹하고 있는 경우에만 적용됩니다.

3. 국제적인 원자력손해배상제도

(1) 파리조약계통

파리조약은 최초로 확립된 원자력손해배상조약으로, 경제협력개발기구(OECD), 구체적으로는 그 원자력기구(NEA) 하에서 채택되었습니다. OECD 가맹국 및 관계국의 정부는 OECD 사무총장에게 통지를 보냄으로써 파리조약에 가맹할 수 있고, 그 밖의 국가의 정부는 체약국의 전원일치에 의해 가맹할 수 있습니다. 파리조약은 1968년에 발효하였고, 16개국이 가맹하고 있습니다만, 그 대부분은 EU가맹국입니다.

파리조약 체약국은 파리조약에 규정되어 있는 책임액으로는 중대한 원자력사고가 발생한 경우에 발생하는 손해를 충분하게는 커버할 수 없을 가능성이 있는 것을 인식하고 있었습니다. 이 때문에, 대부분의 파리조약 체약국은 파리조약을 보완하는 1963년 브뤼셀조약(브뤼셀보완조약)에 가맹하였습니다. 이 조약 하에서는 파리조약에 규정되어 있는 액을 초과하는 배상이 피해자에게 제공되도록 3단계의 시스템이 정비되고 있습니다. 이 제도에 대해서는 나중에 설명하겠습니다. 이 조약은 1974년에 발효하였고, 파리조약의 체약국만이 가맹할 수 있으며, 그리스, 포르투갈, 터키 이외에 모든 파리조약 체약국이 가맹하고 있습니다.

국제사회가 1986년의 체르노빌사고가 초래한 커다란 결과를 보았을 때, 피해자의 보호를 강화하기 위하여 그 때까지의 원자력손해배상조약을 개선할 필요가 있는 것은 명백하였습니다. 구체적으로는 특히 사업자의 책임액을 증가하는 것, 보다 광범위의 손해를 배상하는 것, 지리적 범위를 확대하는 것에 의해 보다 많은 피해자에게 배상하는 것, 방사선이 사람의 건강에 대해 미치는 만발성(晩發性)의 영향을 고려해서 피해자가 청구할 수 있는 기간을 연장하는 것이었습니다. 이리하여, 2004년 2월 12일에 파리조약을 개정하는 의정서와 브뤼셀보완조약을 개정하는 의정서(2004년의정서)가 채택되었습니다. 이들 의정서는 최후로 남은 미발효의 원자력손해배상조약으로 되고 있습니다.

(2) 빈조약계통

1963년에 IAEA 가맹국은 원자력손해배상책임에 관한 빈조약(빈조약)을 채택하고, 이것은

1977년에 발효하였습니다. 유엔, 전문기관 또는 IAEA의 모든 가맹국은 이 조약에 참가할 수 있고, 그 40개국의 체약국은 오세아니아를 제외하는 모든 지역에 걸쳐있습니다.

빈조약을 개정하는 1997년의정서(1997년의정서)는 2003년에 발효하여, 현재 13개의 체약국이 있습니다. 빈조약과 1997년의정서는 병존하고 있으며, 양자를 합쳐서 빈조약, 또는 빈조약계통으로 불리고 있습니다. 가맹의 선택지로서는 ①빈조약에만 가맹, ②빈조약과 1997년의정서에 가맹, ③1997년의정서에만 가맹하고 빈조약에는 가맹하지 않는 가능성이 있습니다. 어떤 국가가 1997년의정서에만 가맹한 경우에는 그 국가는 다른 1997년의정서의 체약국과의 관계에서는 1997년의정서에 의해 개정된 빈조약(개정빈조약)에만 구속되고, 빈조약에만 가맹한 국가와의 관계에서는 가맹시에 별도의 의사를 표시하지 않는 한 빈조약에 구속되게 됩니다.

(3) CSC(원자력손해의 보완적 보상에 관한 조약)

1997년의정서의 심의 동안에 교섭참가국은 파리조약 및 빈조약에서 사업자가 준비해둔 자금에 더하여, 보완적인 자금을 이용할 수 있도록 하기 위한 제도를 창설할 것을 결정하였습니다. 이 구상을 실현하기 위하여 지지된 방안의 하나가 브뤼셀보완조약에 규정되어 있는 제도를 부분적으로 모델로 하여, 국가레벨 및 국제레벨에서 국가가 보완적인 자금을 제공하는 제도를 창설하는 것입니다. 이 결과, 1997년의 원자력손해의 보완적 보상에 관한 조약(CSC)이 채택되었습니다. 이 조약은 원자력손해배상책임의 원칙을 반영함과 함께 보완적인 2단계의 자금제도를 규정하고 있습니다. 이것은 파리조약계통 또는 빈조약계통에 가맹하는 국가

도 포함해서 모든 국가에게 개방되어 있고, 일본이 가맹한 후, 2015년에 발효하였습니다. 현재는 9개국의 체약국이 있습니다[1].

(4) 조인트 프로토콜

체로노빌사고 후, 빈조약과 파리조약 중 어느 하나의 조약의 체약국에서 발생한 원자력사고가 다른 쪽의 조약의 체약국에 손해를 초래한 경우에, 어느 조약이 적용되는지를 명확히 해둘 것이 필요하다고 생각하게 되었습니다. 빈조약 및 파리조약의 적용에 관한 1988년의 조인트 프로토콜(조인트 프로토콜)은 1992년에 발효하였습니다. 이 조약은 양 조약 사이를 교량하여 어느 한 쪽의 조약과 함께 조인트 프로토콜에 가맹하고 있는 국가는 양 조약의 은혜를 받을 수 있게 됩니다. 따라서, 파리조약 + 조인트 프로토콜에 가맹하는 국가의 사업자가 책임을 지는 원자력사고가 발생하고, 빈조약 + 조인트 프로토콜에 가맹하는 국가의 피해자가 손해를 받은 경우에는 어느 하나의 조약만이 적용되는 것을 명확히 하고 있습니다. 즉, 적용되는 것은 시설국이 가맹하는 조약으로서, 이 예의 경우에서는 파리조약으로 됩니다. 빈조약 + 조인트 프로토콜에 가맹하는 국가의 피해자는 파리조약 체약국의 피해자인 경우와 기본적으로는 동일한 방법 · 정도에서 책임을 지는 사업자에 대해 배상을 청구할 수 있게 됩니다.

4. 배상책임액

2004년 의정서에 의해 개정된 파리조약(개정파리조약)은 원자력사업자의 배상책임액을 크게 인상하여, 파리조약 하에서 배상상한액으로서 1,500만 SDR[2]로 되었던 것을 개정하여, 7억 유로를 최소한도액으로 규정하였습니다. 처음에 말한 것처럼, 파리조약은 원래는 상한액을 규정하였습니다만, 현재로는 최저한도로 되어 있습니다.

개정빈조약 하에서는 원자력사업자의 배상책임의 최저액은 500만 미국달러(1963년 4월 29일의 금과 달러의 교환율, 금 1온스=35달러에 의함)에서 3억 SDR로 인상되었습니다.

---

1) 가나는 2016년 12월에 CSC의 체약국으로 되었다.

2) Special Drawing Rights(특별인출권). 교환레이트는 다음의 웹사이트에서 확인할 수 있다. www.imf.org/external/np/fin/data/rms__sdrv.aspx.

5. 보완적 자금제도

(1) 브뤼셀보완조약

브뤼셀보완조약은 자금제도로서 3단계의 시스템을 창설하였습니다. 2004년의정서에 의해 개정된 브뤼셀보완조약(개정브뤼셀보완조약) 아래에서는 제1단계는 사업자가 국내법에 의해 규정된 액을 준비하고 있으며, 그 액은 개정파리조약에서 규정된 최저한도액을 하회할 수 없습니다. 제2단계는 책임을 지는 사업자의 원자력시설이 소재하는 국가에 의해 12억 유로까지 제공됩니다만, 국내법에서 그 의무를 사업자에게 부담시키는 것도 가능합니다. 제3단계는 15억 유로까지를 브뤼셀보완조약의 전 체약국이 공동으로 부담합니다.

파리조약 체약국에 의해 제공되는 부담금은 50%는 GNP에 근거하여, 50%는 체약국의 영역내에 있는 원자로의 열용량에 근거하여 계산됩니다. 부담액은 사고가 발생하여, 제1단계 및 제2단계를 초과하는 손해가 발생한 것이 판명된 시점에서 계산됩니다. 개정브뤼셀보완조약은 이 계산식을 다소 변경하여, 35%가 GDP에 근거하고, 65%가 체약국의 영역내에 있는 원자로의 열용량에 근거하는 것으로 하고 있습니다.

브뤼셀보완조약에 의해 창설된 보완적 자금은 동 조약의 체약국만 이용할 수 있습니다.

(2) CSC

CSC는 파리조약 체약국, 빈조약 체약국 및 원자력손해배상의 제 원칙을 반영한 CSC의 부속서의 규정과 정합하는 국내법을 가지는 국가(부속서국가)가 가맹할 수 있습니다. 이 조약은 엄브렐라조약으로 불리기도 합니다.

미국은 부속서국가의 하나입니다만, 부속서 제2조의 조부(祖父)조항의 적용을 받는 유일한 국가로서, 이에 의해 미국은 그 국내법인 1957년 프라이스 앤더슨법을 개정하지 않고 원자력손해배상조약에 가맹할 수 있도록 되어 있습니다. 원자력손해배상조약과 프라이스 앤더슨법과의 차이는 원자력손해배상책임의 집중에 관계하고 있으며, 이것에는 두 가지의 접근법이 있습니다. 「법적」 책임집중은 원자력손해배상조약에 규정되어 있고, 모든 법적 책임을 다른 주체가 아니라 원자력사업자에 집중합니다. 이에 대해, 「경제적」 책임집중은 미국의 프라이스 앤더슨법에 규정되어 있고, 모든 법주체, 예컨대 기기의 공급자도 법적으로는 발생한 손해에 대해서 책임을 질 수 있습니다만, 사고가 발생한 원자력시설의 사업자가 공급자 등 법적으로 손해배상책임을 진 자에 대해서 보상을 함으로써, 그 경제적 부담은 당해 사업자에게 집중하게 됩니다. 이러한 경제적 책임집중을 미국은 CSC 체결 시에 유지할 수 있었습니다. 사업자는 시설에서 발생한 원자력사고의 경제적 부담을 지는 유일한 자로 되어 있기 때문에, 법적 책임 집중을 대비하고 있는 경우와 동일한 귀결로 됩니다.

CSC는 2단계의 시스템을 채용하고 있습니다.

- 제1단계는 사업자가 대비하거나, 필요하다면 시설국이 국내외의 피해자에 대하여 배상을 제공합니다. 시설국의 국내법으로 CSC 비가맹국도 이 자금에 의한 편익을 얻을 수 있는지 여부가 결정됩니다.
- 제2단계는 CSC 체약국이 공동으로 부담하게 되고, 그 액은 원자력시설의 설비용량과 유엔의 분담율을 고려해서 계산됩니다[3]. 제2단계의 분배에 관해서는 50%는 시설국의 국내외에서 발생한 손해의 배상에 이용되고, 나머지 50%는 월경손해의 배상에만 이용됩니다. 다만, 국제적 자금제도의 배분은 시설국이 대비하는 제1단계의 배상자금액에 의해 변동합니다. 시설국이 6억 SDR 이상의 액의 배상자금을 국내에서 이용가능하게 되는 경우에는 보완적 자금의 전액을 시설국의 내외에서 발생하고 있는 손해의 배상에 이용할 수 있습니다. 제2단계의 자금은 조약의 체결국수가 증가하면 그 총액이 증가해 갑니다만, 기본적으로는 CSC 가맹국만이 이용할 수 있는 것으로 됩니다.

6. 원자력손해배상조약의 몇 가지 조항에 관한 개요

(1) 지리적 범위

파리조약 제2조에서는 시설국의 국내법으로 별단의 규정이 없는 한, 조약은 비체약국의 영역에서 발생하고 있는 원자력사고나 손해에는 적용되지 않는 것으로 되어 있습니다. 1971년 4월 22일에, NEA이사회에 해당하는 원자력에 관한 운영위원회(운영위원회)는 다음과 같이 권고를 내고 있습니다. 「손해를 발생시키고 있는 원자력사고가 비체약국에서 발생하고 있는 경우라도 파리조약의 적용범위는 체약국의 영역내, 공해상 또는 체약국에서 등록된 선박상에서 발생하고 있는 손해에 대해서도 국내법에 의해 확대되어야 한다」고 하는 2004년의 정서가 발효한 경우에는 개정파리조약은 비체약국에서 발생하고 있는 손해에 대해서도 그 국가가 빈조약 + 조인트 프로토콜의 체약국이거나 원자력시설을 가지고 있지 않은 국가이거나 또는 원자력시설을 가지는 경우에는 파리조약의 원칙에 근거한 상호주의에 근거하는 동등한 보호를 확보하는 원자력손해배상에 관한 국내법을 가지는 국가인 경우에는 적용되게 됩니다.

---

3) 원자력사고 시에 CSC의 체약국이 부담하여야 하는 부담금의 액을 계산하는 온라인에서의 계산프로그램은 다음 웹사이트에서 이용할 수 있다. https://ola.iaea.org/ola/CSCND/index.html.

빈조약은 일반적으로는 체약국의 영역내 · 공해상 또는 그 상공에서 발생한 손해에만 적용됩니다. 1997년의정서는 그 적용범위를 확대하여, 개정빈조약은 어디에서 발생한 손해에도 적용됩니다만, 손해가 그 영역내에서 원자력시설을 가지는 비체약국으로 상호주의에 근거하는 동등한 보호를 확보하지 않은 국가에서 발생하고 있는 경우에는 제외됩니다.

CSC에서 규정하는 제도는 체약국의 영역내에 소재하는 원자력시설의 사업자가 부속서 아래, 혹은 파리조약이나 또는 빈조약의 체약의 경우에는 그들 조약 하에서 책임을 지는 원자력손해에 적용됩니다.

(2) 원자력손해의 정의

파리조약 및 빈조약의 「원자력손해」의 정의는 인신에 대한 손해와 재산에 대한 손해를 포함하고 있습니다. 다만, 원자력시설 자체 또는 원자력시설의 부지 내에 소재하는 다른 원자로나 재산에서 발생하는 손해는 원자력손해배상조약 하에서는 배상의 대상으로 되지 않습니다. 이에 더하여, 개정파리조약, 개정빈조약 및 CSC는 나아가 각각의 조약 하에서 배상되는 손해항목을 상세히 규정하고 있습니다. 이들 새로운 손해항목에는 인신 · 재산에 대한 손해로부터 발생하는 경제적 손실, 환경의 중대한 악화에 대한 회복조치의 비용, 환경의 이용 또는 향수와 관련된 경제적 이익에서 발생하는 수입의 상실로서 환경의 중대한 악화에 의해서 발생하는 것, 방지조치의 비용이 포함되고 있습니다.

(3) 면책사유

사업자는 무력분쟁, 적대행위, 내란 또는 폭동에 직접 기인하는 원자력사고로부터 발생한 원자력손해에는 책임을 지지 않습니다. 또한, 원자력손해를 받은 자의 중대한 과실 또는 손해를 발생시킬 것을 의도한 자에 의해 발생한 원자력손해의 일부 또는 전부에 대해서는 책임을 지지 않습니다. 중요한 점으로서, 테러에 기인하는 경우에 대해서는 책임이 면제되지 않습니다. 파리조약, 빈조약 및 CSC 하에서는 중대한 자연재해로서 예외적인 성격을 가지는 것에 직접 기인하는 원자력사고로 인해 발생한 원자력손해에 대해서는 체약국의 국내법에서 별단의 규정을 하지 않는 한, 사업자는 책임을 지지 않는 것으로 되어 있습니다. 개정파리조약과 개정빈조약에서는 중대한 자연재해로서 예외적인 성격을 가지는 것에 대해서는 보험으로 커버할 수 있기 때문에 면책사유에서 제외되게 됩니다.

(4) 시효기간

파리조약, 빈조약, CSC에서의 시효기간은 원자력사고일부터 10년 이내로 되어 있습니다. 다른 한편, 개정파리조약과 개정빈조약에서는 이 기간 중에 사람의 사망 또는 인적인 손해에 관련되는 것에 대해서는 30년 이내로 되어 있습니다. 이것은 방사선으로 인한 오염의 영향은 실제로 피폭된 후 수년이 지나고 나서 현재화될 가능성이 있기 때문입니다.

(5) 구상권

사업자는 배타적으로 책임을 집니다만, 손해를 발생시킬 것을 의도한 작위 또는 부작위에 의해서 원자력사고가 발생한 경우에는 그러한 의도로서 행한 자연인에 대해서 구상을 행할 수 있습니다. 또한, 계약에 의해 구상권이 명시적으로 규정되어 있는 경우에는 그 한도로 구상권이 인정될 수 있습니다.

7. 후쿠시마제1원전사고로 인한 법률면에서의 교훈

(1) 시간의 중요성

일본의 원자력손해배상제도는 사고시에 이미 조약에 규정되어 있는 기본원칙을 도입하고 있습니다. 후쿠시마제1원전사고는 이들 기본원칙이 유효하게 기능하는 것을 명백히 했습니다. 물론, 더욱 향상시켜야 할 점은 남아 있습니다만, 처음에 말씀드린 바와 같이, 일반불법행위법과 월경손해에 있어서는 일반 국제법에 의거하는 것은 피해자의 이익으로는 되지 않을 것이라고 생각됩니다. 그러한 경우의 법적 절차는 매우 오래 걸리고, 시간을 낭비하는 것으로 됩니다만, 원자력사고가 발생하면 피해자는 가능한 한 빨리 배상을 받는 것이 필요하게 되기 때문에, 헛되게 할 시간이 없습니다.

사고의 대응조치나 긴급시 대응에 높은 관심이 쏠리는 것은 수긍할 수 있는 것입니다만, 후쿠시마제1원전사고는 법적인 대비도 또한 필요한 것을 나타내고 있습니다. 원자력사고가 초래한 법적인 문제에 대해서 정부나 사업자가 시간적·금전적으로 충분한 형태로 대응할 수 있도록 함과 더불어, 사고로부터 발생하게 되는 특유의 상황에 대해서 신속하게 적응할 수 있도록 명확하고 종합적인 법적 체계가 필요합니다. 긴급시에 기본적인 법률의 정비를 시작하는 것과 같은 시간은 없습니다.

또한, 원자력을 보유하는 국가인지 여부에 관계없이 원자력사고의 영향을 받을 수 있는 근린국과 그 국민과의 관계에 대해서 적용되는 원자력손해배상조약의 하나 또는 복수에 가맹해야할 것입니다. 이에 의해 월경손해에 대한 손해배상의 법적 체계가 제공되게 됩니다.

(2) 원자력의 개발에 대한 원자력손해배상제도의 역할

원자력손해배상에 관한 법적 체계를 정비하고, 원자력손해배상조약에 가맹하는 것은 또한 사회의 이해를 얻을 수 있는 것에 기여하는 것입니다. 이에 의해서, 사람들은 사고가 일어났을 때에 어떠한 법적 절차를 밟게 되는지를 알 수 있게 되고, 사고 후에 배상이 지불되는 것이 명확하게 됩니다. 사업자, 투자가, 공급자는 원자력사업에 참가하는 것의 리스크분석과 자금면에서의 영향에 관한 평가를 하기 위하여 명확한 법적 체계와 법적 안정성을 필요로 하고 있습니다. 또한, 원자력보험회사도 보험과 재보험의 풀을 형성하여, 원자력사업자의 배상책임을 커버할 것을 필요로 합니다. 원자력보험은 조약과 국내법에서 요구되고 있는 사업자의 원자력손해배상책임을 커버하기 위한 가장 일반적인 제도로서 원자력손해배상제도에서 대단히 중요한 존재입니다.

(3) 국가간의 조약관계의 강화

후쿠시마제1원전사고 이후, 국제사회는 국제적으로 받아들여진 원자력손해배상의 기본원칙을 국내법으로 규정함과 아울러, 원자력발전소를 가지는지 여부에 관계없이 조약관계를 강화하기 위하여 원자력손해배상조약, 특히 개정파리조약, 개정빈조약과 CSC와 같이 강화된 조약에 참가할 것을 촉구해가는 방향으로 움직이고 있습니다. IAEA 총회는 글로벌한 원자력안전의 체계를 강화하기 위하여 2011년 9월에 원자력안전에 관한 행동계획(IAEA행동계획)을 채택하였습니다[4]. IAEA행동계획은 가맹국에 대해 다음과 같이 호소하고 있습니다. 「원자력사고에 의해 영향을 받을 수 있는 모든 국가의 우려에 대하여, 적절한 손해배상을 제공한다는 관점에서 대응할 수 있는 글로벌한 원자력손해배상제도를 확립하는 것에 향하여 행동할 것」, 「그러한 글로벌한 체제의 구축에 향한 스텝으로서 원자력손해배상조약에 참가할 가능성을 충분히 검토할 것」. 이 행동계획에 따라서, 원자력손해배상에 관한 국제전문가그룹(INLEX)은 2012년 6월에 글로벌한 체제의 실현에 향하여 제언을 하고 있습니다[5]. 나아가 최근에는, 2013년 8월에 미프가 조인한 원자력손해배상에 관한 공동선언[6], 2013년 9월의 G20수뇌선언[7], 2013년 11월에 조인된 프러원자력선언[8]은 글로벌한 원자력손해배상제도의 달성에 향해서 다수국간의 협력을 추진하고 있습니다. 또한, 운영위원회도 2014년 4월의 회합에서 「글로벌한 원자력손해배상체제에 향하여」로 제목을 붙인 정책대화를 하고 있습니다. 이 정책대화의 결론으로서 운영위원회는 원자력사고에 의해 발생하는 인체나 재산에 대한 손해에 대해서 충분하고 적시의 배상을 확보하고, 또한 영향을 받을 수 있는 세계의 피해자나 사업자가 동등한 취급을 받을 수 있도록 원자력손해배상제도의 보다 광범위한 글로벌화

---

4) IAEA document GOV/2011/59-GC(55)/14, www.iaea.org/About/Policy/GC/GC55/Documents/gc55-14.pdf.

5) ola.iaea.org/ola/documents/ActionPlan.pdf.

6) www.iaea.org/ndd/workshops/nuclearcomp/presentations/documents/document2013-08-28-185401.pdf.

7) www.g20.org/sites/defaults/files/g20_resources/library/Saint_Petersburg_Declaration_ENG.pdf.

8) On p.27, *Nuclear Law Bulletin*, No.92, OECD, Paris.

와 조화를 실현하는 것의 중요성을 강조하고 있습니다[9].

조약관계를 강화하기 위해서는 몇 가지 선택지가 있습니다. 하나는 조인트 프로토콜 + 개정파리조약 또는 개정빈조약에 가맹하는 것, 또 하나는 CSC에 가맹하거나 CSC + 개정파리조약 또는 개정빈조약에 가맹하는 것이 있습니다. 루마니아나 UAE(아랍수장국연방)와 같은 국가는 개정빈조약, 조인트 프로토콜, CSC의 모두에 가맹하여, 하나 또는 복수의 조약에 가맹하고 있는 국가와의 조약관계를 가지는 것이 확보될 수 있도록 하고 있습니다.

그러나, 중국, 한국과 같은 주요한 원자력개발국 중에서도 아직 어떠한 원자력손해배상조약에도 가맹하고 있지 않은 국가가 있습니다(슬라이드 23 참조).

OECD BETTER POLICIES FOR BETTER LIVES

Nuclear Energy Agency

NEA NUCLEAR ENERGY AGENCY

Nuclear Power Generating Countries

Status of ratification of international nuclear liability conventions (as of August 2016)

Country	Reactors: operating + under construction (UC)*	Conventions ratified	Country	Reactors: operating + under construction (UC)*	Conventions ratified
Argentina	3 + 1 UC	VC; RVC; CSC	Mexico	2	VC
Armenia	1	VC	Netherlands	1	PC; BSC; JP; [RPC; RBSC]
Belarus	2 UC	VC, RVC	Pakistan	3 + 3 UC	
Belgium	7	PC; BSC; [RPC; RBSC] ***	Romania	2	VC; RVC; JP; CSC
Brazil	2 + 1 UC	VC	Russian Federation	35 + 8 UC	VC
Bulgaria	2	VC; JP	Slovak Republic	4 + 2 UC	VC; JP
Canada	19	[CSC]	Slovenia	1	PC; BSC; JP; [RPC; RBSC]
China	35 + 20 UC		South Africa	2	
Czech Republic	6	VC; JP	Spain	7	PC; BSC; [RPC; RBSC]
Finland	4 + 1 UC	PC; BSC; JP; [RPC, RBSC]	Sweden	10	PC; BSC; JP; [RPC, RBSC]
France	58 + 1 UC	PC; BSC; JP. [RPC; RBSC]	Switzerland**	5	PC; BSC; RPC; RBSC; JP
Germany	8	PC; BSC; JP; [RPC; RBSC]	Ukraine	15 + 2 UC	VC; JP
Hungary	4	VC; JP	United Arab Emirates	4 UC	RVC; JP;CSC
India	21 + 6 UC	CSC	United Kingdom	15	PC; BSC; [RPC; RBSC]
Iran, Islamic Republic of	1		United States	100 + 4 UC	CSC
Japan	43 + 2 UC	CSC			
Korea, Republic of	25 + 3 UC		Chinese Taipei	6 + 2 UC	

* Source: IAEA PRIS (www.iaea.org/PRIS/WorldStatistics/OperationalReactorsByCountry.aspx)
** Switzerland deposited its instrument of ratification of the PC and BSC as amended by the 2004 Protocols; all the conventions will only enter into force for Switzerland upon the entry into force of the 2004 Protocols. *** Text between square brackets [ ] mean signed but not yet ratified

International Nuclear Liability Regimes　Hitotsubashi University , September 2016　23 / 27

이번 보고에 관하여 보다 상세한 정보에 대해서는 NEA 원자력법과의 출판물을 참조해주십시오. 이것들은 무료로 NEA의 웹사이트로부터 다운로드 할 수 있습니다. 예컨대, 연 2회

9) NEA(2014), "Progress towards a global nuclear liability regime", *Nuclear Law Bulletin*, No.93, OECD, Paris.

발행되는 Nuclear Law Bulletin[10]과 원자력활동에 관한 법률 · 규제 · 조직에 대해서 정리된 국가별 보고서가 있습니다. 더욱 배우고 싶은 분에게는 섬머코스(International School of Nuclear Law)[11]와 연수프로그램(International Nuclear Law Essentials)[12]에 참가할 수도 있습니다.

경청해주셔서 감사합니다.

---

10) www.nea.fr/law/nlb/

11) www.nea.fr/law/isnl/

12) www.nea.fr/law/inle/

OECD Nuclear Energy Agency NEA 1

INTERNATIONAL NUCLEAR LIABILITY REGIMES - Insights & Implications -

Ximena Vásquez-Maignan
Head, Office of Legal Counsel

Hitotsubashi University
Tokyo, 24 September 2016

OECD Nuclear Energy Agency NEA 2

OVERVIEW OF THE INTERNATIONAL NUCLEAR LIABILITY REGIMES

International Nuclear Liability Regimes Hitotsubashi University , September 2016 2 / 27

OECD Nuclear Energy Agency NEA 3

WHY ARE NUCLEAR LIABILITY AND COMPENSATION REGIMES IMPORTANT?

A nuclear accident can produce...

- detrimental effects: health, property, environment, economy
- damage: does not stop at political/geographical borders

Governments have responded by...

- ***BALANCING*** (i) assurance of ***adequate compensation for damage*** suffered by victims with (ii) ***protection of nuclear plant investors and suppliers*** from ruinous liability claims
- adopting ***SPECIAL LIABILITY/COMPENSATION REGIMES*** at national and international levels

International Liability Regimes Hitotsubashi University , September 2016 3 / 27

OECD Nuclear Energy Agency NEA 4

NUCLEAR LIABILITY AND COMPENSATION REGIMES: BASIC PRINCIPLES (REFLECTED IN NATIONAL LAWS)

Strict Liability: victims need not prove fault or negligence

Exclusive Liability: * all liability channeled to operator; no one else is liable (e.g. investors and suppliers)

* no other law than nuclear liability law applies (e.g. tort law)

Limited Liability Amount: specified amount, but few countries provide for unlimited liability

Financial Security: funds available when needed; private insurance primarily but other means available

Liability Limited in Time: 10/30 years from accident insurance market imposed limitations (e.g. cancer causes)

Operator = licensee or other government recognised entity

4

International Liability Regimes Hitotsubashi University, September 2016 4/27

OECD Nuclear Energy Agency NEA 5

NUCLEAR LIABILITY AND COMPENSATION REGIMES: BASIC PRINCIPLES (IF TRANSBOUNDARY DAMAGE)

Only apply between States that have treaty relations (i.e. have signed the same international nuclear liability convention)

Unity of Jurisdiction: * courts of State where incident occurred have jurisdiction; if place of incident not certain, courts of the State where the liable operator's installation is located have jurisdiction

* courts to apply relevant convention + national law to substantive and procedural matters

* judgments to be recognised by other States and be enforceable in their territories (importance of treaty relations)

Non-discrimination: no victim discrimination based on nationality, domicile or residence

5

International Liability Regimes Hitotsubashi University, September 2016 5/27

OECD Nuclear Energy Agency NEA 6

INTERNATIONAL REGIMES UNDER OECD AUSPICES

1960 ***Paris Convention on Nuclear Third Party Liability*** *(PC - 1968)*

basic liability-compensation convention; 16 Contracting States/Parties (mostly Western Europe)

1963 ***Brussels Convention Supplementary to Paris Convention*** *(BSC - 1974)*

supplementary funding instrument; all 13 Contracting States/Parties are (must be) Paris Convention States

2004 ***Protocols amending Paris + Brussels Supplementary Conventions*** *(RPC + RBSC - not yet in force)*

provide more money to more victims for more types of damage; 16 PC signatories/13 BSC signatories

6

International Liability Regimes Hitotsubashi University, September 2016 6/27

OECD Nuclear Energy Agency NEA 7

INTERNATIONAL REGIMES UNDER IAEA AUSPICES

1963 ***Vienna Convention on Civil Liability for Nuclear Damage*** *(VC - 1977)*
basic liability-compensation convention; 40 Contracting Parties (Central/Eastern Europe, Asia, South/Central America)

1997 ***Protocol amending Vienna Convention on Civil Liability for Nuclear Damage*** *(RVC - 2003)*
provides more money to more victims for more types of damage; 13 Contracting Parties

1997 ***Convention on Supplementary Compensation for Nuclear Damage*** *(CSC - 2015)*
global liability-compensation regime (basic + supplementary funding); 9 Contracting Parties

International Liability Regimes Hitotsubashi University, September 2016 7 7/27

OECD Nuclear Energy Agency NEA 8

THE LINK BETWEEN PARIS AND VIENNA CONVENTIONS

1988 Joint Protocol Relating to the Application of the Vienna Convention and the Paris Convention (JP - 1992)
28 Contracting Parties (11 PC + 17 VC)

The ***"BRIDGE"*** which ensures that only one convention applies to a nuclear incident regardless of where damage occurs

effectively extends geographical scope of both conventions (Western/Eastern Europe/Asia +++)

Also applies to RPC and RVC

International Liability Regimes Hitotsubashi University, September 2016 8 8/27

OECD Nuclear Energy Agency NEA 9

PARIS CONVENTION: OPERATOR'S LIABILITY

<u>PC</u>

❑maximum liability limit:	SDRs 15 million
❑1990 NEA recommended limit:	SDRs 150 million
❑minimum liability limit:	SDRs 5 million

<u>RPC</u>

❑maximum liability limit:	none
❑minimum liability limit:	EUR 700 million
❑minimum reduced liability limits*	
low-risk installations:	EUR 70 million
transport:	EUR 80 million

** State guarantees up to EUR 700 million*

<u>Excludes interest and costs</u>

At 28/07/2016: 1 Special Drawing Right (SDR) = EUR 1.25 / USD 1.39

International Liability Regimes Hitotsubashi University, September 2016 9/27

OECD Nuclear Energy Agency NEA 10

VIENNA CONVENTION: OPERATOR'S LIABILITY

VC

- minimum liability limit: USD 5 million
  (based on USD gold value of $35/oz. at 29/04/1963)
  (29/08/2016 approximate value at $1350/oz.) USD 192 million
- maximum liability limit: none

RVC

- minimum liability limit: SDRs 300 million
- maximum liability limit: none
- minimum reduced liability limit:* SDRs 5 million

* *State guarantees up to 300 million SDRs*

At 28/07/2016:
1 Special Drawing Right (SDR) =
EUR 1.25 / USD 1.39

International Liability Regimes Hitotsubashi University, September 2016 10 / 27

OECD Nuclear Energy Agency NEA 11

BRUSSELS "SUPPLEMENTARY" CONVENTION

- provides additional compensation where **PC** amounts are insufficient
- open only to **PC** States (operators must provide 1st tier)
- BSC funds are "theoretically" public, provided by:
  - 2nd tier - state where liable operator's installation is located
  - 3rd tier - all BSC States (based on nuclear capacity + GDP formula)
- BSC compensation limited to damage in BSC States only

International Liability Regimes Hitotsubashi University, September 2016 11 / 27

OECD Nuclear Energy Agency NEA 12

CONVENTION ON "SUPPLEMENTARY" COMPENSATION

- open to any PC or VC State or any **"Annex State"** meeting requirements
- USA qualifies as "Annex State" ("grandfather clause" Article 2 of Annex)
- 2-tier system of liability/compensation:
  (1) operator/operator-government liability amount
  (2) supplementary compensation paid by all CSC States based on formula of installed nuclear capacity and UN rate of assessment
  - 1st tier: distributed inside/outside Installation State with national law determining if non-CSC States are covered
  - 2nd tier: 50% as for 1st tier; 50% to transboundary victims <u>only</u> *unless* 600M SDRs coverage declared to depository before accident; coverage generally limited to damage in CSC States

International Liability Regimes Hitotsubashi University, September 2016 12 / 27

OECD Nuclear Energy Agency NEA 13

SUPPLEMENTARY COMPENSATION SYSTEMS

BSC

1st tier: operator (PC)	=	max. SDRs 15 million (150 million recommended)
2nd tier: operator's State	=	1st tier to SDRs 175 million
3rd tier: all BSC States	=	SDRs 125 million
TOTAL:	=	**min. SDRs 300 million**

RBSC

1st tier: operator (PC)	=	min. EUR 700 million
2nd tier: operator's State	=	EUR 500 million
3rd tier: all BSC States	=	EUR 300 million
TOTAL:	=	**min. EUR 1.5 billion**

At 28/07/2016: 1 Special Drawing Right (SDR) = EUR 1.25 / USD 1.39

CSC

1st tier: operator/state	=	min. SDRs 300 million
2nd tier: current CSC States	=	SDRs 84.8 million
TOTAL:	=	**min. SDRs 384.8 million**

International Liability Regimes Hitotsubashi University, September 2016 13 13 / 27

OECD Nuclear Energy Agency NEA 14

WHO MAY CLAIM COMPENSATION ?

PC / VC

- PC: incident and damage must occur in PC State; *may* apply if incident or damage on high seas or incident outside PC State
- VC: damage must occur in VC State or on high seas

RPC / RVC

- RPC: PC States and non-PC States if latter is Party to VC/JP or has no installations or has installations + PC based legislation with equivalent reciprocal benefits
- RVC: damage wherever suffered; *nuclear* states without reciprocal equivalent benefits may be excluded

CSC

- incidents in CSC States; others if Paris/Vienna/Annex so provides

International Liability Regimes Hitotsubashi University, September 2016 14 14 / 27

OECD Nuclear Energy Agency NEA 15

WHAT TYPE OF DAMAGE IS COMPENSATED?

PC / VC

- damage to or loss of life
- damage to or loss of property (other than on-site)
- (VC) any other loss /damage if and to extent provided by law of court with jurisdiction to hear claims

RPC / RVC / CSC

- as above +
- economic loss from above
- cost of reinstating impaired environment
- cost of preventive measures + loss/damage caused thereby
- loss of income from direct economic interest in use of environment
- (RVC + CSC) any other "permitted" economic loss (general law)

March 2015 International Liability Regimes Hitotsubashi University, September 2016 15 15 / 27

OECD Nuclear Energy Agency NEA 16

OPERATOR EXONERATIONS FROM LIABILITY

PC / VC / CSC

❑no liability for damage caused by nuclear incident

- directly due to armed conflict, hostilities, civil war, insurrection: does not include "terrorism"
- due to grave natural disaster of exceptional character (national law may provide otherwise)
- resulting wholly/partly from gross negligence of/intent to cause damage by/person suffering damage

RPC / RVC

❑as above but grave natural disaster exoneration revoked

International Liability Regimes Hitotsubashi University , September 2016 16 / 27

OECD Nuclear Energy Agency NEA 17

PRESCRIPTION PERIODS

PC / VC

- ❑ 10 years from accident date: personal injury/loss of life and damage to/loss of property (other than on-site)
- ❑ longer periods if financial security exists
- ❑ "discovery" period of 2-3 years from knowledge of damage/operator liable

RPC / RVC

- ❑ 30 years from accident date: personal injury/loss of life
- ❑ 10 years from accident date: all other loss or damage (other than on-site)
- ❑ longer periods if financial security exists
- ❑ "discovery" period of 3 years from knowledge of damage/operator liable

CSC

- ❑ as above, but 10 years from date of accident for **all** loss or damage claims;
- ❑ if longer, priority to personal injury/loss of life claims filed within 10 years.

17

International Liability Regimes Hitotsubashi University , September 2016 17 / 27

OECD Nuclear Energy Agency NEA 18

OPERATOR'S RIGHTS OF RECOURSE

PC / RPV / VC / RVC

❑if damage caused by incident results from act/omission done with intent to cause damage, vs. the individual acting with such intent

❑if and to extent so provided expressly by contract

BSC / RBSC / CSC

❑Parties have same rights of recourse as liable operator to extent that public funds have been provided

❑Note: BSC/CSC only allow for recovery of public funds from operator if damage results from fault on his part

18

International Liability Regimes Hitotsubashi University , September 2016 18 / 27

19

OECD Nuclear Energy Agency NEA

WHAT ARE THE LESSONS LEARNED FROM THE FUKUSHIMA DAIICHI NPP ACCIDENT FROM A LEGAL PERSPECTIVE ?

International Nuclear Liability Regimes Hitotsubashi University, September 2016 19/27

20

OECD Nuclear Energy Agency NEA

LEGAL PREPAREDENESS AND RESPONSE

TIME IS OF THE ESSENCE

•Relying on **basic international law** in such situation would not be for the benefit of the victims (time and money consuming... victims need to be compensated asap)

•Why only talk about emergency preparedness and response to prepare for a nuclear incident ? There should also be **legal preparedness** as legal aspects must be taken into account when launching the nuclear power programme.

•When a nuclear incident occurs, the legal framework allowing the efficient and adequate indemnification of victims must be in place; there is **no time to start enacting basic laws**

•A country should adhere to a/several nuclear liability convention(s) that would govern its **relationship with its neighbouring countries** and their nationals who may be affected by the nuclear incident

20

International Liability Regimes Hitotsubashi University, September 2016 20/27

21

OECD Nuclear Energy Agency NEA

LEGAL FRAMEWORK ALSO NECESSARY TO DEVELOP NUCLEAR ENERGY

- **Public acceptance** implies that the public understands the benefits of having a national & international nuclear liability regime; one of the key elements to build confidence in nuclear power programmes
- **Operators / investors / suppliers** require a clear legal framework, legal certainty to carry out risk analysis and assess financial consequences, i.e. implies that countries ratify an international nuclear liability convention
- **Nuclear insurers** require harmonisation of legislation in order to allow the pooling of risks (insurance/reinsurance), and clear definitions to determine the insurance coverage

21

International Liability Regimes Hitotsubashi University, September 2016 21/27

OECD Nuclear Energy Agency NEA 22

ENHANCING NUCLEAR LIABILITY RELATIONS BETWEEN STATES

- **States (whether nuclear or not) are encouraged to provide in their national legislation the internationally accepted nuclear liability principles and to adhere to a nuclear liability convention, more specifically:**
  - Joint Protocol (JP) + Revised Paris Convention (RPC) or Revised Vienna Convention (RVC)
  - CSC or CSC + RPC or RVC
- To ensure an adequate and harmonised compensation of victims, allow international nuclear trade and ensure similar treatment of operators
  - **Romania / U.A.E.** joined RVC + JP + CSC

International Liability Regimes Hitotsubashi University, September 2016 22 22 / 27

OECD Nuclear Energy Agency NEA 23

Nuclear Power Generating Countries
Status of ratification of international nuclear liability conventions (as of August 2016)

Country	Reactors operating + under construction (UC)*	Conventions ratified	Country	Reactors operating + under construction (UC)*	Conventions ratified
Argentina	3 + 1 UC	VC RVC CSC	Mexico	2	VC
Armenia	1	VC	Netherlands	1	PC BSC JP [RPC RBSC]
Belarus	2 UC	VC RVC	Pakistan	3 + 3 UC	
Belgium	7	PC BSC [RPC RBSC] ***	Romania	2	VC RVC JP CSC
Brazil	2 + 1 UC	VC	Russian Federation	35 + 8 UC	VC
Bulgaria	2	VC JP	Slovak Republic	4 + 2 UC	VC JP
Canada	19	[CSC]	Slovenia	1	PC BSC JP [RPC RBSC]
China	35 + 20 UC		South Africa	2	
Czech Republic	6	VC JP	Spain	7	PC BSC [RPC RBSC]
Finland	4 + 1 UC	PC BSC JP [RPC RBSC]	Sweden	10	PC BSC JP [RPC RBSC]
France	58 + 1 UC	PC BSC JP [RPC RBSC]	Switzerland**	5	PC BSC RPC RBSC JP
Germany	8	PC BSC JP [RPC RBSC]	Ukraine	15 + 2 UC	VC JP
Hungary	4	VC JP	United Arab Emirates	4 UC	RVC JP CSC
India	21 + 6 UC	CSC	United Kingdom	15	PC BSC [RPC RBSC]
Iran, Islamic Republic of	1		United States	100 + 4 UC	CSC
Japan	43 + 2 UC	CSC			
Korea, Republic of	25 + 3 UC		Chinese Taipei	6 + 2 UC	

* Source IAEA PRIS (www.iaea.org/PRIS/WorldStatistics/OperationalReactorsByCountry.aspx)
** Switzerland deposited its instrument of ratification of the PC and BSC as amended by the 2004 Protocols, all the conventions will only enter into force for Switzerland upon the entry into force of the 2004 Protocols. *** Text between square brackets [ ] mean signed but not yet ratified

International Nuclear Liability Regimes Hitotsubashi University, September 2016 23 / 27

OECD Nuclear Energy Agency NEA 24

NEA Legal Publication Programme

Nuclear Law Bulletin

- A standard reference work in the nuclear law field **since 1968**
- Published twice each year in French and English

Special Publications

- Japan's Compensation System for Nuclear Damage (2012) *(update expected in 2016/2017)*

On-line Nuclear Legislation

- Country reports and legislative texts are posted on the NEA Nuclear Law website: www.oecd-nea.org/law/legislation/

International Nuclear Liability Regimes Hitotsubashi University, September 2016 24 / 27

OECD Nuclear Energy Agency NEA 25

NEA Education Programmes (1/2)

- The **International School of Nuclear Law (ISNL)**: a two-weeks summer course held in the south of France. Created in 2000.
- A co-operative programme with the University of Montpellier. Participants may opt to pass a University diploma.
- Participants must hold at least an undergraduate university degree in a relevant discipline.
- Over 800 students have participated

For more information: www.oecd-nea.org/law/isnl/

International Nuclear Liability Regimes Hitotsubashi University, September 2016 25 / 27

OECD Nuclear Energy Agency NEA 26

NEA Education Programmes (2/2)

- The **International Nuclear Law Essentials (INLE)**: a one-week course held in Paris at the OECD Conference Centre. Created in 2011.
- Builds on the foundation of the ISNL. Participants must have at least one year of relevant professional experience and a basic understanding of law as it relates to nuclear energy
- The next INLE course will be held in February 2017

For more information: www.oecd-nea.org/law/inle/

International Nuclear Liability Regimes Hitotsubashi University, September 2016 26 / 27

패널디스커션

후쿠시마원전사고 후의 법정책

● 패널리스트

다니엘 이라칸(OECD/NEA 사무국차장)

다카하시 시게루(高橋滋)(히토츠바시대학 교수)

치쿠시 게이이치(筑紫圭一)(죠치대학 준교수)

다나카 요시히로(田中良弘)(니이가타대학 준교수, 히토츠바시대학 객원준교수)

히메나・바스케스=메냔(OECD/NEA 사무국 원자력법과장)

● 코디네이터

오리 아케미(織朱實)(죠치대학 교수)

오리 아케미(織朱實) : 그럼, 패널디스커션을 시작하겠습니다. 저는 코디네이터를 맡은 죠치대학 오리 아케미라고 합니다. 잘 부탁드리겠습니다.

앞에서 다니엘 이라칸 씨가 총론적으로 OECD의 노력으로서 후쿠시마제1원전사고 후에 가맹국이 어떠한 대응을 해왔는지, 또한 각 위원회가 어떠한 조사연구를 해왔는지의 말씀이 있었습니다. 이번 사고의 하나의 특징으로서, 장기간에 걸친 대응이 필요한 것을 들 수 있습니다. 복구부흥단계에서의 대응에 어떠한 과제가 있는지, NEA 국가들에서는 어떻게 논의되고 있는지에 대하여 이라칸 씨에게 말씀 부탁드리겠습니다.

다니엘 이라칸 : 사고 후의 복구는 어려운 문제로서, 장기적인 리소스의 확보가 필요하게 됩니다. 저는 충분한 연계, 최적의 체계, 적절한 계획을 가지기 위해서 준비해둘 것이 중요하다고 생각합니다. 사고 후의 복구단계의 준비・계획에 임해서는 정부나 리더들은 경제적, 물리적, 사회적 상황이라는 요소를 고려에 넣어야 합니다. 신중한 고려를 요하는 점의 하나는 복구과정에서의 리더십입니다. 긴급사태의 당초에는 정부가 유일한 의사결정기관으로 됩니다만, 그 후는 예컨대 고향으로 귀환할지 여부 등 지방정부나 개인이 차례로 의사결정을 행하게 됩니다.

시간이 경과하여, 방사선에 의한 영향과 사회적인 상황변화가 서서히 명백하게 됨에 따라서, 의사결정은 중앙정부로부터 지방정부로, 나중에는 개인으로 이전해 갑니다. 이것은 준비단계에서 고려해두어야 하는 중요한 포인트입니다. 또한, 모든 의사결정은 적절한 정보에 근거하여 행하여야 한다고 하는 것의 중요성도 인식해둘 필요가 있습니다. 그 때에는 기술적인 전문지식과 함께 이해관계자의 이성도 고려에 넣어야 합니다만, 양자가 항상 일치하는 것은 아닙니다.

사고 후의 복구의 준비에서의 별개의 과제로서 방사선방호의 전문가가 사회적인 요소를 고려할 수 있도록 충분한 훈련을 받을 필요가 있습니다. 그렇다고 하더라도, 이것은 간단한 일이 아닙니다. 후쿠시마제1원전사고와 같은 사안은 대단히 예외적인 것으로서 그러한 예외적인 사안에 대해서 준비해두는 것은 결코 용이한 일이 아니기 때문입니다.

마지막으로, 이들 모든 요소에 대하여, 사고가 일어나기 전에 검토해둘 것이 필요하다는 것을 강조해두고 싶습니다. 한번 사고가 발생하면, 모든 사정은 훨씬 복잡한 것이 됩니다. 준비나 계획에 대하여 계속적으로 깊이 있는 논의를 해둘 필요가 있습니다.

오리 아케미 : 이번처럼 장기간에 걸치는 문제에 대하여 대응준비, 계획의 필요성에 대하여 말씀드리겠습니다. 많은 이해관계자의 의견을 고려하면서 기술적인 측면뿐만 아니라 사회적인 측면, 경제적인 측면을 염두에 두고서 해가야 한다고 하는, 대단히 도전적인 문제에 저희들이 직면해 있는 것입니다.

그럼, 바스케스 메냐 씨, 처음에 다카하시 선생님으로부터 일본의 원자력배상의 과제에 대하여 말씀이 있었습니다만, 금후의 국제적인 원자력손해배상의 체계의 형성, 발전에 대하여 지금부터 무엇이 문제로 될 것인지 후쿠시마제1원전사고 이후의 상황을 토대로 하여 코멘트해주십시오.

히메나 · 바스케스 = 메냐 : 앞에서 말씀드린 바와 같이, 제1의 과제, 특히 파리조약의 기탁자인 NEA에 있는 저희들의 과제는 2004년의 파리조약 개정의정서가 발효하는 것입니다. 그것은

2004년의정서가 피해자에게 광범위한 보호를 제공하는 개정된 원자력손해배상조약 중에서 유일하게 발효되지 않은 조약이기 때문입니다.

다음의 과제는 개정된 조약에 포함되어 있는 몇 가지 새로운 손해항목에 대하여 보험계약의 체결을 확보하는 것입니다. 예컨대, 보험회사 중에는 환경손해의 전체를 커버하는 것이 어렵다고 생각하고 있는 것이 있습니다. 또한, 생명 및 신체의 상해에 관한 손해에 대해서는 사고발생 후 30년까지 사업자가 책임을 지는 것으로 되어 있습니다만, 사고발생 후 10년 이상 경과한 기간에 대하여서는 지금 모든 보험회사가 커버하는 것은 곤란하다고 생각하고 있습니다.

세 번째의 과제는 월경손해가 발생하였을 때에 피해자가 신속하게 배상을 받을 수 있도록 원자력을 보유하는 국가인지 여부에 관계없이, 원자력손해배상조약의 어느 하나에도 가맹하고 있지 않는 국가들에게 가맹을 하도록 하는 것입니다.

마지막으로, 원자력손해배상조약을 기술이나 사회의 발전에 적응시켜가는 것이 중요합니다.

파리조약의 각 체약국은 이러한 과제에 계속적으로 노력하고 있다고 말씀드리고 싶습니다.

오리 아케미 : 네 개의 포인트를 지적해주셨습니다. 하나는 광범한 보호를 제공하기 위한 체계로서의 파리조약 개정의정서 발효의 중요성, 두 번째는 보험제도, 보험계약 체결(付保)을 확실히 할 필요성, 세 번째는 국경을 넘은 손해에 대처하기 위하여 조약의 중요성을 이해하는 것, 네 번째는 사회나 테크놀로지의 발전에 대하여 조약을 어떻게 적응시켜갈 것인지라는 과제가 있을 것이라는 말씀이었습니다.

그럼, 또 한 가지 점, 바스케스 메냔 씨, 괜찮으시겠습니까. 치쿠시 선생님 또는 다나까 선생님으로부터 일본의 오염제거의 말씀이 나왔습니다. 개별 원자력손해에 대하여 일본의 오염제거와 같은 장기적인 환경회복에 관한 비용에 대하여 원자력손해배상조약에는 어떻게 다루어지고 있습니까.

히메나 · 바스케스 = 메냔 : 이미 말씀드린 바와 같이, 환경의 악화에 대한 회복조치 비용은 개정파리조약, 개정빈조약, CSC의 원자력손해의 정의 중에 포함되어 있습니다. 여기에서는 파리조약 체결국의 사무국으로서 제가 가장 잘 이해하고 있는 파리조약에 대해서만 말씀을 드리겠습니다만, 모든 조약은 동일한 정의를 두고 있습니다.

개정파리조약에서는 원자력사업자는 「환경의 악화(중대한 것을 제외한다.)에 대한 회복조치가 실제로 취하여졌거나 취하여지는 경우에는 그 비용을」 배상하는 것으로 되어 있습니다. 회복조치란 「조치가 취하여지는 국가의 권한 있는 당국에 의해 승인된 합리적인 조치로서 손해를 받거나 또는 파괴된 환경의 구성요소를 회복하거나 수복하는 것 또는 합리적인 경우에는 당해 구성요소에 상당하는 것을 환경에 도입하는 것을 목적으로 하는 것을 말한다. 당해 합리적인 조치를 취할 수 있는 자에 대해서는 손해가 발생한 국가의 법령에 의해 정한다」고 정의

되어 있습니다.

그럼, 합리적인 조치란 어떻게 생각하는 것일까요. 조약은 합리적인 조치란 「권한있는 법원이 속하는 국가의 법령 하에서 모든 사정에 대하여 고려한 경우에서 적절하고 상응하다고 인정되는 조치」로 정의하고 있습니다. 예컨대, 발생한 원자력손해의 성질 및 정도, 조치가 취하여지는 시점에서 예상되는 당해 조치의 유효성의 정도, 관련하는 과학적 및 기술적인 지견이 고려되게 되는 것입니다.

이것들은 조약의 관련규정입니다만, 그것을 어떻게 적용하는 것일까요. 개정파리조약 및 개정브뤼셀보완조약의 체약국 대표에 의한 설명서[1)]는 이에 대한 답변을 제공하고 있습니다. 환경의 악화에 대한 회복조치의 비용은 권한있는 법원이 속하는 국가의 관계법령에 의해 결정되는 범위에서만 원자력손해에 포함됩니다. 이 유형의 손해에 대하여 국내법으로 규정을 두고 있지 않으면 안됩니다. 파리조약의 체약국은 이 유형의 손해를 제외할 수 없습니다만, 배상의 대상으로 되는 성질, 형식, 범위를 결정하는 것은 체약국의 판단에 의합니다. 이 손해, 즉 중대한 악화를 수반하는 환경을 회복시키기 위하여 강구된, 또는 강구되는 조치의 비용에 대해서는 회복조치에는 금전의 지출을 수반하기 때문에 금전적으로 평가할 수 있습니다. 환경의 악화가 중대한지 여부라는 점을 판단하는 것은 권한있는 법원입니다. 배상의 대상으로 되는 데에는 회복조치가 합리적인 조치의 정의에 적합할 필요가 있고, 조치가 취하여지는 국가의 권한있는 당국에 의해 승인될 것이 필요하며, 나아가 손해를 받거나 또는 파괴된 환경의 구성요소를 회복·수복할 것인지, 합리적인 경우에는 그에 상당하는 것을 환경에 도입할 것을 목적으로 하는 것이어야 합니다.

합리적인 조치는 조약에서 권한있는 법원이 속하는 국가의 법령 하에서 발생하고 있는 손해나 손해가 발생하는 리스크, 예상되는 당해 조치의 유효성의 정도, 관련하는 과학적 및 기술적인 지견을 포함하여 모든 사정을 감안해서 적절하고 상응한다고 인정되는 조치로 정의되어 있습니다. 회복조치는 토지가 장래 이용될 때에 중대한 리스크를 초래하지 않도록 하기 위한, 토지로부터의 오염의 제거·감소 등의 활동이 포함됩니다. 원자력손해가 발생한 국가의 법률에 의하여 누가 그러한 조치를 취할 권한이 있는지가 정하여지게 됩니다.

그러나, 회복조치가 다수의 경우, 누구의 소유에도 속하지 않고, 일반공중의 편익에 제공되는 환경의 구성요소를 대상으로 하는 것으로, 그렇지 않은 경우에는 개인의 재산손해에 해당할 것입니다. 통상의 경우, 그러한 조치를 취할 권한이 부여되고, 관련 비용의 청구를 할 수 있는 것은 권한있는 당국이라는 것으로 될 것입니다.

---

1) 이 문서는 이하의 문서 중에 포함되어 있다. “the Final Act of the Conference on the Revision of the Paris Convention and of the Brussels Supplementary Convention”. done in Paris on 12 February 2004, available at www.oecd-nea.org/law/final-act-conference-revision-pc-bc.pdf.

오리 아케미 : 파리조약 하에서의 환경손해에 대하여 몇 가지 논점을 들어주셨습니다만, 환경회복에 관한 합리적인 수법이라는 것은 무엇인지, 중대한 악화란 무엇인지의 논의가 있는 것, 또는 일반공중의 편익에 제공되는 것인지, 개인의 재산인지의 논점도 있는 것입니다.

이 점에 관해서 다나카 선생님, 오염제거의 말씀과 관련되는 것이라고 생각합니다만, 앞에서의 보고 중에서도 환경손해에 대한 일본의 어프로치, 국제조약의 체계에서 일본의 오염제거의 말씀을 하셨다고 생각합니다만, 한 번 더 여기에서 바스케스 메냐 씨의 코멘트에 대해서 일본의 오염제거에 대하여 말씀해주실 수 있으실까요.

다나카 요시히로 : 앞서 오염제거법제의 과제에 대하여 보고드렸습니다만, 보고 중에서도 말한 바와 같이, 후쿠시마제1원전사고의 시점에서는 오염제거의 근거법이라는 것이 없었던 중에 신속하게 법적 대응을 가능하게 한 점에 있어서, 방사성물질오염대처특조법(이하, 「특조법」)에는 적극적인 평가가 가능하다고 생각합니다. 특히, 오염제거비용이라는 일종의 환경손해에 대하여 제도적으로 대응한 점은 높이 평가되어야 한다고 생각됩니다만, 바스케스 메냐 씨로부터 지적이 있었던 것처럼 오염제거에 대하여 어디까지가 합리적인 조치라고 말할 수 있는지 또는 예컨대 오염제거의 조치를 원자력손해배상보험과의 관계에서 어떻게 생각할 것인지 등 법제도로서 환경손해를 어떻게 위치지울지에 대해서는 이론적인 문제가 남겨있다고 생각됩니다.

그 위에, 오염제거에 관한 문제점을 세 가지 정도 든다면, 우선, 오염제거의 실시가 늦어지고 있다는 점이 지적되고 있습니다. 또한, 재오염제거나 자주적 오염제거의 문제, 나아가서는 오염제거로 인해 발생한 폐기물의 문제를 들 수 있습니다. 이 가운데, 재오염제거나 자주적 오염제거의 문제에 대해서는 주민의 불안을 해소한다고 하는 점이 중요하기 때문에, 내일 세션 2에서 다루어지는 리스크커뮤니케이션이나 주민참가가 중요하게 된다고 생각됩니다. 또한, 오염폐기물의 처리에 대해서는 치쿠시 선생님으로부터 말씀이 있었기 때문에, 저는 오염제거의 실시의 지연에 대해서 약간 코멘트하겠습니다.

오염제거의 실시가 늦어지고 있는 커다란 요인으로서 주민의 동의를 얻을 수 없는 것이 들어지고 있고, 그 이유의 하나로서 오염제거의 방법에 납득이 얻어지지 않는다는 것이 지적되고 있는 것은 저의 보고에서 말한 대로입니다. 그밖에도 주민의 동의를 얻을 수 없는 이유는 생각할 수 있습니다만, 원래 특조법이 개별 주민의 동의를 오염제거의 요건으로 한 것에 대해서는 검토의 여지가 있는 것으로 생각됩니다. 법제도로서는 주민 전원의 동의까지는 필요로 하지 않고, 지역의 일정비율의 주민이 희망한 경우에는 일종의 공공적 사업으로 간주해 오염제거를 실시하는 관점이 있어도 좋은 것이 아닌가 하는 생각이 듭니다. 이러한 점을 포함하여, 보다 적절한 법제도의 형태에 대하여 논의하는 것도 금후의 과제라고 생각하고 있습니다.

오리 아케미 : 일본의 오염제거에 대하여 몇 가지 문제점을 지적해주셨습니다. 실시의 지연에 대하여 주민 전원의 합의는 꼭 필요한 것이 아닌 것은 아닌가, 나아가 폐기물에 대한 문제는 치쿠시 선생님이 말씀이 있었던 대로라는 것이었기 때문에, 치쿠시 선생님으로부터 추가 코멘트가 있으시면 부탁드립니다.

치쿠시 게이이치 : 감사합니다. 조금 생각할 여유를 주십시오.

오리 아케미 : 그럼 다카하시 선생님, 손해배상에 대해서입니다. 이번 일본에서는 환경손해를 포함한 배상문제에 직면하는 것으로 되었습니다만, 이 점에 대하여 무언가 코멘트가 있으신가요.

다카하시 시게루 : 이 점에 대해서는 다나카 선생님이 코멘트하셨다고 생각합니다. 국제법적인 관계에서 말하면, 우리나라가 CSC에 가입하고 있는 것으로부터 환경손해에 대한 배상도 행하는 것이 조약상의 의무입니다. 그에 대해서는 특조법을 통하여 민사상의 손해배상의 범위내에서 국가나 지방자치단체가 회복조치를 취한 비용에 대하여 도쿄전력에게 구상하는 것으로 됩니다. 이러한 체계에 의해, 우리나라로서는 CSC조약에 규정된 환경손해에의 대응이 되어있다고 하는 정리가 이뤄지고 있다고 생각합니다. 국내입법적으로 그처럼 정리했다고 생각합니다.

다만, 일반적으로 민사의 손해배상의 범위를 초월하여, 지금 약간 적극적으로 환경손해의 회복을 행할 여지는 있었던 것이 아닐까라고 처음에 제가 보고한 것입니다. 다른 한편, 민법상의 합리적인 범위라고 하는 것은 국제법상의 관념을 저는 잘 알지 못하기 때문에 합리적인 범위는 어디까지 가리키는 것인지는 단언할 수 없습니다. 그러나, 민사상의 손해배상의 범위를 가리킨다고 하면 「합리적인 범위」라는 개념은 한정된 것이 아닐까라고 생각합니다. 따라서, 현재 행해지고 있는 오염제거가 약간 늦어지고 있는 것도 어떤 의미에서는 민사사법상의 제도에 따르고 있다고 하는 것이라면, 어쩔 수 없는 것일까라고 생각하고 있습니다.

부연하면, 되풀이하는 것이 됩니다만, 저는 귀환이 늦어진 것에 대한 위자료라든지, 재산상의 손해가 장래적으로 증가해 가는 것에 대해서는 정부가 환경을 회복하는 것, 보다 적극적으로 민사상의 손해배상을 넘는 범위에서 환경을 회복하고, 국민부담을 최소로 하는 제도를 만듦으로써 배상도 원활하고 확실하게 진행되는 것이 아닐까라고 생각하고 있습니다.

오리 아케미 : 감사합니다. 환경의 회복에 확실히 대응하고, 민사상의 손해배상의 범위의 한정을 넘어서 대응하는 것도 가능하지 않을까라는 코멘트였다고 생각합니다. 그럼, 치쿠시 선생님에게 부탁드립니다.

치쿠시 게이이치 : 생각할 시간을 갖게 되어 죄송합니다. 폐기물 등의 관계에서 말하면, 후쿠시마현 내에서는 대량의 오염제거의 토양이나 폐기물이 발생하고 있기 때문에, 중간저장시설을 건설하게 되었습니다. 확실히 3,000만 m^3 정도로 추계되었다고 생각합니다. 이번에 채용된 오염제거목표의 기준은 상당히 진척된 숫자로서 1 mSv였다고 기억하고 있습니다만, 그것은 사람들의 안전이나 안심에 이바지하는 한편으로, 오염토양도 다수 발생되었다고 하는 면도 있을 것이라고 생각합니다.

이번 사고에 관해서는 그것만으로 많은 오염토양이 발생해서, 그것을 중간저장시설에 저장하여 처리를 해서, 감용화해간다고 하는 것으로 됩니다만, 금후의 사후대응을 생각함에 있어서는 원래 이번 오염제거목표기준이 어느 정도로 합리적이며, 어떻게 결정되었는가라는 것에 대해서도 검증하는 것이 유익할 것이라고 생각합니다.

오리 아케미 : 감사합니다. CSC조약의 체계 가운데에서 일본의 지금의 손해배상, 또는 오염제거의 대응이라는 것은 어느 정도 합리적인 것입니다만, 조금 더 국가가 전면에 나설 것인가, 또는 주민의 합의를 어떻게 얻을 것인가라는 문제에 직면하고 있는 것이라고 생각합니다. 실은 내일 세션 2에서 리스크커뮤니케이션을 포함하여 주민참가가 어떻게 될 것인가라는 점에 대하여 금후의 과제로서 논의해가게 됩니다.

이라칸 씨, 다음 세션의 이야기와 연결되는 것입니다만, 후쿠시마제1원전사고 및 그 후의 NEA 국가들의 동향을 토대로 하여, 지금부터의 NEA국가들에서의 원자력안전 확보나 이해관계자의 참가, 주민참가, 리스크커뮤니케이션이란 과제에 어떠한 것이 있는지에 대하여 코멘트 해주십시오.

다니엘 이라칸 : 사회와 원자력의 운영에 관계하는 조직과의 협력이 가장 중요하며, 특히 이해관계자가 의사결정과정에 참가할 필요가 있다고 생각합니다.

이해관계자의 참가 목적은 확실한 의사결정을 공동해서 만들어나간다고 하는 것으로, 기술적인 합리성과 이해관계자의 합리성이라는 기술과 사회의 밸런스를 확보하는 것에 있습니다. 이 프로세스는 공중에 대한 커뮤니케이션전략과도 공중의 교육과도 다릅니다.

피난지시의 발령이나 해제에 관한 의사결정에

대해서 생각해봅시다. 이것은 대단히 곤란한 결정으로서, 다수의 요소를 고려할 것이 필요하게 됩니다. 방사선에 관한 평가처럼 전문가에 의해서 제공되는 순수하게 기술적인 요소도 있다면, 예컨대 심리적인 악영향과 같이 주민이나 지역의 커뮤니티만이 이해할 수 있는 요소도 있습니다. 영향을 받는 공중이나 이해관계자도 포함하여, 모든 지견을 의사결정과정에 적극적으로 도입함으로써 사람들에게 받아들여질 수 있는 확고한 의사결정이 가능하게 됩니다.

의사결정에의 이해관계자의 참가에 관해서는 다른 분야로부터서도 교훈을 얻을 수 있습니다. 예컨대, 어떠한 국가도 마찬가지로 폐기물관리시설의 입지의 절차에서는 이해관계자의 참가의 문제에 직면합니다. 이것은 몇십년도 걸리는 프로세스로 될지 모릅니다. 만일 당국이 충분히 다른 이해관계자를 참가시키지 않고 단기간에 걸쳐서 의사결정을 한 경우에는 최종적으로는 확고한 의사결정에는 이르지 않는 것으로 될지 알 수 없습니다.

결론적으로는 이해관계자의 참가는 원자력사고의 경우에만 관계하는 것이 아니라, 보다 일반적인 관심사항입니다. 이것은 원자력분야에서 우리들이 대처하지 않으면 안되는 과제의 하나입니다. 이 논점에 관한 내일의 논의를 기대합니다.

오리 아케미 : 커뮤니케이션과 주민참가에 대해서 확실히 구별을 하지 않고 용어를 사용해서 질문을 하였기 때문에, 「주민참가」와 「커뮤니케이션」은 다르다는 지적이 있었습니다만, 지금 이라칸 씨가 의사결정에 어떻게 참가할 것인가라는 중요성에 대해 새롭게 말씀해주셨습니다. 이것은 원자력사고의 문제뿐만 아니라 고준위방사성폐기물의 문제 등 모두에서 고려하여야 한다는 것입니다.

내일 쇼메루스 선생님이 오후스조약과의 관계에서 3단계에서의 주민합의, 주민참가의 방식에 대해 말씀이 있으실 것이기 때문에, 거기에서 상세한 말씀이 있을 것으로 생각합니다.

이상으로 일단 오늘의 논의는 종료하였습니다만, 플로어로부터 질문을 받겠습니다.

참가자 : 다카하시 선생님에게 질문이 있습니다. 다카하시 선생님은 원자력손해의배상에 관한법률(이하, 「원자력배상법」)의 개선에 참가하시고 있는 관계로 몇 가지 중요한 지적이 있었습니다. 그 가운데에서 원자력배상법과 행정법분야의 관련에 대하여 지적이 있었습니다. 국가가 행하는 조치에 대하여 배상이 커버할 여지는 많이 있다는 것이었습니다. 실제, 국제적으로도 빈조약이나 파리조약에서 피난이나 환경회복조치에 대해서는 배상의 대상으로서 명기되어 있는 대로, 어느 정도는 행정적 조치가 배상의 대상과 관계하는 것은 인식되어 있습니다.

그러나, 이들 규정은 일본도 참고로 하였습니다만, 행정적 조치의 대응범위의 한계를 획정하는 지침을 규정하는 것은 결코 아니었었습니다. 어디까지나 배상의 범위를 규정한 것이었습니다만, 행정의 대응과 배상의 범위를 조정하는 체계가 없었다는 것에 관하여 여러 가지 지적을 하신 것으로 이해하였습니다. 특히 다카하시 선생님은 조금 더 폭넓은 범위에서 오염제거조치 등을 국가가 행해도 좋다는 의견이셨습니다. 동일한 지적이 다나카 선생님도 하셨습니다. 그에 대하여, 어떠한 체계가 정부의 공적인 행정상의 조치와 배상의 범위를 조정하는 체계로서 생각할 수 있을지 의견이 있으면 들려주십시오. 이것이 첫 번째 질문입니다.

또 하나의 논점은 이것도 다카하시 선생님에게 대해서입니다. 다카하시 선생님은 배상법의 개선에 대한 논점의 지적이 있었습니다. 저는 그 지적 중에서는 여러분들이 수고해서 논의한 것은 알겠습니다만, 논점 중에 사업자를 대상으로 하는 내용이 주된 논점으로 되어 있어서, 실제로 피해자의 배상이 원활하게 진행이 되었는지, 피해자는 생활에 곤란을 겪지 않았는가라는 논점이 부족한 것으로 생각하였습니다만, 그 점에 대해 선생님으로부터 보충이 있으면 들려주십시오.

오리 아케미 : 감사합니다. 다카하시 선생님, 어떻습니까. 손해와 행정조치, 사업자대책에 대해서입니다.

다카하시 시게루 : 저는 결코 손해배상의 범위를 행정상의 조치와의 관계에서 한정한다든지 확장해야 한다는 이야기를 한 것이 아닙니다. 강제적인 피난조치가 실시된다면, 그에 수반하는 손해는 배상되어야 한다고 하는 것입니다. 더 나아가 말한다면, 오염된 지역에 돌아갈 수 없다면 그 돌아갈 수 없는 분의 재산적 손실이나 정신적인 손해도 배상되어야 하는 것으로서 그것은 움직이지 않는다고 생각합니다.

다만, 궁극적으로 돌아갈 수 있는지 돌아갈 수 없는지 등의 문제에 대해서는 정부는 오염된 지역에 대하여 현재 부흥거점사업이라는 형태로 한정적으로 행하고 있습니다. 오염된 지점에 대해서 집중적으로 정부가 깨끗이 해서 거기로 돌아가게 하자는 사업입니다. 따라서, 배상문제와 정부의 적극적인 조치는 연동하고 있습니다. 상대적으로 국민의 손해, 바꿔 말하면 전력사업자가 지불하는 배상액을 감소시키고 싶다면 정부는 적극적으로 배상액이 감소되도록 공법적인 조치를 취하여야 한다고 말씀드리고 있는 것입니다.

그러한 수법으로서는 다나카 선생님의 말을 빌리자면, 공해방지사업비사업자부담법이 존재하고 있는 것이며, 우리나라에서는 공해의 역사 중에서 공해로 인해 오염된 지역을 깨끗이 하기 위한 조치를 정부가 취할 수 있는 체계가 역사적으로 형성되어온 것입니다. 이번 오염제거도 공해방지사업과 유사한 사업이기 때문에 오염제거사업으로서 정부가 위치지워 적극적으로 실시하고, 피재자가 돌아올 수 있는 환경을 만들어, 거기에서 손해액, 배상액이 감소되는 조치를 취하여야 했다고 말할 수 있습니다. 사업자부담법에 대해서는 오염자부담주의의 원칙이 있습니다. 독일법으로 말하자면, 원인자부담의 원칙이 있기 때문에 합리적인 범위에서는 사업자에게 청구할 수 있는 것입니다.

따라서, 정부가 무진장으로 공해방지사업의 자금을 내야한다는 시스템이 아니라고 저는 생각합니다. 합리적인 범위라면, 사업자에게도 상당한 부담은 하는 것이 원칙입니다. 정부에게 자금이 없기 때문에 할 수 없다고 말하는 것이 아니라, 적극적으로 스스로 응분의 부담은 하고, 사업자에게도 응분의 부담을 하게 해서, 후쿠시마를 깨끗하게 해서 모두가 기분좋게 돌아갈 수 있는 환경을 만들어야 했다는 것이 이번 입법에서 약간 이루어지지 않은 것이 유감이라는 것이 저의 문제의식입니다. 지금까지의 대응으로는 원자력배상법은 민법의 특칙이라는 의식이 있는 것이 아니겠습니까. 민법에 지나치게 가까이 갔었다고 생각합니다. 공법적으로 정부가 오염제거도 하고, 귀환도 할 수 있는 환경을 만들어, 적극적으로 할 수 있는 시스템이 만들어지면 좋았던 것이 아닐까라고 저는 생각합니다.

오리 아케미 : 두 번째의 질문에 대한 답변도 지금의 회답 중에 포함되어 있다고 생각하기 때문에 다음 분 부탁드립니다.

참가자 : 비용부담에 대하여 공법상의 제도가 특조법 제44조보다도 적절하다는 지적을 하시고, 그 이유로서 두 가지를 들으셨다고 생각합니다. 하나는 상당인과관계의 개념에 휘둘리지 않는다는 것을 말씀하셨고, 또 하나는 구상을 생각해서, 구상할 수 없는 것에 관해서는 오염제거의 조치를 하지 않는 것으로 되어 있는 것이 아닌가라는 지적이었습니다.

우선, 인과관계입니다만, 오염제거의 실시에 임하여 상당인과관계에 구속되지 않게 되는 것은 좋다고 생각하는 것입니다만, 이번의 경우, 원인자가 도쿄전력이라는 것은 확실하기 때문에 예컨대 공건법(공해건강피해의보상등에관한법률)이나 공해방지사업비사업자부담법에 비하면, 인과관계가 불명확하다는 것은 없는 것으로 생각합니다. 공법상의 제도로 함으로써, 상당인과관계가 아니라 공해방지사업비사업자부담법에서 말하는 포괄적 인과관계로 되는 것이라면, 그걸로 좋은 것이 아닐까하는 생각도 듭니다만, 구상의 점에 대해서는 별로 변하지 않는 것이 아닐까라고 생각합니다. 공법상의 제도로 됨으로써 어느 정도 오염제거의 범위가 넓어질 것인지에 대하여 여쭤보고 싶습니다. 만일, 대책의 범위가 넓어질 수 있는 것이라면, 반대할 생각은 없고 중요한 관점이라고 생각합니다.

또 하나는 비용부담의 관점에서 대책이 충분히 취할 수 없게 되고 있다는 점은 원인자부담제도라도 나중에 구상한다면 같은 결과로 되기 때문에 그 점은 공법상의 제도로 변경되더라도 변하지 않는다고 생각합니다. 그것은 법제도의 문제라고 하기 보다는 운용의 문제라고 생각합니다. 또한, 기여도의 말씀을 하셨습니다만, 이번 사고에 관해서는 도쿄전력의 기여도는 100%라고 생각할 수 있기 때문에, 공법상의 제도로 하더라도 별로 변하지 않는다고 생각합니다. 거기에 주의를 하지 않으면, 원인자부담원칙을 완화시키게 됩니다. 이 점은 특조법 제44조의 개정에 대해서 논함에 있어서 대단히 중요한 점이기 때문에 충분히 배려해서 주장해주신다면 감사하겠습니다.

오리 아케미 : 감사합니다. 코멘트라고 할까요 만일 반론이 있다면 부탁드립니다.

다나카 요시히로 : 전제로서 저도 이번 사고에 관해서 도쿄전력의 책임이 명백하다는 것에 이론을 제기할 생각은 없습니다. 그러나, 이번 사고에 관한 「원자력손해」의 범위에 대하여 예컨대, 원자력손해배상분쟁심사회의 중간지침이 민사상의 상당인과관계에 발을 디딘 것인지 또는 한걸음 넘어선 것인지는 어려운 문제입니다만, 오염제거의 실시의 범위에 상당인과관계라는 한정이 있음으로써 문제가 발생하고 있는 것은 현실로서 일어나고 있다고 생각됩니다.

예컨대, 바로 전 주의 신문보도에서는 오염제거실시 후의 현장보관이 문제로 다루어졌습니다. 현시점에서는 중간처리시설이 존재하지 않기 때문에, 다수의 현장에서 오염제거로 인해 발생한 오염폐기물을 현장보관 할 필요가 있고, 예컨대, 민가의 정원 흙속에 깊게 오염토 등을 메워서 그것으로 오염제거조치는 일단 완료한 것으로 하고 있는 케이스가 다수 있습니다. 그러한 케이스에서 주민이 토지를 다시 정리해서 주거를 재건축하려고 하였을 때, 흙속에 메운 오염폐기물을 어떻게 할 것인가라는 것이 문제가 된 것입니다. 현재의 환경성의 견해로는 한번 흙속에 메운 시점에서 오염제거의 조치는 완료하였고, 재조치에 대하여 비용청구할 수 없다는 것 같습니다만, 이러한 문제는 오염제거비용의 부담의 범위가 사고와의 상당인과관계의 범위에 한정되어 있기 때문이라고 생각됩니다. 즉, 일단 이용에 지장이 없는 정도로 조치가 이루어

지면, 재조치비용에 대하여서는 상당인과관계의 범위를 초과해버리는 것으로 됩니다. 그러나, 그 장소에 매몰시킬 수밖에 없기 때문에 매몰한 오염폐기물의 처리비용을 주민의 자기부담으로 하는 것이 과연 타당할 것인지 생각하면, 이러한 경우에 대해서도 일정한 조치가 취하여져야 좋은 것이 아닐까라고 생각합니다. 그렇게 생각하면, 상당인과관계의 「상당」의 범위를 넘는 것을 가능하게 하는 것을 허용하는 것도 법제도로서 있을 수 있는 것이 아닐까라는 것이 저의 주장입니다.

오리 아케미 : 감사합니다. 다카하시 선생님으로부터 보충이 있을 것이기 때문에 부탁드립니다.

다카하시 시게루 : 민법상의 상당인과관계로서는 어느 정도 선긋기를 하지 않을 수 없어서, 예컨대 삼림이 오염된 것에 대해서 어떻게 생각할지라는 문제도 있습니다. 기후의 이야기 등으로 먼 곳으로부터 농축되어 오염이 나왔을 때에 이것이 정말로 민법상의 상당인과관계의 범위라고 말할 수 있는지 여부라고 하는 것은 대단히 어렵다고 생각합니다. 그 때에 오염제거한 경우의 비용부담의 문제로는 유연하게 생각할 수 있는 것이 아닌가 라는 것입니다.

참가자 : 지적하신 점은 특조법 제44조의 문제가 아니라 운용의 문제라고 생각합니다. 공법상의 제도를 만들더라도 아마도 같은 문제가 나오는 것이 아니겠습니까. 상당인과관계라는 개념이 없어진다는 것에 대해서는 확실히 동의합니다.

오리 아케미 : 감사합니다. 대단히 근본적인 이야기라고 생각합니다. 다음 질문을 부탁드립니다.

참가자 : 방금 패널디스커션의 모두에서 오리 선생님의 물음에서 특히 폐기물의 양의 이야기에서는 치쿠시 선생님이 1 mSv의 기준의 이야기가 있었습니다. 이것은 대단히 센시티브하고 주의해야 할 점입니다. 오염제거의 기준은 결코 1 mSv/year이 아닙니다. 그것은 명확히 말씀드렸던 것입니다만, 정치적인 발언 중에서 그러한 논의도 있고, 주민은 정부로서는 1 mSv/year까지 오염제거하는 것이라고 생각해왔습니다. 그것이 귀환을 지연시키는 커다란 원인의 하나였다고 저는 생각했었기 때문에 이러한 장소에서 1 mSv가 스탠다드라는 발언이 있는 것 자체가 대단히 혼란을 초래하기 때문에 그것은 꼭 주의하셔야 한다고 생각합니다.

그 외에, 1 mSv가 아니라면 얼마였는지에 관해서는 피난지시의 해제에 관해서는 20 mSv라는 논의가 있었습니다. 그러나, 이것에 관해서도 본래의 국제적인 논의 가운데에서는 1 mSv부터 20 mSv 사이의 비교적 낮은 것으로 주민과의 합의의 프로세스를 거쳐서 결정해간다고 하는 논의가 있었습니다. 그러한 것이 ICRP(국제방사선방호위원회) 권고 111에서도 쓰여있습니다. 그러한 논의가 없는 채로, 20 mSv라는 숫자가 일방적으로 나왔던 것입니다. 묻고 싶은 것은 그러한 1 mSv나 20 mSv라는 숫자를 누가 결정하는 것이 좋았던 것인가 또는 좋을 것인가라는 것입니다. 기준에 관해서는 처음 논의 중에서도 일본에서는 충분히 준비가 되어 있지 않았다는 것도 있어서, 여러 부처가 이 문제에 관련되어 있다는 점이 들어졌었습니다. 오염제거에 관해서는 환경성이 하고 있기 때문에 저도 오랫동안 환경성 근처에서 일을 해왔습니다만, 어느 분이 말씀하셨던 것처럼 환경성은 방사선에 관해서는 아마추어입니다. 그렇다면 누가 기준을 결정하는 것이 옳았는가 지금도 옳은 것인가라는 것입니다. 그것은 원자력규제위원회인지 여부 등입니다. 그것에 관해서 만일 가능하다면 해외의 게스트에게 외부에서 일본을 보시고서, 일본의 어떠한 기관이 그러한 기준에 관해서 리더십을 발휘할 수 있을까라는 것에 대해서 답변해주셨으면 합니다.

또 하나는 다카하시 선생님으로부터 다시 한번, 오염제거에 대해서 좀 더 유연한 조치가 필요하다는 지적이 있었습니다. 다만, 오염제거를 한다는 것뿐만 아니라 생활의 회복, 환경의 회복을 위하여 정부가 보다 적극적인 대책을 취할 수 있었던 것이 아닌가 또는 저는 지금부터서도 가능하다고 생각하고 있습니다만, 그것에 관해서도 귀환의 안심안전 대책의 논의를 했을 때에 이 기준 이하라면 귀환해도 좋다는 논의는 했습니다. 다만, 귀환하고 싶지 않은 사람도 있는 것도 포함하여 생활을 재건할 때에 귀환하는 사람은 이 이하에서 귀환해도 좋지만, 그 이외의 사람의 생활재건은 정부로서도 지원해주기 바란다는 것을 말씀드렸습니다.

시미즈 장관님이 말씀하셨던 것처럼, 의사록은 한 자 한 구 모두 공개되어 있기 때문에 저의 발언은 남아있을 것입니다. 원자력대책본부를 중심으로 국가 전체로서 해간다고 하는 답변이었습니다. 그렇다면, 결국 소극적 권한쟁의로 되어서, 어디가 하는지가 명확하게 되지 않기 때문에, 명확하게 써주기를 바란다는 것도 말씀드렸습니다. 방금 비공식적으로 커피브레이크의 논의를 했을 때에 그것은 부흥청일 것이라는 이야기도 있었던 것입니다만, 다카하시 선생님이 말씀하신 것처럼, 정부가 적극적으로 한다고 한다면, 역시 지금부터서라도 구체적으로 어느 관공서가 리더십을 취하지 않으면 이 이야기는 움직이지 않는다고 생각합니다. 선생님의 눈으로 보시고서, 어디가 중심적인 역할을 해야 하는지에 대하여 의견이 있으시면 여쭤보고 싶습니다.

대단히 구체적인 질문으로 송구스럽습니다만, 부디 답변해주십시오.

오리 아케미 : 대단히 어려운 질문입니다. NEA의 분에게도 묻고 싶은 것입니다만, 길게 될 것 같기 때문에, 부디 리셉션 등에서 말씀해주시면 좋겠습니다. 다카하시 선생님, 치쿠시 선생님이 간결하게 회답을 해주십시오.

다카하시 시게루 : 우선, 구체적으로 논의를 하기 위하여 후쿠시마에 가져다 붙인 이야기가 되고 있습니다. 그러나, 저의 기본적인 스탠스로서는 후쿠시마제1원전사고의, 지금 현실로 행하여지고 있는 문제에 대해서 논의하는 것은 현재진행형의 이야기이기 때문에 적당하지 않다고 생각하고 있습니다. 따라서, 저의 원자력손해배상법의 개정의 이야기도 후쿠시마제1원전사고에는 연동하지 않는 것을 전제로 하여 장래 이렇게 해야 한다고 하는 논의를 합니다라고 처음에 말씀을 드렸습니다. 따라서, 제가 지금까지 소개드린 여러 가지 주장도 원자력손해배상법의 개선 가운데에서 후쿠시마제1원전사고와 분리해서 장래 손해배상제도를 만든다면, 이러한 것을 옵션으로서 법률 가운데에 넣기 원한다고 주장하고 있는 것입니다.

그 외에, 이것도 분리하여, 후쿠시마에서 완전한 부흥이 종료하고 있지 않는 가운데에서 누가 적극적으로 부흥시책을 실시해야 할 것인가라는 이야기입니다. 이 점에 대해서는 내각부 중에 대책팀도 있고, 주로 말하면 부흥청이 적극적으로 예컨대 부흥거점사업을 선구적인 사업으로 실시하고 있습니다. 그러한 것을 좀 더 적극적으로 대규모부흥사업으로서 해줄 것이 바람직한 것이 아닐까라고 생각합니다. 이것은 개인적인 견해로서 말씀드리고 싶다고 생각합니다.

치쿠시 게이이치 : 우선, 오염제거기준치에 대한 저의 발언이 주의가 부족하였다는 것은 실례하였습니다. 수치를 어디에서 결정하는 것이 바람직한 것인가라는 질문이었습니다만, 각각의 수치를 채용했을 때의 리스크와 편익에 관한 정보가 한정되어있는 가운데에서 어떠한 수치로 할 것인가라는 이야기가 되면, 그것은 바로 정책결정입니다. 그렇다고 한다면, 전문가가 리스크와 편익에 관한 정보를 낸 뒤에 본래적으로는 국회와 같이 정책판단을 하는 기관이 논의하는 것이 바람직하다고 생각합니다. 그것이 실제의 문제로서 곤란하다고 한다면, 역시 우선은 전문가가 리스크와 편익을 판단해야 합니다만, 그 외에 최종적으로 수치를 결정하는 주체는 내각이 아닐까 생각합니다.

오리 아케미 : 감사합니다. 이라칸 씨로부터 지금의 질문에 대하여 회답을 하고 싶다는 것이기 때문에 부탁드립니다.

다니엘 이라칸 : 짧게 코멘트하겠습니다. 문제는 의사결정과정에서 어떤 조직이 리드할 것인가라는 것뿐만 아니라 누가 의사결정과정에 참가하는 플레이어일 것인가라는 것도 있습니다.

후쿠시마제1원자력발전사고와 같은 대규모사고에서의 이해관계자의 참가의 전례는 없습니다만, 동일한 문제는 폐기물관리의 분야에도 있습니다.

중요한 포인트는 지역을 어떻게 포함시켜, 의사결정과정에서 가능한 한 다양한 의견이 고려될 것을 어떻게 확보할 것인가라는 것입니다. 의사결정과정을 리드하는 조직은 확실히 필요합니다만, 중요한 것은 의사결정과정에의 다양한 이해관계자의 참가를 확보하는 것이라고 생각합니다.

오리 아케미 : 이상으로 패널디스커션을 마치겠습니다. 마지막 부분에서 나왔습니다만, 누가 리더십을 취할 것인가 또는 국가가 전면에 설 때에 어떠한 형태를 취할 것인가라는 것은 안전규제와도 관련되는 문제로서 이번 세션에서는 논의가 충분히 이루어지지 않았기 때문에, 다음 기회로 미루겠습니다. 리더십이 누구이든지 주민참가의 프로세스가 중요하다고 하는 이야기도 내일의 세션에 연결되기 때문에 계속해서 여러분의 참가를 기다리겠습니다. 장시간에 걸쳐서 감사합니다.

SESSION. 2

주민참가,
리스크커뮤니케이션

고준위방사성폐기물처분과 리스크커뮤니케이션

오리 아케미(織朱實)(죠치대학 교수)

방금 소개받은 죠치대학 오리입니다. 오늘 저에게 부여된 테마는 일본의 원자력정책 가운데, 특히 고준위방사성폐기물처분을 둘러싼 리스크커뮤니케이션의 문제입니다.

오늘의 강연의 내용은 크게 세 개로 나뉩니다. 우선, 「고준위방사성폐기물이란 무엇인가 및 그 처분의 특색」, 그리고 「일본의 고준위방사성폐기물처분지 선정의 프로세스의 변천」, 마지막으로, 이 프로세스를 적절하게 실시하기 위한 「리스크커뮤니케이션의 과제」입니다.

1. 고준위방사성폐기물이란 무엇인가, 그리고 그 처분의 특색

(1) 고준위방사성폐기물이란

우선, 「고준위방사성폐기물이란 무엇인가」에 대해서는 여기에 계시는 여러분에게는 이미 주지의 사실이라고 생각합니다만, 「고준위방사성폐기물」이란 사용완료연료로부터 우라늄, 플루토늄을 분리회수한 후에 발생하는 액상의 폐기물입니다.

이 폐기물의 방사능레벨이 높기 때문에 고준위방사성폐기물이라고 부르며, 일본에서는 유리와 혼합해서 고체화처리를 하고 있습니다. 2014년 4월 시점에서 약 1만 7,000t의 사용완료연료를 보관하고 있고, 이것은 이미 재처리된 것도 합치면, 유리 고체물로 약 2만 5,000t 상당의 고준위방사성폐기물로 됩니다.

고준위방사성폐기물은 방사능레벨이 높기 때문에 환경영향을 가능한 한 받지 않고, 사람으로부터 떨어진 장소에서 관리할 것이 필요한 것으로 되고 있습니다. 고준위방사성폐기물의 특색으로부터 수 만년부터 10만년의 장기간에 걸쳐서 사람으로부터 격리해서 관리하도록 되어있습니다만, 그러한 장기간에 걸치는 사람의 손에 의한 관리를 상정하는 것은 현실적으로는 대단히 곤란합니다.

그렇다고 한다면, 사람이 시종 관리하지 않더라도 좋은 처분방법이 검토되어야 합니다만, 그 중에서도 가장 현실성이 높고, 가능성이 있는 수법으로서 나온 것이 깊이 안정되어 있는 지층 중에 처분하는 「지층처분」이라는 수법입니다.

(2) 고준위방사성폐기물의 지층처분

여기에서는 다중 배리어라는 관점을 이용하여 지층이라는 「천연배리어」와 「인공적인 배리어」를 다중적으로 이용하면서 안정적으로 처리해감으로써 슬라이드 4의 그림에 있는 것처럼 오버팩 속에 넣고, 나아가 그것을 유리경화체(硬化体) 속에 넣어 깊은 지층 속에 넣어가는 수법입니다. 지층처분의 어프로치는 주로 다중 배리어시스템, 즉 인공배리어인 유리고화체(固化体), 오버팩, 완충재, 천연배리어인 암반의 지층에 의해 고준위방사성폐기물을 넣고 폐쇄시켜 장기에 걸쳐서 인간의 생활권에 유해한 영향을 미치지 않도록 하고자하는 것입니다.

고준위방사성폐기물의 처분수법으로서의 지층처분에 대해서는 1970년대부터 특수법인 핵연료사이클개발기구, 현재의 독립행정법인 일본원자력개발기구를 중심으로 기술적 검토가 행하여져 왔습니다.

1976년에는 원자력위원회에서 당면 지층처분에 중점을 두고, 연구개발을 추진하는 것이 결정되었습니다. 나아가 2000년에는 원자력위원회・원자력백엔드대책전문부회에서 우리나라에서도 지층처분이 실현가능하다고 하는 평가가 이루어졌습니다.

(3) 지층처분의 특색

이러한 기술적인 검토와 병행하여 입지선정프로세스나 처분실시주체의 형태의 제도적인 검토가 행하여져 왔습니다만, 고준위방사성폐기물에 관해서는 고준위방사성폐기물처분 특유의 문제를 고려하여야 합니다. 즉 장기, 복수세대에 걸치는 문제이며, 100년, 1만년, 10만년 이상에 걸치는 장기간의 사업이기 때문에 세대간의 불공평성, 또는 지역간의 불공평성이 발생하게 됩니다. 그 때문에 제도적 관리의 한계가 있고, 장래세대에 부담을 남기지 않는 것에 대한 배려가 필요하게 됩니다.

또한, 장기, 복수세대에 걸치는 문제로서 세대간의 불공평성, 지역간의 불공평성을 해소하기 위하여 가역성, 회수가능성을 어떻게 담보할 것인가라는 것도 문제로 됩니다. 장래세대도 포함하여, 의사결정의 개선가능한 체계, 또는 폐쇄를 하기까지 어떻게 가역성, 회수가능성을 제도적으로 담보해갈 것인가라는 논의입니다.

여러 가지 선택지를 고려하면서 다단계로 사회적인 임팩트를 주기 위한 체계가 어떻게 있어야 하는지, 또한 각각의 프로세스에서의 시민참가(public participation, involvment)를 어떻게 확보해갈 것인지가 중요하게 됩니다만, 세션 1의 패널디스커션에서 리스크커뮤니케이션과 시민참가는 다르다고 하는 이야기가 있었습니다만, 이번에 저는 일본의 고준위방사성폐기물에 관한 시민참가를 실질적으로 만드는 리스크커뮤니케이션을 중심으로 말씀드리겠습니다.

2. 일본에서의 고준위방사성폐기물처분 입지선정프로세스의 변천

시민참가를 실시해 가기 위해서는 그 전제로서 리스크커뮤니케이션을 적절하게 해가는 것이 대단히 중요하게 됩니다.

특히 지금까지 말해온 것처럼, 장기간에 걸쳐 관리하면서 회수가능성, 또는 가역성을 확보해가지 않으면 안되는 특수성을 가지는 고준위방사성폐기물처분지의 입지선정에 관련된 프로세스에서의 리스크커뮤니케이션의 형태는 다른 분야에서의 리스크커뮤니케이션의 검토와 다른 고려도 필요하게 됩니다. 여기에서 리스크커뮤니케이션을 행하는 것을 제도적으로 확보하기 위하여, 또한 다중적인 임팩트를 확보해가기 위하여 어떠한 검토가 일본에서 행하여졌는지를 고치현(高知県) 도요쵸(東洋町)의 응모 취하 이전·이후를 비교해보겠습니다.

(1) 지층처분에 관련된 법률 제정의 경위와 현황

일본에서는 최초의 상업용 원자로가 운전을 개시하는 1966년보다 이전부터 고준위방사성폐기물의 처분방법에 대하여 검토가 개시되었었습니다. 지층처분의 실현가능성에 대하여 특수법인 핵연료사이클개발기구를 중심으로 20년 이상의 연구개발이 행하여져, 2000년에 원자력위원회에서 일본에서도 지층처분이 실현가능하다고 평가되었던 것입니다.

이러한 기술검토와 병행하여, 처분지 선정프로세스나 처분실시주체의 형태의 제도적 검토가 이루어져, 1996년 5월부터 1998년 5월에 걸쳐서 원자력위원회·고준위방사성폐기물처분간담회에서 검토가 행해져, 제도적인 체계에 대한 기본적인 관점이 제시되었습니다. 지금까지 기술적인 논의 만이 진행되어 온 일본에서 이러한 시민참가의 필요성이 이 시기부터 강하게 지적되어온 것입니다.

그것을 받아서, 2000년 6월에는 특정방사성폐기물의최종처분에관한법률(최종처분법)이 제정되어, 2000년 10월에는 실시주체로서 원자력발전환경정비기구(NUMO)가 설립되었습니다. 입지선정에 있어서는 전국 시정촌의 응모를 받아서, 문헌조사, 개요조사, 정밀조사의 프로세스를 밟는다는 것입니다.

실제로 어떻게 해 갈 것인지를 말하자면, 우선 지자체로부터 손을 드는 형태로 문헌조사, 그것을 받아서 개요조사, 정밀조사라는 프로세스를 거치면서 입지선정을 해간다는 것입니다. 일본의 방식으로서는 국가가 일정한 지역·에어리어와 범위를 지정하는 형태의 신청방식이 아니라, 지자체로부터의 응모, 공모라는 방식이 채용된 것입니다.

(2) 각 조사지구선정단계에서의 지역의 의견반영의 제도

이해관계자의 의견청취의 절차는 최종처분법시행규칙 제5~12조에서 규정하였습니다. 슬라이드 8에서 보여주는 것처럼, 일련의 공모관계, 문헌조사, 개요조사 각각의 과정에서 주민 또는 국민적인 의견의 제출의 기회가 확보되고, 나아가 관계 도도부현(都道府県)에도 의견서를 제출할 기회가 부여되었습니다.

이처럼, 제도적으로는 주민참가 또는 지자체의 의견표명의 기회가 확보되어 있습니다. 이들 의견표명의 절차의 프로세스에 근거하여, 2002년 12월에 NUMO에 의한 최종처분시설의 설치가능성을 조사하는 지역의 공모가 개시되었습니다.

공모에 대하여 2007년 1월, 전국에서 최초로 고치현(高知県) 도요쵸(東洋町)가 문헌조사에 공모를 제출하였습니다만, 조사 수용의 찬부를 둘러싸고 정(町)을 양분하는 논의로 발전하여, 주변 시정촌이나 현도 포함하여, 지역사회에 커다란 혼란을 초래하는 결과가 되었습니다. 동년 4월의 정장(町長)선거를 거쳐서 응모가 취하되었습니다만, 이 도요쵸의 응모취하의 영향은 지층처분 선정에 있어서는 기술적인 검토, 또는 이 법률・규칙으로 규정되어 있는 주민참가의 절차만으로는 불충분하며, 사회적 합의를 어떻게 이룰 것인지, 나아가 정밀한 검토가 필요하다고 하는 인식을 낳게 되었습니다.

(3) 도요쵸(東洋町)사안이 상정된 분규요인

도요쵸의 응모취하에 의해 보다 공들인 사회적 합의프로세스가 필요한 것이 인식되게 되었습니다. 응모취하가 왜 이루어졌는지에 대해서는 여러 논문이 나와 있습니다만, 우선 네 가지 정도의 요인이 있다고 생각합니다.

첫 번째는, 고준위방사성폐기물 리스크에 대한 잘못된 이해가 소문으로 돈 것입니다. 예컨대, 1 본당 30발의 원자폭탄을 만들 수 있는 위험성을 가지는 고준위방사성폐기물이 4만본이나 매몰되는 것이라는 오해입니다. 또는, 일단 응모해버리면, 그대로 처분지 선정이라는 결론으로 되어버리는 것이 아닐까라는 오해가 생기게 된 것도 있습니다.

두 번째는 금전적인 문제로 교부금을 위하여 정(町)을 파는 것인가라는 반대파의 의견도 자주 나왔습니다. 금전적인 문제가 커뮤니케이션을 저해하는 현상은 일본적인 커뮤니케이션 저해요인의 하나라고 생각합니다. 마찬가지로 교부금 이야기는 한국이나 스웨덴, 노르웨이 등에서도 나왔습니다만, 일본 정도로 노골적인 반발을 받았다는 이야기는 들려오지 않습니다.

세 번째는 문헌조사의 단계에서 시민참가프로세스가 충분하지 않았다는 지적도 있었습니다. 정장(町長)으로부터의 설명이 느닷없이 아닌 밤중에 홍두깨 격이었다는 이야기도 듣고 있습니다.

네 번째는 도요쵸의 응모에 대한 주변 지자체로부터서의 반발이 컸다는 것도 지적되고 있습니다. 즉, 하나의 지자체, 하나의 정(町)만의 문제에 그치지 않고, 현도 포함하여 주변 지자체, 또한 주변주민과의 커뮤니케이션도 커다란 문제로 되고 있다는 것입니다.

도요쵸의 문제는 이러한 일본 특유의 리스크커뮤니케이션의 문제를 제시하는 사례로 되고 있습니다. 금전적인 사안에 대한 부(負)의 감정, 리스크에 대한 인식의 상위(相違), 편익을 어떻게 생각해갈 것인지, 이해관계자의 범위를 어떻게 설정할 것인지 문제가 새롭게 명백히 되었습니다. 나아가 하나의 시정촌만의 문제가 아니라 도도부현 전체, 주변지역을 포함하여 도도부현의 의사결정을 어떻게 서포트해갈 것인지, 국가가 전면에 나서서가기 위하여서는 어떠한 지원이 필요한 것인지라는 문제도 명백히 되었습니다. 그 결과, 주민참가의 프로세스를 보다 공들여 밟아갈 필요가 있는 것은 아닐까라는 과제가 도요쵸의 공모취하를 계기로 하여 보다 깊게 논의되게 되었습니다.

(4) 실행의 강화책

2007년 11월에는 최종처분사업을 추진하기 위한 실행의 강화에 대한 보고서가 총합자원에너지조사회 전기사업분과회 원자력부회 방사성폐기물소위원회로부터 제출되었습니다. 여기에서는 실행의 강화책으로서, 국민의 이행에 이바지하는 연구개발 및 국제적 연계의 추진, 지역진흥구상의 제시에 더하여, 문헌조사를 추진하는 방책에 국가가 전면에 나설 것이 제시되었습니다.

국가에 의한 대책의 강화에 대해서는 슬라이드 10의 아래 또는 옆쪽에 표시되어 있습니다만, 커다란 특징으로서 지금까지 보다 한층 국가가 전면에 나서서 실행한다고 하는 점입니다. 나아가 2015년 5월 22일에 각의결정된「특정방사성폐기물의 최종처분에 관한 기본방침」에서는 국가가 구체적으로 전면에 나선다는 관점에서 과학적 유망지의 제시 수법의 검토가 이루어지게 되었습니다.

즉 국가는 안전성의 확보를 중시한 선정이 중요하다는 인식에 근거하여, 과학적으로 보다 적성이 높다고 생각되는 지역으로서 과학적 유망지를 제시하는 것을 통해, 국민 및 지역관계주민의 이해와 협력을 얻는 것에 노력한 것입니다. 처분지선정조사의 문헌조사, 개요조사를 실시하는 전단계로서 과학적 유망지를 국가가 제시하고, 국민적 논의를 환기하고자 하는 어프로치가 제시된 것입니다.

(5) 과학적 유망지의 검토 상황

과학적 유망지란 현시점에서 입수가능한 문헌데이터에 근거하여 처분지선정조사를 실시하는 과학적 타당성, 즉 왜 여기에 만드는가에 대하여 몇 개의 후보의 단계를 제시하기 위한 개념입니다. 과학적 견지로부터 일본의 지역을 보다 적성이 높은 지역, 어느 정도 적성이 높은 지역, 적성이 낮은 지역이라는 크게 세 개로 구분합니다.

안전성의 확보의 관점으로부터 상대적으로 적성이 낮은 지역을 미리 조사대상에서 제외함으로써 안전제일로 처분지 선정을 추진하는 것이 가능하게 되는 것에 더하여, 유망지로 포함되는 지역뿐만 아니라 널리 전국의 국민・지역에 최종처분지문제를 인식・이해하는 계기, 재료를 제공하는 것이 가능하게 되었습니다.

(6) 과학적 유망지의 제시

이러한 과학적 유망지를 제시하는 방법은 실은 일본 뿐만 아니라 이미 영국을 비롯해 제외국에서 행해져온 것입니다. 그러나, 일본에서는 방금 말씀드린 바와 같이 조사지구의 선정에 있어서는 우선 지자체의 응모를 받아서, 그 때부터 문헌조사를 진행해가는 어프로치를 취하고 있고, 과학적 유망지라는 개념은 이 단계까지는 아직 수용되지 않았었습니다.

왜 보다 빨리 국가가 전면에 나서서, 후보지의 단계적 제시를 한다고 하는 어프로치가 채용되지 않았는지에 대해서는 도요쵸의 문제가 일어나기까지는 지자체의 응모가 좀더 스무스하게 진행되지 않을까라는 기대가 있었던 것으로 생각합니다.

한편, 이러한 형태로 문헌조사의 전단계에서 국가가 전면에 나서는 수법으로서 우선 과학적 유망지를 제시하고, 그 후 문헌조사에 향하여 국가가 지원해간다고 하는 어프로치가 제시되었습니다만, 실은 여기에는 몇 가지 과제가 있습니다. 「국가가 전면에 나선다」고 하는 커다란 방향성이 제시되었습니다만, 실제로 과학적 유망지 제시로부터 문헌조사에 이르기까지 국가가 어떻게 지원해갈 것인지라는 구체적인 지원대책은 절차적으로는 아직 규정되지 않은 것입니다.

(7) 대화활동으로서의 전국심포지엄의 개최

과학적 유망지의 어프로치가 채용되고 나서, 프로세스를 추진하기 위하여 전국 각지에서 국민적인 이해를 얻기 위한 여러 가지의 심포지엄이 개최되었습니다.

특히 지금까지 몇몇 보고서에서는 기술적인 측면에 논의가 집중되었기 때문에, 전문가, 기술자 사이에서만 전문적인 논의가 이루어졌습니다. 그러나, 원자력발전에 의해 전력공급을 받고 있는 전력소비지역의 주민과 처분입지지역의 주민과의 사이의 공평성을 확보하는 것이 중요하며, 공생관계를 생각함에 있어서는 우선 입지지역의 주체성을 생각하여야 한다고 하는 의견도 나오고 있습니다.

3. 프로세스를 적절하게 실시하기 위한 리스크커뮤니케이션의 과제

금후의 과제로서 이러한 과학적 유망지를 제시하면서 더욱 문헌조사를 추진해가는 중에 리스크커뮤니케이션의 중요성이라는 것이 우선 시민참가를 전제로 하여 나오고 있습니다.

리스크커뮤니케이션에서는 네 개의 신뢰성을 확보하여야 한다고 합니다. 첫 번째는 정부 또는 NUMO에서 나오는 리스크 메시지의 신뢰성을 확보하여야 하는 것입니다. 이것에는 치우친 일방적인 리스크 메시지와 자신들에게 형편이 좋은 정보만을 내는 것이 아니라, 중립적인 메시지가 확실히 나오고 있다고 하는 것이 확보될 필요가 있습니다.

두 번째는 정보발신자의 신뢰성의 확보입니다. 즉 정보를 발신하고 있는 사업주체 또는 국가라는 것이 확실히 신뢰할 수 있는지입니다.

세 번째는 조직의 신뢰성의 확보입니다. 즉 지금까지 일본에서 자주 행하여져와서, 지금 문제가 되고 있는 것은 행정이 굉장히 애매한 용어를 사용했다는 것입니다. 예컨대, 장기적인 시점, 계획성이란 말을 사용해온 것인데, 상당히 임시방편으로 형편이 좋은 형태로 변용시켜오고 있는 것은 아닌가 생각됩니다.

왜 과학적 유망지란 전개를 내세워 온 것인지, 그 과학적 유망지의 의미가 어떻게 변하게 되었는지에 대하여, 실은 별로 세밀하게 설명되지 않습니다. 그래서 지자체 뿐만 아니라 국가가 보다 전면에 나서서, 국가로서 고준위방사성폐기물처분지의 입지를 추진해간다고 하는 조직의 신뢰성 확보가 무엇보다 중요하다고 생각합니다.

네 번째는 주민참가절차의 확보입니다. 시행규칙에서 대략적인 절차가 결정되어 있습니다만, 그 가운데에서 절차를 구체적으로 실시하기 위해서 멀티 스테이크홀더를 어떻게 확보해갈 것인지입니다. 또한, 리스크가 크고, 불확실성이 큼에 따라서, 정보의 비대칭성이 문제가 됩니다.

그렇게 되면, 더욱 더 전문가와 그렇지 않은 자가 같은 입장에 서서 논의를 하는 것이 어렵게 되기 때문에 퍼실리테이터(회의의 설계, 진행을 하는 역할) 또는 인터프리터(알기 쉽게 전문용어를 해설하는 역할, 정보격차의 문제를 해소하는 역할)라는 역할이 대단히 중요해지고 있습니다. 그래서 우선 이러한 지역만의 문제로 한정하지 않고, 일본 전체로 고준위방사성폐기물 특유의 문제에 대한 국민적인 이해를 양성하여, 그 가운데에서 일본 특유의 문제를 생각해가야 합니다.

예컨대, 리스크커뮤니케이션의 현장에서 일본에서는 돈을 받고 교부금을 받는다는 것에 혐오감이 있고, 그 이야기가 나온 순간에 논의가 잘 이루어지지 않게 되기도 합니다.

또한, 제가 참가하고 있는 합의형성의 장면에서 몇 번이고 나타나고 있는 현상입니다만, 「이것은 법률에 근거하여 행하고 있습니다」「법률에 근거하여 안전성을 확보하고 있습니다」

라고 할 때, 「법률에 근거하여」라는 한마디를 말한 순간, 주민으로부터 강한 반발을 받는 일이 있습니다. 이것은 제 외국에서는 볼 수 없는 반응입니다. 왜 「법률에 근거하여」라는 말을 사용하면 그 정도로 혐오감을 가지는지는 잘 알 수 없는 것입니다만, 그러한 일본 특유의 센시티브한 말의 사용법에도 대단히 섬세하게 대처해가야 합니다.

나아가, 대상지역에서의 참가프로세스, 지자체의 의사결정에 대한 지원, 즉 응모에 손을 든 지자체만이 비난을 받지 않도록 국가 전체가 서포트 할 필요가 있습니다. 이것은 국책으로서 원자력정책을 추진하는 결과로 방사성폐기물의 문제에 대하여 국가 전체가 하나가 된다는 책임의 형태를 좀 더 섬세하게 생각해야 한다는 뜻입니다.

4. 정리

이처럼 다수의 과제가 있습니다만, 시급하다고 제가 생각하고 있는 것은 이하의 두 가지 과제입니다.

우선은 국가가 전면에 나서는 것에 어떠한 의미가 있는지라는 점에 대해서는 실제로 국가가 전면에 서는 것을 담보하는 제도의 구축을 위하여 규칙이나 가이드라인 안에 구체적인 프로세스를 써넣을 필요가 있다는 것입니다.

다음으로, 빠른 속도로 설명합니다만, 일본에서는 지금까지 보아온 것 처럼 시민참가의 프레임워크는 대략적이기는 합니다만, 책정되어 있습니다. OECD의 피어리뷰에서도 제 외국과 비교해서 특히 일본의 시민참가절차에 문제가 있는 것은 아니라는 평가도 받고 있습니다. 그러나, 이들 시민참가를 실질적으로 만들기 위하여 우선은 제도가 정말로 기능하기 위하여 국가가 전면에 선다는 것은 어떤 것인지를 절차적으로 명확하게 할 필요가 있습니다. 이것은 세션 1의 패널디스커션에서 논의되었습니다만, 국가의 각오의 자세, 아울러 주변 지자체도 포함하여 지자체가 응모를 검토하는 전제조건으로서의 토대나 의사형성의 방식의 검토가 이루어질 필요가 있습니다. 나아가, 시민참가를 실질적으로 만들기 위한 각각의 프로세스에서의 리스크커뮤니케이션을 촉진하는 정보제공, 정보격차나 리터러시의 문제해소, 퍼실리테이터의 형태라는 것도 검토해갈 필요가 있는 것이 아닐까라고 생각합니다.

저의 이야기는 이것으로 마치겠습니다. 감사합니다.

1

고준위방사성폐기물처분과 리스크커뮤니케이션

2016년 9월 25일

죠치대학(上智大學) 지구환경학연구과
오리 아케미(織 朱實)

2

구성

1. 고준위방사성폐기물이란 무엇인가, 그리고 그 처분의 특색
2. 일본에서의 고준위방사성폐기물처분지 입지선정의 프로세스
3. 프로세스를 적절하게 실시하기 위한 리스크커뮤니케이션의 과제

3

고준위방사성폐기물이란

고준위방사성폐기물이란 무엇인가, 사용완료연료로부터 우라늄・플루토늄을 분리・회수한 후에 발생하는 액상의 폐기물

➡ 방사성레벨이 높다

➡ 수만 년에서 수십만 년에 걸쳐 사람으로부터 격리될 필요

➡ 사람에 의한 관리의 한계

4

고준위방사성폐기물의 지층처분

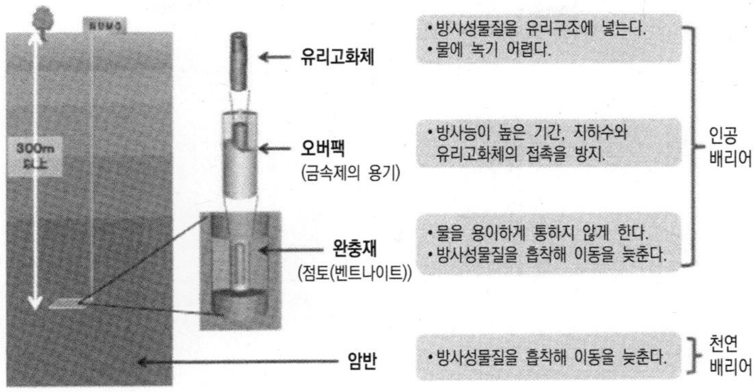

出典:NUMO 2016年5月·6月高レベル放射性廃棄物の最終処分全国シンポジウム 参考資料

5

지층처분의 특색

- 장기 · 복수세대에 걸친 문제
- 세대간의 불공평성, 지역간의 불공평성

⬇

가역성, 회수가능성을 담보

다단계로 사회적인 임팩트 ➡ 전제 : 리스크에 대해서 어떻게 커뮤니케이션을 해갈 것인가

6

왜 지층처분인가

○ 장기에 걸치는 제도적 관리(인적 관리)에 의하지 않는 최종처분을 목표로 하여야 한다고 하는 생각이 오랜 세월에 걸쳐 국제적으로 논의된 결과로서 널리 각국에서 공유되고 있다.

【장기적으로 본 경우의 제도적 관리의 문제점】
- 장래세대의 부담(인적 · 경제적인 관리코스트)이 증대
- 사회적/경제적인 사정의 악화에 수반하여, 제도적인 관리가 상실되는 리스크가 증대
- 극단적인 자연현상 등에 조우할 리스크가 증대

○ 여러 가지의 최종처분의 방법이 검토되어왔지만, 지층처분 이외는 각각 채용이 곤란.

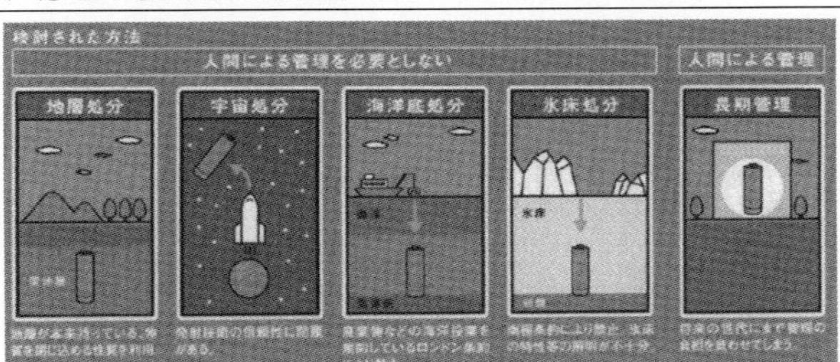

(出典) NUMO

(참고) 현행제도에서의 처분지선정프로세스의 개요 7

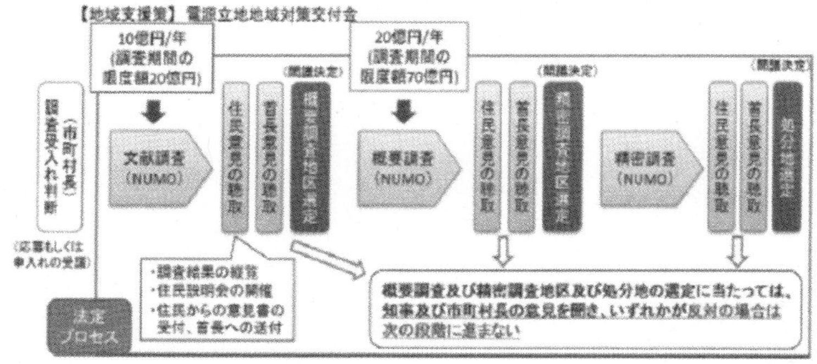

각 조사지구 선정단계에서의 지역의 의견반영의 체계(법시행규칙 제5조~12조에서 규정) 8

(NUMO팜플렛에서)

【概要調査地区選定の場合】

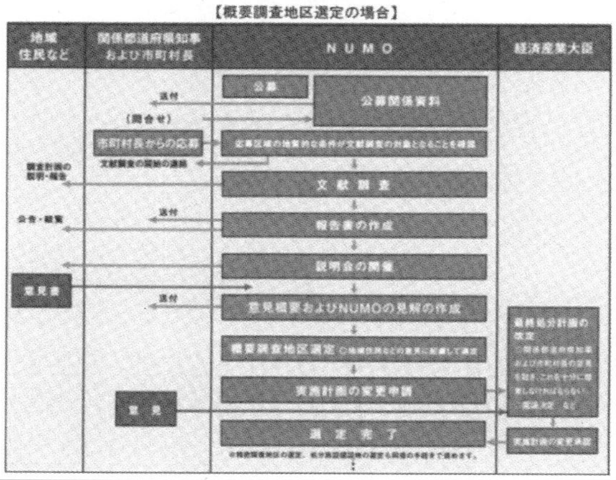

9

도요쵸(東洋町)사안에서 상정된 분규요인

①고준위방사성폐기물의 리스크에 대한 이해

②교부금을 위하여 정(町)을 팔 것인가, 돈과의 관계

③주민참가프로세스

④주변 지자체의 견해

10

실행의 강화책

1. 문헌조사를 진행시키기 위한 강화어프로치

○ 국가전반에로의 홍보의 확충
- 최종처분사업의 필요성 등에 관한 매스미디어 홍보, 도도부현 단위에서의 설명회, 풀뿌리 활동 등

○ 지역홍보의 충실
- 최종처분의 안전성, 처분지 선정절차, 지역진흥 등에 관한 일련의 이해촉진 활동
- 기초적인 지질정보의 제공

○ 국가가 전면에 서서 노력
- 공모에 의한 방법에 더하여, 지역의 의향을 존중한 국가에 의한 문헌조사실시의 신청을 추가

2. 지역진흥 구상의 제시

○ 최종처분사업에 공생하는 지역진흥구상의 제시 (도도부현을 포함한 광역적인 지역진흥방책)

○ 조사단계의 교부금의 활용방안의 제시

3. 국민 이해에 이바지하는 연구개발 및 국제적 연계의 추진

○ 지층처분을 체감할 수 있는 설비, 시뮬레이션 기술을 이용한 버츄얼 처분장

○ 안전 · 신뢰성 향상을 위한 연구개발

○ 국제적 연계

4. 국가, NUMO, 전기사업자에 의한 체제, 기능의 강화

11

과학적 유망지의 검토상황

○ 지구과학을 중심으로 한 안전성에 관한 검토는 일정한 진척.

○ 적성이 「낮음」 「있음」 「높음」의 세 가지로 분류하는 상정. 일부지역을 핀포인트로 제시하는 것이 아니라, 일정한 면적 넓이를 가지는 예견.

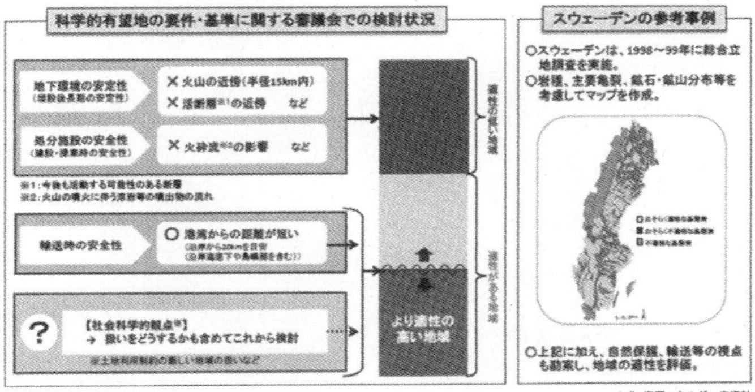

出典:資源エネルギー庁資料

12

과학적 유망지의 제시

○ 지금까지 전국을 대상으로 한 공모방식의 과제의 하나는 수용을 표명하는 지자체의 설명책임 · 부담이 무겁다는 점.

○ 이 때문에, 금후는 국가가 과학적에 의해 적성이 높다고 생각되는 지역(과학적 유망지)을 제시하는 등, 전면에 나서서 실행할 방침

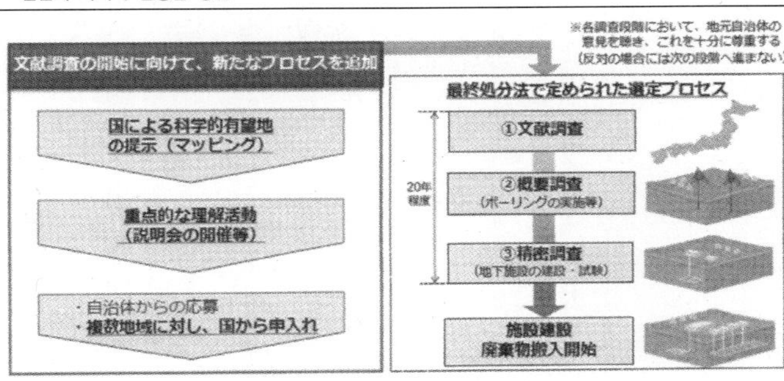

2-A. 기본방침 개정 이후의 대화활동② [전국심포지엄①] 13

● 기본방침의 개정을 토대로 하여, 지층처분의 필요성이나 기본방침의 시점 등에 대하여 전국의 국민에게 널리 정보를 제공하기 위하여 2015년 5~6월에 걸쳐서 지역블록별로 전국 9개소에서 심포지엄을 실시.

설명내용

• 지층처분사업의 개요, 기본방침의 개정의 경위나 관점, 금후의 실행방침 등에 대하여 자원에너지청 및 NUMO가 설명.

プログラム	登壇者	内容
開会挨拶	エネ庁	
基調講演	有識者	エネルギー問題や地層処分技術等に関する講演
事業説明	NUMO	地層処分に関する概要説明
政策説明	エネ庁	高レベル放射性廃棄物の最終処分に向けた新たな取組
パネル討論	コーディネーター、有識者、一般代表、エネ庁、NUMO	参加者からの事前質問を中心に議論した後、会場からも質問を受付（約5人）、質疑応答。閉会後も継続して全質問に回答を実施。
閉会挨拶	電気事業者、NUMO	発生者として基本的責任を有する立場からの取組決意

開催日	開催都市	来場者数
5月23日(土)	東京	338名
5月30日(土)	高松	230名
5月31日(日)	大阪	305名
6月7日(日)	名古屋	302名
6月13日(土)	広島	164名
6月14日(日)	仙台	173名
6月20日(土)	札幌	180名
6月27日(土)	富山	199名
6月28日(日)	福岡	197名

【全国シンポジウム】http://www.numo.or.jp/chisou-sympo/archive/index.html

2-A. 기본방침 개정 이후의 대화활동⑤ [인터넷을 활용한 정보 발신의 강화] 14

● 각종 실행을 널리 국민여러분에게 전달하기 위하여, 국가, NUMO, 전기사업자, 기타 관계기관의 연계 하에 「지층처분 포털사이트」를 개설. 각 기관이 가지는 정보를 일원화함과 함께 적극적인 정보 발신을 전개.

【 3개의 구성 】

■ 정보의 일원화
- 국내 · 국외의 최신동향을 순차발신
- 최종처분에 관한 기초정보를 일러스트 등을 이용해서 소개
- 각 기관이 작성한 홍보책자, 홍보동화를 정리해서 소개

■ 이벤트의 예정 · 결과 개요 등의 발신
- 각 기관이 실시하는 각종 이벤트를 정리해서 소개
- 이벤트의 개최결과와 함께 대화활동을 통하여 받은 질문에 관해서는 Q&A 형식으로 정리해서 소개

■ 각종 지원사업의 소개
- 자원에너지청이나 NUMO가 실시하는 지원사업 등을 카테고리로 나누어서 소개

国民の関心の所在等が段階に応じて変化することも意識し、引き続き、関係機関と連携したコンテンツの見直し・拡充を進める

もっと詳しく http://chisoushobun.jp/

23

(참고) 국민 · 지역과의 정중한 대화의 진행방식 15

○ 우선은 국민이나 지역민들과 성의있는 대화를 거듭하여, 관심을 갖게 하는 것에 주력.
그 가운데에서 지역민들이 주체적으로 학습활동을 시작하게 하는 것을 기대.

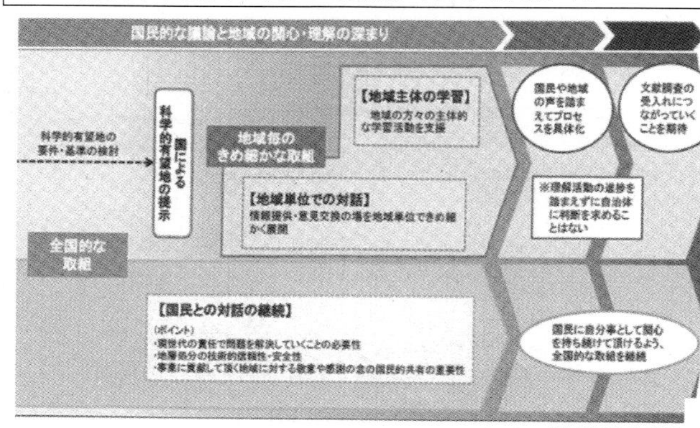

出典：資源エネルギー庁資料

16

금후의 과제

- ①리스크 메시지의 신뢰성 확보
- ②정보발신자의 신뢰성 확보
- ③조직의 신뢰성 확보
- ④주민참가절차의 확보
- 리스크 및 그 특성에 관한 국민적 이해의 양성
- 대상지역에서의 참가프로세스, 지자체의 의사결정에의 지원
- 「국가가 전면에 나선다는 것」의 의미

해외의 노력
-주민참가 · 리스크커뮤니케이션-

가와이 도시키(川合 敏樹)(고쿠가쿠인대학(國學院大學) 준교수)

1. 처음에

방금 소개받은 세션 2의 제2보고를 할 고쿠가쿠인대학 법학부의 가와이 도시키입니다. 이 보고에서는 세션 2의 테마인 주민참가 및 리스크커뮤니케이션에 대하여 방사성폐기물의 최종처분장의 입지선정이나 설치 · 조업을 소재로 하면서, 해외에서의 몇 가지 사례를 소개하겠습니다. 보고시간의 관계 등도 있어서, 다루는 사례가 제한됨을 양해해주십시오.

2. 본 보고의 개요

(1) 최종처분장의 입지선정 · 설치 · 조업

방사성폐기물의 최종처분장의 입지선정이나 설치 · 조업을 둘러싸고서는 최종처분기간이 대단히 장기에 걸치는 점, 최종처분에 대해서는 과학적인 불확실성이 수반하는 점, 또한 한정된 수의 처분장만이 설치되는 것으로 되기 때문에, 공평성의 문제가 어떻게든 따라붙게 되는 점 등으로부터 사회적인 의사결정의 방식, 합의형성이나 수용성의 확보라는 문제에 직면합니다만, 그런 만큼 주민참가나 리스크커뮤니케이션이라는 것이 대단히 중요한 과제로 된다는 것은 주지하는 바와 같습니다.

후보지의 압축과정에서 예컨대 지자체나 주민을 참가시키는 등으로 합의를 형성하는 것, 또는 사회적인 수용을 확보한다는 것은 당연히 중요하게 됩니다만, 후보지의 압축을 할 때의 기준, 예컨대 부적합 내지 적합한 입지의 판단, 그 기초로 되는 과학적 · 정책적 기준 등, 또는 그 운용의 절차 등에 대해서도 당연히 투명성이나 공정성 등이 확보되어 있어야 한다는 것은 말할 필요도 없습니다.

또한, 오리(織) 선생님의 보고에서도 있었던 것처럼, 일본에서는 법제도상으로는 방사성폐기물의 최종처분장의 입지선정이나 설치 · 조업 등을 둘러싸고서 「특정방사성폐기물의최종처분에관한법률」 아래에서, NUMO를 실시주체로 하는 공모제가 운용되었습니다. 또한, 앞의 보고에서도 있었던 것처럼, 실제로 관심을 나타낸 지자체에서 사태가 분쟁이 발생했었던 것으로부터 법제도는 준비되어있더라도 합의형성이나 사회적인 의사결정의 형태와 매치하지 않았던 것도 말할 수 있습니다.

(2) 해외의 동향

이 점에 대해서 해외로 눈을 돌리면, 방사성폐기물의 최종처분장의 입지선정이나 설치·조업을 둘러싼 동향은 여러 가지 있다고 생각합니다. 예컨대, 방사성폐기물의 최종처분장의 입지선정을 이미 마쳤다고 하는 국가가 몇 개 있습니다. 그 예로서 들어지는 것이 핀란드나 스웨덴입니다.

다른 한편, 입지선정이 진행중인 국가로서는 예컨대 프랑스 등을 들 수 있고, 또한 입지선정에 노력하여, 후보지를 결정하면서 최종적으로는 그 입지선정의 개선이 이루어진다고 하는 예나 후보지로 된 지자체가 관심을 나타내면서 최종적으로는 수용이 이루어지지 않았던 예도 있습니다.

지금 말한 전자의 예로서는 미국이나 독일 등, 또는 후자의 예로서 영국을 들 수 있습니다. 물론 이들 국가에서는 현재도 입지선정의 과정에 있습니다.

이들 케이스에서도 방사성폐기물의 최종처분장의 입지선정 등에 향한 법제도화 또는 그 운용에 임하여, 주민참가나 리스크커뮤니케이션, 합의형성이 중시되었다든지, 그 때문이라고 해야 할까, 다소간에 우여곡절이 보이고 있습니다.

3. 입지선정에 「성공」한 예

이하에서는 이들 국가의 몇 가지 노력을 좀 더 구체적으로 살펴보겠습니다. 앞에서도 말하였습니다만, 입지선정에 성공한 예로서 핀란드나 스웨덴 등이 들어집니다.

(1) 핀란드

예컨대, 핀란드에서는 2000년에 유라요키라는 지자체의 오루키루오트에 있는 시설 온카로가 처분장으로 결정되었습니다. 현재는 지하조사시설의 건설과 조사가 진행되고 있고, 시설건설에 향한 안전심사가 진행되고 있는 것 같습니다.

핀란드에서는 사업자가 최종처분의 실시의 책임을 진다고 되어 있는 것 같습니다. 사업자에 의해서 공표된 최종처분장의 후보지에서는 공청회 등이 실시되고, 의회에서의 심의에 붙여집니다. 의결된 후보지는 관계부처에 의한 의견제출을 거쳐 각의에 붙여지게 됩니다. 각의에서 승인된 후보지에 대해서는 내각에 의해 국가의 의회에 제출되고, 최종적으로 결정되는 절차를 취하게 됩니다.

이처럼 사업자, 후보지로 되는 지자체, 내각이나 의회 등이 입지선정에 참가하는 체계가 만들어지고 있습니다. 나아가 후보지로 되는 지자체의 의회에서 심의에 붙여진다는 의미에서 그 지자체에 거부권이 인정되는 것이나 의회 등에서 한 번 부결되어도 재심사가 가능하게 된다는 것도 하나의 특징이라고 할 수 있습니다.

(2) 스웨덴

또한 핀란드와 나란히 스웨덴에서도 2009년에 에스트함마르라는 지자체의 포르스마르크가 후보지로 결정되어, 시설의 건설에 향하여 안전심사가 실시되고 있는 것 같습니다.

스웨덴에서는 최종처분의 실시에 임하여, 우선 민간사업자가 설립한 회사가 그 책임을 진다고 되어 있는 것 같습니다. 그리고, 최종처분장의 입지선정이나 설치 · 조업에 대해서는 방사성폐기물의 보관장소를 확보한 위에, 최종처분에 관한 과학적인 불확실성에 대처하기 위하여 과학기술의 진전도 적절하게 포함하도록 입지선정에 이르기까지에 단계적인 결정을 거치는 형태로 운용이 이루어졌다는 것을 지적할 수 있습니다.

4. 입지선정 중에 있는 예

(1) 미국

다른 한편, 미국에서는 방사성폐기물의 최종처분의 책임을 지는 것은 연방정부, 최종처분장의 설치 · 조업은 에너지부가 행하는 것으로 되어 있습니다. 에너지부는 지금까지의 조사의 결과, 6개의 주로부터 아홉 개의 후보지를 선정해서 조사를 해왔습니다.

그 결과, 네바다주의 윳카마운틴이 한 때 후보지로 결정이 이루어졌습니다. 그러나, 이에 대해 네바다주가 이론을 나타냄으로써 연방정부와 네바다주의 정치적인 대립으로도 발전한 적이 있습니다.

그 후, 에너지부가 미국의 원자력규제위원회(NRC)에 대해서 최종처분장의 설치의 허가신청을 행하는 등 진척이 보였습니다만, 현재는 예산의 동결 등이 이루어지고, 더욱이 입지선정의 방식의 개선이 이루어지고 있는 상황에 있는 것 같습니다.

지금 말한 바와 같이, 네바다주가 반대의 자세를 보인 원인으로서는 물론 몇 가지 지적할 수 있습니다만, 첫째로는 역시 방사성폐기물의 최종처분에 대한 과학적 불확실성에 어떻게 대처해야 할 것인가라는 문제가 아직 충분히 클리어되지 않았다든지 후보지로 되는 주나 지자체, 그 주민 등이 충분히 입지선정의 프로세스에 참가할 수 없었다든지 하는 것을 지적할 수 있습니다.

(2) 독일

다른 한편, 미국과 동일한 코스를 거치고 있는 예로서 독일을 들 수 있습니다. 그러나 독일에서 주목해야 할 것은 예전에 니더작센주의 고아레벤을 대상으로 하여 최종처분장의 입지선정이 모색되었습니다만, 그것이 좌절된 후에 새롭게 입지선정을 진척시키기 위하여 새로운 법제도를 만들었다는 점에 있다고 생각합니다.

그 중심이 되는 것이 「고준위방사성폐기물최종처분장의입지의탐사및선정을위한법률」, 이른바 입지선정법을 제정하여, 이것을 시행하였다고 하는 점이라고 생각합니다. 같은 법에는 과학에 근거를 둔 절차에서의 안전성의 우선, 투명하고 공정한 절차의 원칙, 원인자부담원칙이라는 3개의 기둥(柱)에 의지하고 있다는 특색이 있습니다.

이하, 이 독일의 제도에 대해서 좀 더 봐보면, 제1로 새롭게 설치된 고준위방사성폐기물처분위원회가 최종처분의 방법의 조사와 중간처분의 형태, 하자의 시정과 선정프로세스, 대체안의 심사, 공중참가와 정보제공, 투명성 확보 등에 대해서 그 위원회의 멤버 전원의 합의, 또는 적어도 3분의 2의 합의를 목표로 하면서 준비적인 제안을 행합니다.

이들 제안 가운데에 담겨진 기준이라는 것은 연방의 법률에 의해서 정식으로 결정되는 것 같습니다. 이 위원회는 전 33명의 멤버로 이루어져 있고, 위원장 이외에 과학계, 환경단체, 종교단체, 경제계, 실업계, 연방의원, 연방정부의 대표로 구성되게 됩니다.

또한, 입지선정절차의 실시를 하는 자, 최종처분장의 설치・조업을 행하는 자는 연방방사선방지청(BfS)으로 되어 있습니다. 이 BfS는 후보지로 되는 지역의 선정과 조사대상지를 구체적으로 제안한다든지 입지의 조사프로그램이나 심사기준을 정한다든지 결정된 입지의 조사의 실시나 그 때마다 안전성에 관한 조사 등을 하는 것을 임무로 하고 있습니다. 이 BfS는 최종적으로 입지선정절차의 감독권한을 가지는 연방핵기술처분청(BfE)에 대해서 후보지의 제안을 합니다.

이 BfE는 절차 중에 조사프로그램이나 심사기준의 결정을 한다든지 입지결정의 성공을 목표로 하는 작업이나 제안을 한다든지 하는 것 등으로, 감독권한을 행사하는 지위에 있다고 할 수 있습니다. 앞에서 말하였습니다만, 원인자부담원칙에 근거하여 입지선정에 관한 비용은 최종적으로는 사업자에게 전가 됩니다.

더욱이 지금 말한 프로세스 중에서 보고서, 입지선정의 제안, 그 이유 등에 대해서는 연방환경・자연보호・건설・원자로안전성(BMUB)에 그 때마다 송달된다든지 또는 연방정부로부터 연방의 하원의원, 상원의원에 송달된다든지 한다는 것으로 연방의 정부의회 또는 관계성청이 그 때마다 거기에 참가한다는 체계로 되어 있습니다.

또한, 당연하지만 이들 과정 중에서 가능한 한 조기의 단계에서 공중의 참가나 지역단체, 토지소유자, 관계지자체 등의 참가가 실시된다든지, 정보공개가 이루어진다든지 하기 때문에, 투명성의 확보 등이 도모되고 있는 것도 지적할 수 있다고 생각합니다.

고준위방사성폐기물에 대하여 앞에서 말한 처분위원회에 의한 각종 기준, 입지선정의 안이라고 하는 것은 법률에 의해 결정되는 것으로 되어 있고, 민주적인 컨트롤을 확보한다는 것도 도모되어 있습니다. 한편, 이러한 프로세스를 거쳐서 결정된 후보지에 대해서는 나중에 최종처분장의 설치・조업의 허가절차가 실시 됩니다만, 이 허가절차의 전단계에서 이미 후보지가 결정되고 있기 때문에 후보지의 적부에 대해서는 허가절차의 단계에서는 이미 심사대상으로 되지 않게 됩니다.

5. 몇 가지 논점에 대해서

이상, 방사성폐기물의 최종처분장의 입지선정, 또는 설치나 조업을 둘러싼 해외에서의 실행에 대해서 간단하게 소개하였습니다. 물론, 이들 각 사례의 배경에 있는 사회적인 상황이나 자연조건 등은 당연히 각각 다른 것이기 때문에 간단히 비교・총괄 등을 하는 것은 섣부른 일입니다만, 우선 몇 가지 논점에 대해서 언급하고 싶습니다.

(1) 입지선정

제1로, 이 세션의 테마인 리스크커뮤니케이션을 포함하여, 주민참가에 근거하는 합의형성이나 사회적인 수용성의 확보라는 점에 대해서 말하자면, 방사성폐기물의 최종처분장을 둘러싼 최대의 과제의 하나는 역시 그 입지선정에 있다는 것입니다.

조사대상이나 후보지로 되는 지자체, 그 주민을 입지선정절차에 어떻게 참가시켜서 합의나 수용성을 확보할 것인지가 당연히 문제됩니다. 미국에서 윳카마운틴이 후보지로 선정되면서도 최종적으로는 그 프로세스가 좌절되어버린 것, 또는 영국이나 일본에서 지자체가 최종처분장의 수용에 관심을 표시하면서도 그것이 좌절되어버린 예가 있습니다만, 다른 한편으로, 후보지로 되는 지자체의 거부권을 인정하고 있는 핀란드, 또는 각 프로세스에서 주민참가나 법률에 의해서 기준 등을 결정하는 독일 등은 민주적인 입지선정절차를 중시하고 있는 하나의 예라고 말할 수 있습니다.

(2) 과학적 불확실성에의 대처

제2로, 방사성폐기물의 최종처분장의 입지선정, 설치・조업의 과정에서 과학적인 불확실성에 어떻게 대처할 것인가라는 과제가 있습니다. 특히 문제로 되는 것은 앞에서 오리 선생님의 보고에도 있었습니다만, 방사성폐기물의 최종처분에 관한 제 결정을 소급적으로 취소한다든지 또는 재검토한다고 하는 가역성, 그리고 방사성폐기물을 꺼낼 수 있는 회수가능성을 어떻게 확보할 것인가라는 논점이 있습니다.

스웨덴처럼 최종처분의 실시가 단계적으로 결정되는 것으로 된다면, 각 단계에서 최신의 과학적 지견 등을 적시에 반영할 수 있는 메리트가 있습니다. 또는 합의형성이나 사회적인 수용성의 확보를 그 때마다 도모할 수 있다고 하는 것도 지적할 수 있습니다.

그러나 다른 한편으로는, 이러한 단계적인 결정이 이루어짐으로써 가역성이나 회수가능성을 확보하는 것이 경우에 따라서는 어렵게 되는 케이스도 있습니다. 예컨대, 독일에서는 후보지의 압축이나 과학적인 기준의 정립 등에 대하여서는 법률이나 법규명령에 의해서 행하는 것으로 되어있습니다만, 이것은 합의형성이나 투명성 확보를 중시한 결과이지만, 다른 한편으로, 가역성, 회수가능성의 확보라는 점이 더욱 논점이 된다고 생각합니다.

(3) 국가와 사업자의 역할분담

마지막으로, 국가와 사업자의 양쪽이 어떠한 역할을 부담하여야 하는가라는 문제가 있습니다. 핀란드나 스웨덴에서는 최종처분의 책임은 사업자에게 있다는 것이 확인되고 있는 한편으로, 미국에서는 연방정부가 그 책임을 가진다고 되어있습니다. 또한 독일에서는 입지선정절차나 최종처분사업은 연방정부, 연방레벨의 기관이 실시한다고 되어있습니다만, 최종적으로는 그 비용은 사업자에 의해서 커버되는 것으로 되어 있습니다.

방사성폐기물의 최종처분장의 입지선정, 설치・조업을 확실히 행하기 위해서는 그들 각 단계에서 국가와 사업자가 어떠한 역할을 부담하여야 하는가라는 점도 논점으로 된다고 말할 수 있습니다.

이상, 세션 2의 테마인 주민참가 및 리스크커뮤니케이션에 대해서 해외에서의 몇 가지 사례 또는 그에 관한 논점을 소개했습니다.

저의 보고는 이상이 되겠습니다. 경청해주셔서 감사합니다.

히토츠바시대학정책포럼/환경법정책강좌 심포지엄 1

후쿠시마원전사고와 법정책

-진재 · 원전사고로부터의 부흥을 향하여-

세션 Ⅱ

주민참가 · 리스크커뮤니케이션

『해외의 노력』

가와이 도시키(川合敏樹)(고쿠가쿠인대학 준교수)

2

1. 처음에

➢ 세션 Ⅱ :
주민참가 · 리스크커뮤니케이션

➢ 본 보고 :
방사성폐기물의 최종처분장의 입지선정이나 설치 · 조업을 둘러싼 해외의 노력

3

2. 본 보고의 개요(1)

➢ 최종처분장의 입지선정 · 설치 · 조업

⇨ 사회적 의사결정, 사회적 수용성이 과제

⇨ 주민참가나 리스크커뮤니케이션의 실시 · 확보

4

2. 본 보고의 개요(2)

➤ 후보지의 압축 · 설치 · 결정에 대한 지자체나 주민의 참가의 중요성
➤ 후보지의 압축 · 설치 · 결정의 기준의 정립 · 운용의 투명성 · 공정성 확보

➤ 「특정방사성폐기물의최종처분에관한법률」에 의한 선정의 「실패」

5

2. 본 보고의 개요(3)

➤ 해외에서의 동향은 제 각각

➤ 입지선정의 「성공」례
⇨ 핀란드, 스웨덴

➤ 입지선정의 「실패」례
⇨ 미국, 독일, 영국 등

6

3. 입지선정에 「성공」한 예(1)

➤ 핀란드에서는 오르키루오트의 시설 온카로로 결정(2000년)

➤ 사업자, 후보지(지자체), 내각, 의회 등이 입지선정에 참가
➤ 후보지(지자체)에 거부권 있음.

7

3. 입지선정에 「성공」한 예(2)

➢ 스웨덴에서는 에스트한마르의 포르스트마르크로 결정(2009년)

➢ 단계적인 결정을 제도화

∵ 과학적 불확실성에의 대처

과학적 지견의 적시의 반영

8

4. 입지선정 중에 있는 예(1)

➢ 미국에서는 네바다주의 윳카마운틴으로 결정(1987년)

⇔ 현재는 예산 동결 · 수정

➢ 연방과 네바다주의 정치적 대립

➢ 과학적 불확실성에의 대처, 지자체 · 주민 등의 참가가 충분하지 않음.

9

4. 입지선정 중에 있는 예(2)

➢ 독일에서는 니더작센주의 고아레벤을 계속적으로 조사.

⇔ 현재는 단념, 재차 입지선정

➢ 「입지선정법」의 제정 · 시행

과학적 안전성, 투명성 · 공정성, 원인자부담원칙을 기초.

10

4. 입지선정 중에 있는 예(3)

➢ 고준위방사성폐기물처분위원회
⇨ 각계의 대표자, 준비적 제안

➢ 연방방사선방지청(BfS)
⇨ 입지선정절차의 신청자

➢ 연방핵기술처분청(BfE)
⇨ 입지선정절차의 감독기관.

11

4. 입지선정 중에 있는 예(4)

➢ 연방환경・자연보호・건설・원자로안전성(BMUB), 연방정부, 연방하원의원・상원의원의 관여

➢ 각 단계에서 공중이나 지자체의 참가

➢ 처분장의 설치・조업의 허가절차에서는 후보지의 적부는 심사대상 제외

12

5. 몇 가지 논점에 대하여(1)

➢ 최대의 과제는 입지선정
⇨ 합의형성, 사회적 수용성의 확보

➢ 미국(그리고 일본) 등의 「실패」
⇔ 핀란드나 독일에서의 민주적 절차의 정비・실천

13

5. 몇 가지 논점에 대하여(2)

➢ 과학적 불확실성에의 대처

⇨ 가역성(Reversibility)

⇨ 회수가능성(Retrievability)

➢ 스웨덴에서의 단계적 결정, 독일에서의 법률에 의한 결정

⇔ 가역성・회수가능성의 확보는 곤란 or 불가능?

14

5. 몇 가지 논점에 대하여(3)

➢ 국가와 사업자와의 역할분담

⇨ 최종처분의 확실한 실시

➢ 미국에서는 연방정부

⇔ 핀란드나 스웨덴에서는 사업자

⇔ 독일에서는 최종적으로 사업자

오후스조약과 원자력

토마스 · 쇼메루스(로이화나대학 교수)

오늘은 환경문제에 관한, 정보에 대한 액세스, 의사결정에서의 시민참가, 사법에의 액세스에 관한 조약(오후스조약)과 그 원자력과의 관련성에 대하여 말씀드릴 기회를 갖게 된 것에 감사드립니다.

저의 보고에서는 우선 오후스조약의 개요를 설명하고, 그런 다음, 동 조약의 3개의 기둥이 원자력에 어떻게 관련되는지에 대하여 소관위원회와 법원이 다룬 사안을 들면서 말씀드리겠습니다. 또한, 관련하는 유엔유럽경제위원회(UNECE)의 에스포조약에 대해서도 간단하게 소개하고, 결론을 말씀드리겠습니다.

1. 오후스조약의 개요

환경문제에 관한, 정보에 대한 액세스, 의사결정에서의 시민참가, 사법에의 액세스에 관한 조약(오후스조약)은 1998년 6월 25일에 채택되어, 2001년 10월 30일에 발효하였습니다. 이것은 1992년의 환경과 개발에 관한 리오선언을 연혁으로 하여, EU를 비롯한 47의 가맹국이 비준하였습니다.

코피 아난 전 유엔사무총장은 환경민주주의라는 표현을 만들어내고, 오후스조약과 환경권, 인권을 교묘하게 서로 연결시켰습니다. 이 조약에서는 시민, 특히 관심있는 시민, 그리고 공적 기관과의 사이의 상호작용이 다루어지고 있습니다. 그리고, 체약국회의, 워킹그룹, 태스크포스, 컴플라이언스위원회라는 조약의 주요한 기관에 의해서 여러 가지의 법적 논의, 정치적 과제 등이 다루어졌습니다. 이 조약은 UNECE 가맹국 이외의 국가에도 개방되어 있고, 예컨대 일본도 가맹하는 것이 가능합니다.

EU에서의 오후스조약의 실시에 대해서는 명확하게 3개의 기둥이 제시되고 있으며, 각각 3개의 레벨에서 기능하고 있습니다. 즉, UNECE(국제레벨), EU레벨, 그리고 국가의 레벨이라는 3개의 레벨이 있습니다. 여기에서는 예로서 독일을 들겠습니다. 3개의 기둥이 환경정보에의 액세스, 의사결정에서의 시민참가, 그리고 환경문제에 관한 사법에의 액세스입니다. 이러한 매트릭스로 됩니다만, 각각 오후스조약, EU지침, 또는 국내법의 의무가 대응합니다. 이처럼, EU가맹국에 대해서는 조약을 실시하는 위에, 이 조약 그 자체의 의무와 그리고 EU법하에서의 의무라고 하는 2개의 레벨의 의무가 발생합니다.(슬라이드 4 참조)

4

In the EU, the implementation of the Aarhus Convention consists of three pillars and three levels.

	I Access to Environmental Information	II Public Participation in Decision-Making	III Access to Justice in Environmental Matters
UNECE (Aarhus-Convention)-Level	Art. 4, 5, also 6	Art. 6 - 8	Art. 9, also 4 (7)
EU-Level	Directive 2003/4/EC (Env. Information Dir.)	Dir. 2003/35 EC (Publ. Participation Directive)	Dir. 2003/35 EC (not fully implemented)
National (German) Level	Environmental Information Act Freedom of Information Act	EIA-Act Federal Immission Control Act et al.	Act on Standing in Env. Matters (Umweltrechts-behelfsG)

Schomerus, Aarhus Convention and Nuclear Energy, Tokio 2016 07.09.2016 4

2. 환경정보에의 액세스

이 조약의 제1의 기둥에 대해서 원자력관련 정보도 환경정보의 정의 가운데에 들어갑니다. 우선 공적 기관은 환경정보를 보유하고 업데이트하여야 하고, 그리고, 정보를 적절하게 수집할 의무가 있습니다. 정보에 관한 의무의 내용으로서는 공적 기관에는 수동적인 의무 및 능동적인 의무의 양쪽이 있습니다. 수동적인 의무로서는 시민의 요청을 받아서 정보를 제공하여야 한다고 하는 것이 있습니다. 시민측은 청구하는 정보의 이해관계의 유무를 표명할 필요는 없고, 또한 요구되는 형식으로 즉 전자적 방법, 구두 또는 종이매체에 의해서 정보를 입수할 것이 확보되어야 합니다. 그 정보는 1개월 이내에 무료 또는 합리적인 요금으로 개시되어야 합니다. 능동적인 의무는 특정의 환경정보에 대해서는 가능한 한 전자적인 형태로 시민이 입수할 수 있도록 하여야 하는 것입니다. 전형적인 예로서는 인간의 건강 또는 환경에 대한 절박한 위협이 있는 경우, 예컨대 후쿠시마제1원전사고와 같은 경우입니다. 그러한 사태가 일어난 경우에는 관련정보를 지체없이 시민에 대해서 정보제공을 하여야 합니다. 또한, 시민참가절차에 관한 조약의 두 번째의 기둥 아래에서도 정보에 관련하는 의무가 있습니다. 오후스조약의 적절한 실시를 확보하기 위하여 심사절차가 있습니다. 이 점과 관련하여, 2009년의 UNECE 오염배출·이전등록에 관한 키에프의정서에 주목해주셨으면 합니다. 이 의정서는 EU와 34개국이 체결하였고, 국가 전체를 커버하는 일관된 오염배출·이전등록제도를 확립함을 통하여, 환경정보에 대한 시민의 액세스를 향상시킬 것을 체약국에게 요구하고 있습니다.

정보의 개시는 불개시이유에 의해서는 한정되는 경우가 있습니다. 개시청구에 의해서, 국제관계, 국방, 공안, 상업 및 산업정보의 비밀유지, 지적 재산권, 자연인에 관한 개인정보의 보호, 임의로 정보를 제공한 제3자의 이익의 보호에 관해 악영향을 미치는 일이 있어서는 안됩니다. 이것은 일종의 삼각관계를 발생시키는 경우가 있습니다. 예컨대, 일반시민이 환경정보의 개시를 공적 기관에 요구하고, 제3자가 공적 기관에게 정보제공을 한 경우, 당해 제3자가 상업 및 산업정보의 비밀유지를 이유로 하여 개시를 바라지 않기 때문에, 공적 기관은 정보개시를 거부하는 일이 있을지도 모릅니다. 실제로 독일에서 그러한 케이스가 있었습니다. 공적 기관은 정보개시를 거부한다고 하더라도, 그 경우에는 불개시이유는 한정적으로 해석되어야 하는 것, 개시함으로써 달성되는 공익도 검토하여야 하는 것(이른바 공익테스트), 환경에의 배출에 관한 정보는 개시되어야 하는 것에 유의할 필요가 있습니다.

2008년의 독일의 부른스뷧텔원전의 정보에 관한 사안이 이러한 관계를 잘 나타내고 있습니다. 행정법원은 원자력발전소의 과혹사고에 관한 정보의 개시에 관해서는 정보의 비밀유지에 관한 사업자의 이익을 상회하는 공익이 인정될 수 있다고 판시하고 있습니다. 동 원전에서는 1977년의 원자로 설치 이후 447건의 사고가 발생하고 있으며, 특히 2001년의 사고에서는 산수소폭발이 일어났습니다. 사업자는, 환경단체로부터의 정보개시청구에 대해 소관부처가 개시하는 것에 동의하지 않았습니다. 독일에서는 재판절차의 공개원칙에 의해 재판절차에서의 정보는 공개되기 때문에 연방행정법원은 정보가 공개되지 않도록 이른바 인카메라 절차를 실시할 필요가 있었습니다. 이러한 경우, 공익테스트에 의해서 정보의 비밀유지와 공개되는 것에 의한 공익의 어느 쪽이 우월하는지를 검토하게 됩니다. 그 결과, 청구된 정보는 개시되게 됩니다. 한편, 부른스뷧텔원전은 독일에서의 원자력의 단계적 폐지정책의 일환으로서 2007년에 운전이 정지되었습니다.

정보액세스에 관한 여러 가지의 신청이 오후스조약의 컴플라이언스위원회에서 다루어지고 있습니다. 그 하나의 예가 민스크원자력발전소입니다. 동 위원회는 벨라루시당국이 환경영향평가보고서의 전체판에 대한 액세스를 제한한 것을 인정하였습니다. 벨라루시는 원자력발전소담당의 입회하에서만 정보를 열람하는 것을 인정하고, 복사하는 것을 금지하였습니다. 또한, 100페이지의 환경영향평가서만을 공개하고, 그 외에 1,000페이지에 이르는 보고서의 전체판이 있었음을 정보제공하지 않은 것도 인정되었습니다. 또한 당국은 이 전체판을 검토할 충분한 시간을 가졌음에도 불구하고, 정보를 시민에게 제공하지 않았습니다.

다음의 신청의 예는 루마니아에서의 원자력발전소의 신설에 관한 것으로 루마니아 당국이 원자력발전소 신설의 제안의 의사결정과정에 관한 3건의 정보개시청구 중 2건에 응하고 있지 않다고 인정되었습니다. 입지후보지에 관한 정보를 시민에게 제공하고 있지 않고, 또한, 청구된 정보를 불개시로 한 것에 대하여 충분한 이유를 제시하지 않았습니다. 이에 더하여, 당국은 2007년의 에너지전략안의 주지, 의견제출을 위한 충분한 시간을 확보하지 않았습니다.

세 번째 신청의 예는 「테라 프로젝트」라고 불리는 헝가리의 팍슈원자력발전소의 운전기간 연장에 관한 것입니다. 당국은 정보 및 자료에 대한 액세스를 적시에 인정하지 않고, 또한 환경정책의 제안에 관해 중요하고 관련있는 사실 및 분석결과에 대해 공표하지 않았습니다.

3. 의사결정에서의 시민참가

오후스조약의 두 번째의 기둥인 의사결정에서의 시민참가는 환경영향평가 및 전략적 환경어세스먼트에 밀접하게 관련하고 있습니다. 이것은 원자력발전소를 포함하여, 특정의 활동에 관한 의사결정에의 시민참가에 적용됩니다. 예컨대, 해체나 폐로, 사용완료연료의 재처리, 핵연료의 가공·농축, 사용완료연료와 고준위방사성폐기물의 처분, 사용완료연료와 방사성폐기물의 최종처분, 사용완료연료와 방사성폐기물을 발생시킨 사이트 외에서 저장할 것을 대상으로 합니다. 또한, 국내법에서 환경영향평가에 대한 시민참가가 규정되어 있는 모든 활동에 적용됩니다.

또한, 부속서 1에서 들고 있지 않은 활동에 대해서도 환경에 대해 중대한 영향을 미칠 수 있는 활동과 환경에 관한 계획, 실시계획 및 정책에 적용됩니다. 투명성·공평성이 확보된 체계에서 시민이 참가하는 것이 가능하게 되도록 적절하고 실천적인 제도에 대해서도 규정하고 있습니다. 나아가, 이 두 번째의 기둥은 환경에 중대한 영향을 미치는 법률·행정규칙에 대해서 적용되고, 시민참가가 적절하고 아직 선택이 가능한 단계에서 행하여질 것을 요구하고 있습니다.

효과적인 시민참가에 대해서는 오후스조약 제6조의 일곱 개의 스텝을 준수할 것이 중요합니다. 이것들은 조기·충분 그리고 효과적인 통지, 모든 선택지가 남겨져 있는 단계에서의 조기의 시민참가, 합리적인 스케쥴, 모든 관련된 정보에의 액세스, 코멘트를 제출하고 그것이 고려될 기회의 확보, 시민참가의 결과에 대한 충분한 고려, 의사결정에 대한 조기의 통지, 사업의 조건이 재검토·변경된 경우에 이들 스텝을 재차 행할 것을 가리키고 있습니다.

오후스조약 제6조의 시민참가에 대하여 특히 국경을 넘는 시민참가에 관해서 신청이 이루어지고 있습니다. 그 하나가 영국에서의 힝크리포인트의 두 개의 원자로의 건설계획에 관한 것입니다. 최초의 케이스는 독일의 시민이 국경을 넘는 환경영향평가에 참가할 기회를 확보해야 한다고 하여 독일을 상대로 하는 신청을 함과 함께, 동일한 신청을 영국에 대해서도 한 것입니다. 또 하나는 체코의 테메린원자력발전소에 관한 것입니다. 이것은 독일의 시민이 체코의 시민과 동일한 형태로 의사결정에 참가할 수 없었던 것에 대한 신청입니다. 이 두 개의 사안 모두는 아직 계속중입니다.

4. 환경문제에 관한 사법에의 액세스

오후스조약의 세 개의 기둥은 사법에의 액세스입니다. 체약국은 법원 또는 법에 의해 설치된 독립적이고 중립의 기관 하에서의 심리절차의 액세스를 보장하여야 합니다. 이것은 정보의 개시청구에 대한 불개시에 대해서도 인정되어야 합니다. 또한, 법원에의 액세스의 비용은 저렴한 요금 또는 무료여야 합니다. 관심있는 시민은 모든 의사결정, 의사결정에 관련된 작위 및 부작위의 적법성에 대해서 소를 제기할 수 있어야 합니다.

원고적격의 요건은 충분한 이해관계 또는 체약국의 행정소송법이 요건으로 하고 있는 경우에는 권리침해를 입증하는 것으로 되어 있습니다. 환경에 관한 국내법에 위반하는 사인 또는 공적 기관에 의한 작위 또는 부작위에 관해서 시민은 사법에의 액세스가 인정됩니다만, 다만, 이것은「국내법으로 규정하고 있는 요건이 있는 경우에는 그 요건에 합치하는 경우」에 한정되고 있습니다. 이 예로서는 슬로바키아의 모쇼후크원자력발전소의 예가 있습니다. 슬로바키아·브라운베어판결로 불리는 유럽연합사법재판소의 판결 후, 슬로바키아는 원자력법 하에서의 환경소송에 관한 당사자적격을 시민에게 인정하였습니다. 슬로바키아·브라운베어판결에 의하면, 유럽연합사법재판소는 오후스조약 제9조 제3항의 목적에 따라서 국내법원은 국내법을 해석하여야 한다고 판시하고 있습니다. 그리고, 어떤 조직이 EU법에 위반하는 것과 같은 판단에 대한 소송을 청구하는 경우에는 효과적인 사법의 보호를 제공하여야 한다고 되어 있습니다.

5. 에스포조약의 개요

환경영향평가에 관한 에스포조약(에스포조약)은 오후스조약을 보완하고, 원자력에 관한 사업계획에도 적용됩니다. 이것은 핀란드의 에스포에서 1991년에 채택되어 1997년에 발효하였습니다. 동 조약은 EU 및 44개국에 의해서 체결되었습니다. UNECE는 원자력에 관련한 활동에 대한 동 조약에 대해서 우수한 실천에 관한 권고를 하고 있습니다. 이것은 환경영향평가와 관련된 것으로서 중대사고로 인해 일어날 가능성이 있는 중요한 영향, 시민참가, 협의, 수집된 정보의 검증, 최종적인 의사결정에 관한 기술 및 사후의 사업평가에 관한 것입니다.

6. 결론

그럼, 마지막으로 결론을 말씀드리겠습니다.

- 오후스조약의 세 개의 기둥은 모든 원자력활동에도 적용됩니다. 건설 및 운전에 관한 계획부터 방사성폐기물의 최종처분에 이르기까지의 원자력활동의 모든 단계에서 오후스조약의 세 개의 기둥이 세 개의 레벨 모두에서 적용됩니다.
- 원자력활동에 관련되는 커다란 사고·사안이 있었던 경우에는 공적 기관이 보유하는 정보로서 그러한 위협으로 인한 위해를 방지·완화하기 위하여 시민이 취하는 수단에 이바지하는 모든 것은 지체없이 영향을 받는 시민에 대해서 전달되어야 합니다.
- UNECE는 워킹그룹과 태스크포스, 컴플라이언스위원회라고 한 조약기관과 오후스크리어링하우스, 굿프랙티스온라인데이터베이스, 판례데이터베이스를 통하여 유익한 서포트를 행하고, 오후스조약의 존재감을 높이고 있습니다.
- 컴플라이언스위원회가 다루어온 케이스 중에서는 원자력활동에 관련하는 것도 있습니다.
- 오후스조약은 UNECE 가맹국 이외에도 참가할 수 있습니다. 예컨대, 러시아나 일본 등 보다 다수의 국가가 참가함으로써 이 조약의 존재감을 높일 수 있다고 생각합니다.

1

LEUPHANA
UNIVERSITÄT LÜNEBURG

Aarhus Convention and Nuclear Energy

Prof. Dr. Thomas Schomerus

Symposium

Fukushima Nuclear Power Plant Accident - Law and Policy
Hitotsubashi University
Tokyo, 24-25 September 2016

2

Agenda

Aarhus Convention – an overview
Nuclear Activities and the three pillars of the Aarhus Convention
The role of the Espoo-Convention
Conclusions

UNECE
INFORMATION PARTICIPATION JUSTICE
AARHUS CONVENTION
for our environment

Schomerus, Aarhus Convention and Nuclear Energy, Tokio 2016 07.09.2016 2

3

The Aarhus Convention on Access to Information, Public Participation in Decision-making and Access to Justice in Environmental Matters was adopted on 25th June 1998 and entered into force 30th October 2001.

- Origin: Art. 10, 17 & 19 Rio Declaration
- 47 parties, including EU
- „Environmental Democracy" – linking environmental & human rights
- Interactions between the "Public", "Public Concerned" and "Public Authorities"
- Convention Bodies, such as
  - Meeting of the Parties
  - Working Group
  - Task Forces
  - Compliance Committee (ACCC)
- Open to non-ECE countries:

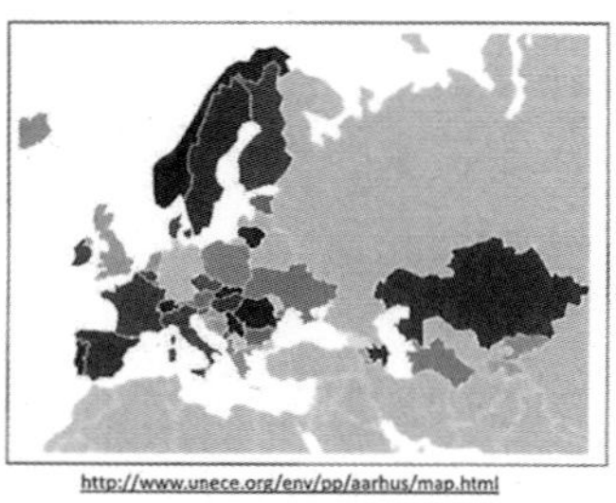

http://www.unece.org/env/pp/aarhus/map.html

Art. 19 (3) AC:
Any other State, ..., that is a Member of the United Nations may accede to the Convention upon approval by the Meeting of the Parties.

Schomerus, Aarhus Convention and Nuclear Energy, Tokio 2016 07.09.2016 3

4

In the EU, the implementation of the Aarhus Convention consists of three pillars and three levels.

	I Access to Environmental Information	II Public Participation in Decision-Making	III Access to Justice in Environmental Matters
UNECE (Aarhus-Convention)-Level	Art. 4, 5, also 6	Art. 6 - 8	Art. 9, also 4 (7)
EU-Level	Directive 2003/4/EC (Env. Information Dir.)	Dir. 2003/35 EC (Publ. Participation Directive)	Dir. 2003/35 EC (not fully implemented)
National (German) Level	Environmental Information Act Freedom of Information Act	EIA-Act Federal Immission Control Act et al.	Act on Standing in Env. Matters (Umweltrechts-behelfsG)

Schomerus, Aarhus Convention and Nuclear Energy, Tokio 2016 07.09.2016 4

5

Regarding the first pillar, information on nuclear issues falls under the definition of environmental information.

- Public authorities must
  - possess and update environmental information (Art. 5 (1) a AC)
  - obligation to collect information (Art. 5 (1) b AC)
- **Passive obligation**: information must be given to the public upon request (Art. 4 (1) AC)
  - No interest to be stated
  - Generally, in the form requested
  - Within one month
  - Free of charge or at a reasonable charge
- **Active obligation**: dissemination of env. information
  - Available in electronic form

Art. 5 (1) (c) AC: In the event of **any imminent threat to human health or the environment**, whether caused by human activities or due to natural causes, all information which could enable the public to take measures to prevent or mitigate harm arising from the threat and is held by a public authority is **disseminated immediately and without delay** to members of the public who may be affected.

- Information within **public participation procedure** (Art. 6 (2), (6), 7 & 8 AC)

Art. 2 (3) AC:
(b) Factors, such as substances, energy, noise and **radiation**, and activities or measures, including administrative measures,...
(c) The **state of human health and safety**, conditions of human life, cultural sites and built structures, inasmuch as they are or may be affected by the state of the elements of the environment or, through these elements, by the factors, activities or measures referred to in subparagraph (b) above;

Pollution Release and Transfer Register Protocol

Review procedures, Art. 4 (7) & 9 AC

Schomerus, Aarhus Convention and Nuclear Energy, Tokio 2016 07.09.2016 5

6

Disclosure of information is limited by grounds for refusal.

- Disclosure shall not adversely affect, inter alia
  - International relations, national defence or public security
  - **Confidentiality of commercial and industrial information**
  - **Intellectual property rights**
  - Confidentiality of personal data and/or files relating to a natural person
  - Interests of a third party which has supplied the information voluntarily
- However,
  - Grounds for refusal shall be interpreted in a **restrictive way**
  - **Public interest** on disclosure must be taken into account
  - Information on **emissions** shall be disclosed

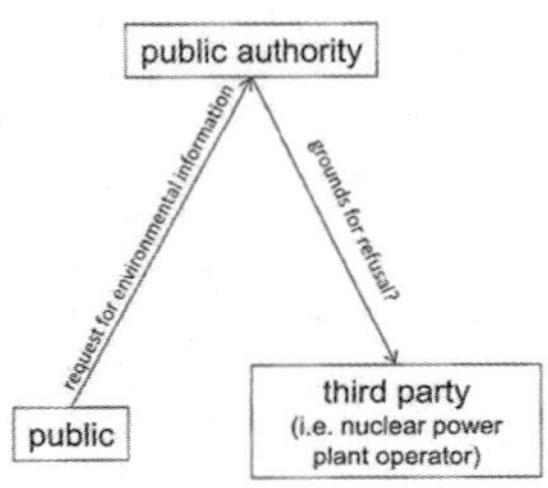

Art. 4 (4) AC:
The aforementioned grounds for refusal shall be **interpreted in a restrictive way,** taking into account the **public interest** served by disclosure and taking into account whether the information requested relates to **emissions into the environment**.

Schomerus, Aarhus Convention and Nuclear Energy, Tokio 2016 07.09.2016 6

7

In the German Brunsbüttel-case from 2008, administrative courts decided that public interest for disclosing information on a severe incident in a nuclear power plant may prevail over operator´s interest in confidentiality of such information.

- **447 incidents** since installation in 1977
- Incident of 2001: **Oxyhydrogen-explosion**
- Operator **denied access** to information requested by environmental association to be disclosed by competent ministry
- Federal Administration Court: **in-camera procedure** (BVerwGE 130, 236-252)
- **Public interest test**: weighing up between confidentiality of information and public interest on disclosure
- As part of German nuclear power phase-out, nuclear power plant was taken **out of service in 2007.**

Brunsbüttel NPP

https://de.wikipedia.org/wiki/Kernkraftwerk_Brunsb%C3%BCttel

Schomerus, Aarhus Convention and Nuclear Energy, Tokio 2016 07.09.2016 7

8

Several complaints regarding access to information were dealt with by the Aarhus Convention Compliance Committee (ACCC).

- **Compliance by Belarus – Minsk Nuclear Power Station (ACCC/C/2009/44)**
  - **restricting access** to full version of **EIA Report** to the premises of the Directorate of the NPP in Minsk only, and by not allowing any copies to be made **(Art. 4 (1) AC)**
  - **not duly informing** the public that, in addition to the publicly available 100-page EIA report, there was a full, more than 1,000 pages long, version of the EIA Report **(Art. 6 (6) AC)**
  - **not informing** the public in due time of the possibility of examining the full EIA Report **(Art. 6 (2) AC)**
- **Compliance by Romania – construction of new NPP (ACCC/C/2010/51)**
  - **not responding** at all to two of the three **information requests** submitted by the communicant in relation to the decision-making process regarding the proposed construction of a new NPP **(Art. 4 (1) AC)**
  - **not ensuring** that the requested information regarding the possible locations for the NPP was made available to the public, and by not adequately justifying its **refusal** to disclose the requested information under one of the grounds set out in Art. 4 (4) AC **(Art. 4 (3), (4) & (7) AC)**
  - **not providing sufficient time** for the public to become acquainted with the draft 2007 Energy Strategy and to submit comments **(Art. 4 (3) AC)**
- **Compliance by Hungary – allegations regarding extension of Paks NPP, so-called "Teller-Project" (ACCC/C/2014/105)**
  - **delaying** access to information and material in the course of completion **(Art. 4 (2) & (3) c AC)**
  - **not publishing** the facts and analyses of facts considered relevant and important for framing major environmental policy proposals **(Art. 5 (7) AC)**

Source: UNECE, Aarhus Convention: Application to Nuclear Activities, OECD NEA Law Committee, Paris, 24 March 2016 (Presentation)

Schomerus, Aarhus Convention and Nuclear Energy, Tokio 2016 07.09.2016 8

9

The second pillar of the Aarhus Convention on public participation in decision-making is closely connected to Environmental Impact Assessment (EIA) and Strategic Environmental Assessment (SEA).

- **Public participation in decisions on specific activities (Art. 6 (1) a & annex 1 AC)**
  - **NPPs, including dismantling or decommissioning** (except research installations which do not exceed 1 kW continuous thermal load)
  - **reprocessing of irradiated nuclear fuel;**
  - production or **enrichment of nuclear fuel**; processing of **irradiated nuclear fuel or high-level radioactive waste**; **final disposal** of irradiated nuclear fuel; solely for the final disposal of radioactive waste; solely for the **storage** (planned for more than 10 years) of irradiated nuclear fuels or radioactive waste in a different site than the production site.
  - **any activity** where public participation is provided for under an EIA in accordance with national legislation
  - **any change to or extension of** activities beyond criteria/thresholds set out in annex 1
- **Activities not listed in annex I which may have a significant effect on the environment**
- **Plans, programmes & policies relating to the environment (Art. 7 AC)**
  - **appropriate practical and/or other provisions** for the public to participate within a **transparent and fair framework**
- **Executive regulations and law that may have a significant effect on the environment (Art. 8 AC)**
  - public participation at an **appropriate stage, and while options are still open**
- See also the UNECE-"**Maastricht Recommendations** on Promoting Effective Public Participation in Decision-making in Environmental Matters" and the "**Almaty Guidelines**"

Schomerus, Aarhus Convention and Nuclear Energy, Tokio 2016 07.09.2016 9

10

Effective public participation depends on exact compliance with the seven steps of Art. 6 Aarhus Convention.

1. early, adequate & effective notice 6 (2) AC → **2.** early public participation, while all options are open, & reasonable time frames 6 (4) & (5) AC → **3.** access to all relevant information 6 (6) AC → **4.** opportunity to comment & be heard 6 (7) AC → **5.** due account to be taken of public participation 6 (8) AC → **6.** prompt notice of decision 6 (9) AC → **7.** if operating conditions reconsidered or updated, above steps should be repeated, as appropiate 6 (10) AC

Schomerus, Aarhus Convention and Nuclear Energy, Tokio 2016 07.09.2016 10

11

Allegations were made regarding public participation under Art. 6 Aarhus Convention, especially concerning transboundary public participation.

- **Proposed construction of two reactors at Hinkley Point, UK:**
  - Allegation against Germany: German public should have been given participation in transboundary EIA-procedure – Art. 3 (9) AC (ACCC/C/2013/92)
  - Comparable allegation against UK (ACCC/C/2013/91)
  - Still pending
- **Temelin NPP in Czech Republic (ACCC/C/2012/71)**
  - Allegations: members of public in Germany could not participate in decision-making procedure in the same way as members of the public from Czech Republic
  - Still pending

Hinkley Point (planned)

http://static.independent.co.uk/s3fs-public/styles/article_large/public/thumbnails/image/2016/03/07/22/11-hinkley-point-pa.jpg

Temelin

https://www.cez.cz/de/kraftwerke-und-umwelt/kernkraftwerke/temelin/der-uberlegte-fertigbau-vom-kkw-temelin/grundinformationen.html

Schomerus, Aarhus Convention and Nuclear Energy, Tokio 2016 07.09.2016 11

12

The Aarhus Convention´s third pillar constitutes access to justice. Parties must provide access to a review procedure before a court of law or another independent and impartial body established by law.

- **Refusals to provide requested information (Art. 9 (1) AC)**
  - free of charge or inexpensive
- **Public concerned may challenge legality of any decision, acts or omissions related to decision-making (Art. 9 (2) AC)**
  - having a sufficient interest or, alternatively,
  - maintaining impairment of a right, where the administrative procedural law of a Party requires this as a precondition
- **Acts or omissions by private persons or public authorities which contravene national law relating to the environment (Art. 9 (3) AC)**
  - only "where they meet the criteria, if any, laid down in its national law,..."
- **Example: allegation regarding Mochovce NPP, Slovakia (ACCC/C/2013/89)**
  - subsequent to Slovak Brown Bear decision by the Court of Justice of the European Union (C-240/09), Slovakia granted **standing to the public concerned** in environmental proceedings included such falling under the **Nuclear Act**
  - ECJ, **Slovak Brown Bear decision**: national courts must interpret their national law in accordance with the objectives of Art. 9 (3) AC and provide effective judicial protection of the rights conferred by Union law, so as to enable an organisation to challenge a decision taken following administrative proceedings liable to be contrary to Union law.

Art. 9 (2) subpara 3 AC: What constitutes a **sufficient interest** and impairment of a right shall be determined in accordance with the requirements of national law and consistently with the objective of giving the public concerned wide access to justice within the scope of this Convention. To this end, the **interest of any non-governmental organization** meeting the requirements referred to in article 2, paragraph 5, **shall be deemed sufficient** for the purpose of subparagraph (a) above.

Schomerus, Aarhus Convention and Nuclear Energy, Tokio 2016 07.09.2016 12

13

The Convention on Environmental Impact Assessment in a Transboundary Context (Espoo Convention) complements the Aarhus-Convention and also applies to nuclear energy-related projects.

- **Signed in Espoo, Finland, 1991, entered into force 1997**
- **44 states plus EU**
- **UN ECE, 2015: Good practice recommendations on the application of the Convention to nuclear energy-related activities**
  - Environmental impact assessment documentation, i.e. description of the potential significant impacts of major accidents
  - Public participation
  - Consultations
  - Examination of the information gathered and final decision
  - Post-project analysis

http://www.unece.org/fileadmin/DAM/env/documents/2015/EIA/WG/ECE_MP.EIA_WG.2_2015_3_E.pdf

http://www.unece.org:8080/fileadmin/DAM/env/eia/guidance/transp.html

Article 2

GENERAL PROVISIONS

1. The Parties shall, either individually or jointly, take all appropriate and effective measures to prevent, reduce and control significant adverse transboundary environmental impact from proposed activities.

14

Conclusions

- All three pillars of the Aarhus Convention apply to **all nuclear activities**, and deal from the planning over construction and operation to the final depositing of nuclear waste on three levels.
- In the event of any major **incident or accident in connection with nuclear activities**, all information which could enable the public to take measures to prevent or mitigate harm arising from such a threat and which is held by a public authority must be disseminated immediately and without delay to those members of the public who may be affected.
- The UNECE provides excellent **support** through convention bodies such as Working Groups, Task Forces or the Compliance Committee, as well as through the Aarhus Clearinghouse, the Good Practice online database and the jurisprudence database, making the Aarhus Convention an assertive international treaty.
- Several **cases and findings of the Compliance Committee** deal with nuclear activities.
- The Aarhus Convention is **open to non-ECE countries**. More parties, including states such as Russia or Japan, would strengthen the convention´s assertiveness.

15

Selection of Sources

- **Jonas Ebbesson,** The Aarhus Convention in the nuclear domain, 2013 (Presentation) (http://www.eu2013.lt/uploads/documents/Prezentacijos_ASEM/Jonas%20Ebbesson.pdf)
- **Jan Haverkamp/Greenpeace**, Priorities for Implementation of the Aarhus Convention in the Nuclear Sector, 2013 (https://www.unece.org/fileadmin/DAM/env/pp/ppdm/4th_PPDM/Jan_Haverkamp_Greenpeace.pdf)
- **Thomas Schomerus**, Informationsansprüche im Atom- und Strahlenschutzrecht, Bundesamt für Strahlenschutz, 2010 (https://doris.bfs.de/jspui/bitstream/urn:nbn:de:0221-201011233819/3/BfS_2010_3608S70001.pdf)
- **Borut Stražišar/Metka Kralj**, The Aarhus convention in the nuclear sector—right to information versus nonproliferation?, J. Radiol. Prot. 36 (2016) p 160–174 (http://www.ncbi.nlm.nih.gov/pubmed/27269448)
- **UNECE**, Aarhus Convention: Application to Nuclear Activities, OECD NEA Law Committee, Paris, 24 March 2016 (Presentation)
- **UNECE**, The Aarhus Convention - An Implementation Guide, second edition, 2014 (http://www.unece.org/env/pp/implementation_guide.html)

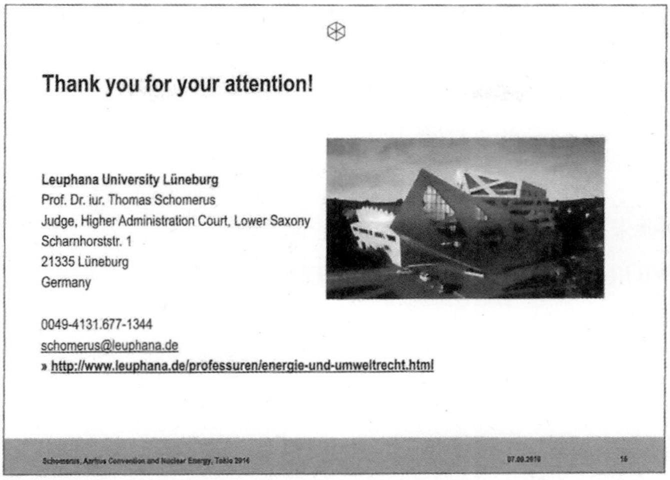
Thank you for your attention!
Leuphana University Lüneburg
Prof. Dr. iur. Thomas Schomerus
Judge, Higher Administration Court, Lower Saxony
Scharnhorststr. 1
21335 Lüneburg
Germany
0049-4131.677-1344
schomerus@leuphana.de
» http://www.leuphana.de/professuren/energie-und-umweltrecht.html
16

패널디스커션

주민참가, 리스크커뮤니케이션

● 패널리스트

오리 아케미(織朱實)(죠치대학 교수)

가와이 도시키(川合敏樹)(고쿠가쿠인대학(國學院大學) 준교수)

토마스 · 쇼메루스(로이화나대학 교수)

● 코디네이터

다카하시 시게루(히토츠바시대학 교수)

다카하시 시게루 : 그럼, 세션 2의 패널디스커션을 시작하겠습니다. 제가 코디네이터를 맡겠습니다. 먼저, 사과와 양해를 구하겠습니다. 이 세션 2의 테마인, 오리 선생님과 가와이 선생님이 말씀하신 고준위방사성폐기물의 처분문제에 대해서는 담당이 경제산업성으로 되어 있습니다. 그리고, 저는 경제산업성에 설치된, 이 문제에 관한 어드바이저리 커미션의 위원이었습니다만, 사정의 변화가 있어서 지난 달 초에 위원장에 취임하였습니다.

따라서, 위원장으로서 위원회의 총괄에 책임을 가지는 입장에 있기 때문에, 이 장소에서는 정부의 입장이 문제가 되었을 때에는 설명할 책임을 지게 되었습니다. 사회라고 하는 입장과 정부의 자세가 논의의 대상으로 되었을 때에는 정부의 입장을 설명할 책무를 가진다고 하는 두 개의 입장에서 발언할 것을 미리 양해를 구합니다.

그리고, 약간 정리를 하겠습니다만, 이 세션은 고준위방사성폐기물의 처분문제를 주된 테마로 하여, 일본의 리스크커뮤니케이션의 방식을 생각하는 것을 내용으로 하고 있습니다. 그 전제로서 오리 선생님의 보고에 있었던 것처럼 일본에는 고준위방사성폐기물의 처분법(특정방사성폐기물의최종처분에관한법률)이라는 특별한 법률이 있습니다.

일본에는 각종 사업법이 있습니다만, 이들

사업법과 비교하면, 유니크한 내용적으로 앞선 법률입니다. 오리 선생님의 보고에 있었던 것처럼, 투명성을 확보하면서 단계적 프로세스를 밟아서 하나하나 단계를 거치면서 최종처분을 향해서 추진해간다고 하는 대단히 투명성과 민의를 중시한 법률로서, 가와이 선생님의 소개에 있었던 독일의 입지선정법에도 일본의 이 법률이 영향을 주었다고 말씀하셨습니다.

다음으로, 이 법률의 시행에 임해서는 투명성과 공평성을 확보한다고 하는 기본적 스탠스가 있기 때문에, 당초, 운용에 대해서는 국가가 전면에 나서지 않을 방침을 취하고 있었습니다. 국가가 전면에 나서면 반발이 일어나기 때문에, 입지를 바라는 지자체가 스스로 손을 드는 것을 기다린다고 하는 형태를 취했었던 것입니다. 오리 선생님이 소개하셨던 것처럼, 고치현(高知県) 도요쵸(東洋町)의 사례에서는 손을 든 지자체와 사업자가 비판의 대상이 되고, 국가가 아무 것도 하지 않았다고 하는 비판을 받게 되었습니다. 그래서, 이 점의 반성에 서서, 국가가 과학적으로 보다 바람직한 지역을 제시하는 것과 동시에 국가가 신청을 하는 것도 배제하지 않는다고 하는, 국가가 어느 정도 전면에 나선다고 하는 기본방침이 채용되기에 이르렀습니다.

더욱이 가와이 선생님의 보고에도 있었습니다만, 가역성과 회수가능성을 확보해서 입지를 추진하는 것을 정부의 각의결정에서 결정한다고 하는 형태로 법제적으로 담보가 이루어지게 되었습니다.

제3자성의 시점에 대해서는 현재 제가 참가하고 있는 경제산업성의 어드바이저리 커미티가 사업주체인 NUMO와 경제산업성의 활동을 컨트롤・감시하고 있습니다. 나아가서는 제3자기관으로서 일본에 존재하고 있는 원자력위원회의 전문부회의 평가를 받는 형태로 제3자에 의한 통제도 일정 정도는 담보되어 있는 체계로 되어 있습니다.

그 전제에서 더욱 리스크커뮤니케이션을 어떻게 해갈 것인가라는 시점이 오늘날의 과제로 되어 있다고 생각합니다. 이상의 시스템을 전제로 하여, 오늘 쇼메루스 선생님으로부터 지금 오후스조약의 이야기가 소개되었습니다. 그러나, 일본은 아시는 바와 같이 오후스조약에 가맹하고 있지 않습니다. 그러나, 오후스조약이 요구하는 과제에 대하여 소개된 여러 가지 시점에 관련된 조치는 그 나름대로 진행되고 있는 것으로 생각합니다. 물론 그렇지 않은 부분도 있습니다. 그러한 의미에서 오후스조약에서 요구되는 레벨에 비추어서 현재 테마로 되어 있는 일본의 고준위방사성폐기물에 대하여 어떻게 평가될 것인가라는 점에 대해 우선 코멘트를 해주십시오. 쇼메루스 선생님 어떻게 생각하십니까.

토마스 쇼메루스 : 흥미로운 질문 대단히 감사합니다. 일본의 상황에 대해서는 상세히 알지 못하기 때문에 코멘트할 수 없습니다만, 독일에 대해서 말씀드리겠습니다.

독일에서는 방사성폐기물의 최종처분의 방법에 관한 장기의 논의가 계속되고 있습니다. 여기에서는 세 개의 지명을 들겠습니다. 우선, 고아레벤으로 독일에서의 원자력 및 그 문제의 상징적인 존재로 되어 있습니다. 여기는 고준위방사성폐기물의 처분장으로서 1970년대에 선정되었습니다만, 새로운 독일의 입지선정법(Standortauswahlgesetz) 하에서는 최적의 옵션으로는 생각되지 않습니다.

또 하나의 중요한 이름은 앗세로, 여기는 20만 t의 방사성폐기물이 불법 폐기되어온 위법한 방사성폐기물처분장입니다.

세 번째는 콘라드로, 여기는 독일에서는 유일하게 정부의 허가를 얻고 있는 사이트입니다만, 저중준위의 방사성폐기물에 대해서만 인정되고 있습니다.

독일에서의 입지선정프로세스는 대단히 복잡합니다. 입지선정법에서는 섹션 1에서 100만 년간의 안전확보가 필요하다고 규정되어 있습니다. 이 모든 절차에서 시민참가가 대단히 중요하게 되고 있습니다. 예컨대, 이 법률에서는 몇 개의 위원회가 설치되어 있습니다. 하나는 고준위방사성폐기물의 입지선정절차의 기준을 책정하는 것을 목적으로 하는 것입니다. 이 위원회는 1회 째의 보고서를 막 제출하였습니다만, 이에 대해서는 1인의 NGO 대표자로부터 반대의 투표가 있었습니다.

이 이외에는 예컨대 선정절차에 수반하는 국가의 위원회가 있고, 공청회 등의 개최가 예정되어 있어서, 어느 지역에서 처분할 것인지를 결정할 때에는 일반공중의 참가가 예정되어 있습니다. 선정된 사이트가 방사성폐기물처분장으로 준비가능하기 까지의 절차에는 30년 이상 걸린다고 생각됩니다. 현재 있는 방사성폐기물의 최종처분장이 결정되는 것은 상당히 나중의 일이 됩니다.

또한, 시민참가는 대단히 중요한 역할을 수행하고 있다는 것을 지적해두고 싶습니다. 이들 위원회에서는 앞에서 보고자 한 분이 말씀하신 것처럼, NGO도 참가하고 있습니다.

NGO라고 하는 것은 약간 미묘한 입장에 있어서, 독일의 NGO는 방사성폐기물의 처분에는 대단히 소극적입니다. 이러한 단체는 이러한 절차에 참가함으로써 휩쓸려 들어가는 것이 아닌가하는 생각을 가지고 있습니다. 그러나, 최종적으로는 NGO가 참가하도록 되었습니다. 시민참가, 특히 NGO의 참가는 독일의 절차에서 대단히 어려운 과제로 되어 있습니다. 감사합니다.

다카하시 시게루 : 지금 코멘트에 대응해서 독일에 대해서 연구해오신 가와이 씨 코멘트가 있다면 말씀해주시면 좋겠습니다. 어떻게 생각합니까.

가와이 도시키 : 지금의 질문에 대한 저의 코멘트로서 충분할지 여부는 알 수 없습니다만,

저의 보고 중에서 마지막 쪽에 독일의 사례를 들고, 앞에서 쇼메루스 선생님으로부터도 더욱 상세하게 설명해주셨기 때문에 독일에 대해서 간단한 코멘트를 하겠습니다.

보고 중에서도 약간 말한 대로, 역시 고준위의 방사성폐기물의 최종처분이라고 하는 것은 초장기적인 기간을 요하는 것으로 됩니다. 물론, 그만큼 이번 세션의 테마인 리스크커뮤니케이션과 참가 등의 문제가 중요하다는 것은 주지한 바대로입니다.

그럼, 앞에서 오리 선생님의 보고의 마지막에도 있었습니다만, 구체적으로 어떠한 체계와 제도를 사용할 것인지 또는 어떠한 액터가 그것을 끌어갈 것인지라는 것이 특히 중요하게 됩니다.

저의 보고 중에도 있었습니다만, 특히 독일의 체계의 특징으로서는 예컨대 법률 · 법규명령의 레벨에서 하나씩 결정사항을 굳혀간다는 것이 들어질 수 있다고 생각합니다. 역시 그것은 민주적인 정당성을 확보한다, 투명성, 공정성을 확보한다고 하는 것이 가장 커다란 노림이라고 생각합니다.

더욱이 앞에서도 약간 말하였습니다만, 초장기적인 스팬으로 고준위방사성폐기물의 처분을 생각하여야 한다는 것으로서, 역시 국가가 전면에 나설 필요가 있는 것이 아닐까 생각합니다. 그 점에서 독일의 제도 등은 연방의 관청이 리더십을 가지고 감독절차를 한다든지 또는 실시하고 있다는 것을 우선 하나 지적할 수 있는 것이 아닐까 생각합니다.

독일의 현재의 입지선정법의 제정 전의 단계에서는 일본의 NUMO와 같은 단체를 만들어, 그것이 실시주체로 된다고 하는 것도 듣고 있기 때문에, 이번 독일의 입지선정법에서는 그것을 개정하였다고 하는 것으로서 국가가 전면에 나설 필요가 의식되었던 것이 아닐까라고 느끼는 바입니다.

따라서, 국가가 전면에 나서면서 일정한 리더십을 취하면서 관계하는 여러 액터를 그 때마다 프로세스에 참가시켜서 투명성 · 공정성을 확보하고, 결정사항을 법률이나 법규명령의 레벨에서 규정한다는 점이 독일의 입지선정절차에서 가장 중시되고 있는 것이 아닐까 생각하는 바입니다.

질문에 대한 회답으로서 충분한지 여부는 알 수 없습니다만, 독일에 대해서 저의 간단한 코멘트로 하겠습니다.

다카하시 시게루 : 감사합니다. 그럼, 오리 선생님, 관련해서 코멘트가 있으면 부탁드리겠습니다.

오리 아케미 : 방금 쇼메루스 선생님이 말씀하신 법률 제1조 중에 100만년의 안전성을 보증한다고 하는 말이 있다는 것은 일본으로서는 상당히 대담하다고 할까, 어디가 그러한 것을

정해서 누가 결정할 수 있는 것일까라는 소박한 의문이 나옵니다.

일본의 입지의 문제에 관해서도 장기간의 안전성을 어떻게 확보해갈 수 있는지 저희들이 100만년 후의 일에 대해서 어떻게 관계해갈 수 있는지는 항상 논의로 되고 있습니다. 예컨대, 독일과 같이 법률의 제1조 가운데 안전성을 보증한다고 하는 일문을 넣으면 주민은 안심해서 후보지선정을 할 수 있는 것일까, 또는 일본과 같은 계획의 형태로 하는 편이 좋지 않을까하는 것은 논의가 나뉘는 것이 아닐까 생각합니다.

나아가 하나 더, NGO의 참가가 대단히 복잡한 문제를 품고 있다고 하는 이야기를 말씀하였습니다만, 일본에서는 일반시민이 이 입지선정프로세스에 주민참가라는 형태로 참가하는 것에는 어려운 점이 있습니다. 예컨대, 그것에 참가한 것만으로도 반대파 또는 찬성파로 보인다고 하는 것과 같이 색깔이 붙어버리기 때문에 현상으로서는 좀처럼 참가할 수 없는 것이 아닐까 생각합니다.

따라서, 국민적인 논의로서 지금까지 저희들이 원자력에너지를 사용함으로써 발생하고 있는 고준위방사성폐기물을 이대로 방치해야 할 것인지, 또는 리스크관리로써 지층처분으로 하여 관리를 해갈 것인지에 대해서 전 국민이 모름지기 같은 이익을 공유하고 있는 것이다, 같은 문제에 직면하고 있는 것이라는 토대가 없으면, 하나의 지역 중에서 반대파, 찬성파라는 색깔이 붙어버리는 논의로 되어버립니다. 이 때문에, 우선 보통으로 다실에서 고준위방사성폐기물에 대해서 어떻게 할 것인가라는 화제가 나오는 스텝으로 가지 않으면, 좀처럼 다음 스텝으로 나갈 수 없는 것이 아닌가라는 인상을 받았습니다.

다카하시 시게루 : 지금 이야기와 관련해서 어떻습니까. 쇼메루스 선생님, 시민참가는 독일의 우수한 제도로서 일본에서 유명한 학술적 연구테마로 되어 있습니다. 특히 고준위방사성폐기물의 문제에서 시민참가의 촉진의 방법으로서 어떠한 수단이 생각될 수 있는가라는 점에 대해서 코멘트해주시면 감사하겠습니다.

토마스 쇼메루스 : 감사합니다. 독일에서는 오후스조약에 따르고 있습니다. 시민참가에는 정보에의 액세스의 보장과 충분한 투명성을 가지고 정보제공하는 것도 포함됩니다. 이 점은 독일의 절차에서 대단히 중요한 의의를 가지고 있습니다.

두 번째는 절차에의 시민참가입니다. 입지선정법의 절차에서의 참가는 주로 모든 사정을 공표하고, NGO의 의견도 포함해서 리포트를 발표하는 것을 통하여 행하여집니다. 이러한 장기간에 걸친 절차이기 때문에, 통상의 허가절차에서 행하여지고 있는 것처럼 공청회에의 참가가, 그것으로 완벽한 시민참가절차라는 것은 아닙니다. 입지선정법에 근거하는 절차가 최종적으로 성공할 것인지 여부도 아직 알 수 없습니다.

세 번째의 기둥은 앞에서 얘기한 것처럼, 사법에의 액세스입니다. 현시점에서는 약 30년 후에 사이트가 결정된 경우에 어떠한 방법으로 사법에의 액세스가 인정될 것인지가 명확하지 않은 상황입니다. 누구도 권리가 침해되었을 때에 사법에 액세스할 수 있는 것은 헌법에 의해 보장되어 있고, 사법에의 액세스는 확보되어야 합니다. 독일에서는 항상 그렇습니다만, 아마도 최종적으로는 법원이 판단하게 될 것입니다.

저는 우연히 독일에서 가장 유명하고 상징적인 사이트인 고아레벤을 관할하는 법원의 법관으로 근무하고 있습니다. 고아레벤에 관해서는 독일에서는 항상 대단히 정치적인 논점으로 되어서, 항상 다수의 논의가 이루어지고 있습니다. 최종적으로 이 절차가 성공할 것인지 여부, 어떠한 결과로 될 것인지에 대해서는 아직 알 수 없습니다. 그러나, 시민참가는 보장되어 있다고 할 수 있습니다.

하나 말씀드리고 싶은 것은 누가 장기간에 걸치는 안전성을 보장할 수 있을 것인가라는 것입니다. 물론 누구도 보장할 수 없습니다. 입지선정법의 100만년이라는 목표는 구속력이 없습니다. 누가 그 책임을 져야 하는 것일까요. 가장 오래 존속하고 있는 유럽 조직은 가톨릭 교회입니다만, 그것도 2,000년 정도에 지나지 않습니다. 이것은 100만년이라는 기간으로부터 하면, 비교도 되지 않는 기간입니다.

오리 아케미 : 폐기물처분장에 대해서는 후보지 선정까지는 아직 한참 나중의 프로세스라는 이야기였습니다만, 앞에서 세 개의 지명중에서 콘라드의 저준위방사성폐기물에 대해서는 오피셜 퍼미션의 절차 쪽으로 가고 있다는 것이었습니다만, 거기에서의 주민참가의 예가 있다면, 들려주시면 참고로 되지 않을까 생각합니다.

토마스 쇼메루스 : 북독일의 콘라드는 저의 법원이 관할을 가지고 있는 지역에 있습니다. 이 법원은 예전의 철광석의 광산을 방사성폐기물 처분장으로 전환하는 것에 대하여 최종적인 결정을 하였습니다. 그러나, 법원에 의한 결정 전에는 장기간에 걸친 시민참가절차와 논의가 이루어졌습니다.

공청회에는 지역의 누구나 참가할 수 있고, 수백 명, 수천 명의 사람들이 모여서 이 사이트에 대한 우려를 나타냈습니다. 이 공청회는 몇 주간, 몇 개월이나 이루어져, 대단히 다수의 논쟁을 불러일으켰습니다. 최종적으로는 인근주민, NGO, 다수의 법률가 모두가 만족하지 못하였습니다. 전원이 납득하는 것은 보증할 수 없고, 원자력관련 최종처분장이 자기가 거주하는 장소의 근처에 만들어지는 것은 용인되지 않는 것입니다.

우리들에게 가능한 것은 이른바 「억셉터빌리티」를 얻는 것입니다. 방사성폐기물처분장이 필요하다는 것에 대해서는 이해해줄 수 있다고 생각합니다. 방사성폐기물을 처분하여야 한다는 것은 누구라도, NGO나 주요한 환경보호단체가 장기간의 논의를 정치적인 수법으로서 이용하고 있는 것도 또한 독일의 시민참가의 논의에서 볼 수 있는 바로서, 그것은 당연한 일입니다. 이것은 정치나 정당 모두 관계하게 되는 것입니다.

다카하시 시게루 : 감사합니다. 약간 제가 지금의 이야기에 대해서 감상적인 것을 말씀을 드리겠습니다. 하나는, 쇼메루스 선생님이 말씀하셨던 가운데에서 인상적인 것은 다음 사항입니다. 즉, 독일에서는 공중참가절차가 법률에 의해 여러 가지의 인허가에 대하여 보장되어 있습니다. 그러나, 공중참가의 형태는 꼭 그것뿐만이 아니라 보다 다양한 형태로 다양한 루트를 통해서 시민이 참가하여, 폭넓은 합의를 형성해가는 것이 중요하다는 말씀이셨습니다. 이 코멘트는 일본에 대해서 시사적인 것이라고 생각합니다.

실은 후보지로서 바람직한 토지의 조건은 이러한 것이라는 내용을 어드바이저리 위원회에서 결정하여, 퍼블릭 코멘트에 붙인다는 이야기로 되고 있습니다. 다분히 그 조건을 토대로 하여, 그 후에 정부에서 일본지도 중에서 여기가 후보로 될 수 있는 지역이라는 것이 나오는 것이 아닐까라고 예상되고 있습니다. 그 때에는 폭넓은 국민의 합의가 여러 가지로 이루어져 간다고 생각합니다.

다만, 폭넓은 지역이 포함되는 후보지이기 때문에, 이번은 구체적으로 문헌조사를 하는 지역으로서 어떠한 지역이 바람직한 것인지에 대해서는 커다란 국민적 논의로 되어 가는 것이 아닐까 생각합니다. 그러한 의미에서는 폭넓은 국민적 합의를 여러 가지 형태로 형성해가는 것이 중요하다고 시사를 받은 것은 대단히 중요한 일이라고 생각합니다.

다음에 두 번째로서 고준위방사성폐기물의 문제입니다. 원자력은 국제협력이 추진되고 있습니다만, 말씀을 듣고 있으면, 국제적인 공통인식이 심화되고 있는 분야라고 생각합니다. 원활하게 진행되고 있는 지역은 그로써 좋은 것입니다만, 각 국 모두 문제점을 안고 있습니다. 그러한 문제점을 극복함에는 어떻게 하면 좋을지 이것은 모두 생각하는 것이 동일하여, 회수가능성, 가역성이 키워드로 됩니다. 이것은 처분지 선정프로세스에서 보장해가는 것이 중요하게 된다고 하는 인식이라고 생각합니다.

일본에서도 이 점은 활발한 논의의 대상으로 됩니다. 최후의 단계로 진행되었다고 하더라도 입지상의 트러블이 발견된다면 처음으로 돌아가 다시 생각한다, 갱도를 폐쇄하지 않고 전부 일단 사용완료연료를 꺼내서 새로운 후보지를 다시 선정하는 것을 제도적으로 보장하는 것에 대해서는 일치한 위에, 논의를 진행하는 것으로 되었습니다. 이러한 것이 금후 중요하게 되는 것이 아닐까 생각합니다.

이상, 입지문제에 관해서는 이 점을 국민 여러분이 이해해주시는 것이 중요한 것이 아닐까 생각합니다.

가와이 선생님, 가역성, 회수가능성은 대단히 중요하다는 말씀을 해주셨습니다만, 각국이 어떻게 생각하고 있는 것인지에 대해서도 소개해주시면 감사하겠습니다.

가와이 도시키 : 저의 프레젠테이션 중에서도 다카하시 선생님의 말씀이 있었던 점에 언급하였었습니다만, 각국에서 가역성, 회수가능성은 대단히 중요합니다. 역시 과학적인 불확실성이라는 것이 아무리해도 수반되는 것이기 때문에, 어떠한 체계, 제도를 만들면 대처할 수 있는지는 커다란 논점이었다고 생각합니다. 상세하게 언급하지 않았습니다만, 예컨대 입지선정에 일응 성공하였다고 하는 스웨덴에서는 입지도 단계적으로 결정을 한다고 하는 것입니다만, 실험적으로 처분을 해본다는 것도 이루어져 있습니다.

즉, 지금 실험단계에 있다는 것입니다. 입지선정에는 성공하였다지만, 최종적으로 처분을 하는 것에 대해서는 아직 오픈되어 있다는 것 같습니다. 그것이 현재의 실험적인 단계에 있다고 하는 것이라고 생각합니다. 다음은 시간이 있으면, 쇼메루스 선생님에게 여쭙고 싶습니다만, 독일에서 법률이나 법규명령에 의해 여러 가지를 결정해간다는 점에 대하여 민주적인

정당성이라는 점에서는 그 의의가 크다고 생각합니다만, 다른 한편으로는 가역성이나 회수가능성의 확보에 대하여 한번 법률 내지 법규명령의 레벨에서 결정을 해버리면, 가역성, 회수가능성이 곤란하게 되는 것이 아닐까라는 것도 머리를 스쳤습니다. 만일 쇼메루스 선생님이 그 점에 대해 독일에서의 논의와 그 제도적인 체계에 대하여 설명해주시겠습니까.

토마스 쇼메루스 : 감사합니다. 질문은 가역성과 회수가능성의 문제와 관련해서, 이것은 독일에서도 오랫동안 논의되고 있습니다. 이전은 방사성폐기물은 원래로 돌아간다든지 꺼낸다든지 해야 하는 것이 아니라, 단지 매장하고 잊어버려야 한다고 하는 논의가 있었습니다. 그것은 저희들이 알고 있는 것은 버리고, 방사성폐기물의 처분장에 대해 장래의 세대에는 알지 못하도록 하자는 생각이었습니다.

이것은 10수년 전 또는 그 이상 전의 생각으로 현재에는 그것은 변하고 있습니다. 지금은 입지선정법에 의해 가역성과 회수가능성에 대해 다루는 것으로 되어 있습니다. 저도 몇 번이고 사이트를 방문하였습니다. 저희들의 인근에 있는 고아레벤의 사이트가 적지인지 여부에 대하여 1970년대 이후 조사가 이루어져왔습니다. 거기는 대체로 1,000 m 정도의 깊이로 대단히 다이나믹한 암염의 광산입니다. 암염층 중에서는 년수의 경과에 의해 모두 포섭되어버립니다. 암염층이 방사성폐기물처분장으로서 적합한지 여부는 어려운 문제입니다. 회수가능성은 커다란 문제입니다. 저는 지질학자가 아니며, 자연과학자도 아니기 때문에 이 문제를 어떻게 해결할 것인지는 알지 못합니다.

원자력의 논의라는 것은 어떤 것이 좋다고 믿고 있는 사람이 있다면, 나쁘다고 믿고 있는 사람도 있고, 그 사람들 사이에서의 논의입니다. 누구도 실제로는 확실히 말할 수 없습니다. 회수가능성에 대해서는 대단히 많은 논의가 이루어져있습니다만, 지금까지 아직 충분히는 알지 못합니다. 100만년이라는 시간을 놓고 보면, 그 사이에 무엇이 일어날지는 알지 못합니다. 그러나, 지질학자로서는 보다 장기간으로 생각하기 때문에 100만년이라는 것은 장기간이 아닐지도 모릅니다만.

다카하시 시게루 : 대단히 솔직한 의견 감사합니다. 이제 끝날 시간도 가까워졌습니다만, 플로어에서 발언신청이 있었기 때문에 부탁말씀 드립니다.

참가자 : 앞에서 선정의 이야기가 나왔습니다만, 아직 일본은 입지선정 전 단계입니다. 이것은 오리 선생님의 슬라이드 8의 부분에 참고가 나와 있습니다. 이 첫 번째 순서

의 문헌조사보다도 더 이전이기 때문에 선정 부분에서 주민이 참가할지 여부의 순서의 전 단계인 것입니다. 여기에서 문헌조사라는 것은 손을 들어서 신청을 하고, 거기에서 몇 개의 후보지가 나오는 것입니다. 20개 정도의 정부가 선정을 한다고 하는 것을 몇 년 전에 말하였었습니다만, 그것도 별로 겉으로 드러나지 않았습니다.

따라서, 앞에서부터 주민참가라고 하고 있습니다만, 아직 전단계이기 때문에 오히려 지금의 일본의 단계에서는 어떻게 리스크커뮤니케이션을 할 것인가라는 것을 확실히 얘기를 해서, 거기에서 나온다면 어떻게 주민참가의 절차가 이루어져 있는지, 아니면 이루어져있지 않는지를 이야기해야 합니다. 그리고, 지금의 법률 중에서 주민의견의 청취 등을 통해서 단계적으로 진행해가는 것으로 됩니다.

이것도 응모방식이라고 말합니다만, 별도로 주민이나 지역으로부터 손이 들어지기까지 아무 것도 하지 않는다는 것이 아니라, 예컨대 프랑스에서는 국가가 결정하고 있습니다. 국가가 결정했더니 대대적인 반대가 일어나, 어떤 의원이 그야말로 정치생명을 걸고서, 지역의 이니셔티브를 잡고서 겨우 결정되었습니다.

또한, 스웨덴에서는 원자력입지의 주민들이나 지방자치단체가 원자력사업자와 교섭하면서 이니셔티브를 잡고서 현지에서 행하여 이런저런 조사를 하였던 바, 역시 이니셔티브를 지역이 잡은 편이 좋다는 것으로, 일본에서도 이른바 손들기 방식을 한 것입니다. 그러나, 실제로 좀처럼 되지 않는 것이기 때문에 법률을 개정해서 신청으로라고 하였습니다만, 그렇다면 누가 신청을 할 것인지, 거부되면 어떻게 할 것인지를 지적하면, 그것은 확실히 한다고 말합니다. 그래서, 법률을 개정해서 5년 경과합니다만, 어드바이저리의 다카하시 선생님, 그것은 어떻게 되어 있습니까.

확실히 법률만은 바꾸는 것입니다만, 일본의 관공서는 좀처럼 그러한 일을 확실하게 하지 않는 것입니다. 따라서, 법률을 변경했더라도 안되는 일은 안되는 것이기 때문에, 저는 다카하시 선생님 등에게 일본의 현실에 맞추면서 확실히 해주셨으면 합니다. 그것이 제1의 문제입니다. 즉, 주민참가나 리스크커뮤니케이션은 어디에서 무엇이 문제로 되고 있는지를 전제로 하여야 하는 것입니다.

다음으로 제2의 문제는 다카하시 선생님은 리트리벌이 중요하다고 말하였습니다. 실은 이것도 유럽에서는 결정해서 매립해버리면 그것으로 끝이라고 말하여졌습니다만, 과학적으로 알지 못하는 것이 여러 가지가 있고, 그래서 반대가 일어났을 때에 장래의 세대가 어떻게 할 것인지를 결정하면 좋다는 것으로, 어떤 의미에서는 현세대가 장래의 세대에 결정을 맡기고 있다는 무책임한 일을 한 것입니다.

모른다면 지금의 기술을 더욱 발전시키도록 하면 된다고 생각합니다. 저는 과학자에게 묻고 싶습니다만, 지금부터 100년 지난 후에 꺼낼 수 있는지 여부는 모른다고 생각합니다. 스웨덴 사람에게 들은 것입니다만, 기술자는 꺼낼 수 있도록 해라고 하였기 때문에 구멍을 뚫어 두고, 그렇게 되고 있습니다만, 꺼낼 수 있는지 여부는 우리들도 모른다고 말했습니다.

그럼, 꺼내서 어떻게 할 것인지가 되겠습니다. 스웨덴의 경우는 그대로 입니다만, 그것은 100년 지나면, 방사능은 나오지 않도록 확실히 되어 있는가입니다. 이것은 말이 극단적인지 모르겠습니다만, 저는 꺼낼 가능성을 남긴다는 것이 최종처분으로서 중요한 것이 아니라, 어디까지나 정치적인 문제로서 현세대가 결정할 수 없기 때문에 장래로 결정을 연장시킨다고 하는 형태로 책임회피를 하고 있을 뿐입니다.

현재 책임자로 계시는 다카하시 선생님은 리트리벌은 대단히 중요한 팩터라고 말씀하셨습니다만, 그것은 결코 문제해결의 키가 아닙니다. 지금의 정치를 추진하기 위한 도구입니다만, 그러나, 정말로 그것이 기술적으로도 해결할 수 있는 방책인지를 문제제기로서 이 패널디스커션에서 꼭 생각해주시길 바랍니다. 대단히 감사합니다.

다카하시 시게루 : 귀중한 코멘트 감사합니다. 우선 제1점에 대하여, 지금의 단계에서는 구체적인 입지선정에 들어가고 있는 것은 아닙니다. 그 전의 전단계인 문헌조사에 들어갈 지점을 생각해가는 전제로서 어떠한 정비조건이 중요한 것인가라는 점을 검토하고 있는 단계입니다. 따라서, 구체적인 시설의 인허가를 전제로 한 참가의 문제가 아니라는 지적은 그대로라고 생각합니다. 적확한 정리를 해주셨습니다.

또한, 신청에 대해서도 과학적인 유망지라는 것을 제시한 위에, 금후는 사회적인 요건에 관련된 논의가 기다리고 있습니다. 사회과학적인 시점을 부가한다면, 어떠한 것이 정말로 전국적으로 바람직한 지역이며, 자의적인 지역선정을 하지 않는다는 것을 전 국민에게 보여주는 단계가 다음에 기다리고 있습니다. 그 중에서 지금 지적하신 것과 같은 것은 지금부터 좁혀가게 된다고 생각합니다.

마지막의 회수가능성의 문제는 저뿐만 아니라 제3자위원회에서도 공들여 논의하였던 것입니다. 하나 말씀드려두고 싶은 것은 이것은 폐쇄까지의 회수가능성으로서 폐쇄를 결정한 후에 대해서까지 회수가능성은 생각하고 있지 않습니다. 즉, 최종적으로 폐쇄의 결정을 해서 매립하기까지의 동안은 여러 가지의 패러미터를 봤던 바, 예상보다도 적성이 낮았다 또는 장래를 예측한 조건지로서 예상보다도 부적지였다는 것이 판명했을 때에 한번 더 처음으로 돌아가서, 복수입지를 전제로 하고 있기 때문에 다른 입지도 찾아보자는 의미에서의 회수가능성이라고 생각합니다.

정치적으로 추진한다는 이야기도 해주셨습니다. 사회심리적인 요인도 강한 문제이기 때문에, 입지의 수용을 촉진하기 위한 일본국 전체의 사회심리를 생각한 위에서는 대단히 중요한 제도적 담보의 체계가 아닐까 생각합니다. 그러한 의미에서는 이 점에 대해서는 견해에 따라서 평가가 나누어지는 바일지도 모르겠습니다. 여러분, 무언가 이 점에 대해 코멘트가 있다면 부탁드립니다.

토마스 쇼메루스 : 짧게 코멘트하겠습니다. 독일에서는 아마 방사성폐기물의 회수가능성 또는 방사성폐기물의 회수에 대한 예로 되는 것은 앗세의 사례입니다. 앗세는 오래된 암염의 광산으로 800m 정도의 깊이입니다. 1960년대 이후, 대체로 20만 t 정도의 저중준위의 방사성폐기물이 위법하게 투기되었습니다. 그 장소는 허가 등도 없이 오래된 광산 가운데에 단지 투기되어왔습니다. 그래서 여기로부터 모두 회수한다고 하는 결정이 이루어졌습니다. 이것은 20만 t에 이릅니다.

어떠한 해결방법인지는 현재 알지 못합니다. 가운데 들어 있는 것이 무엇인지도 확실히 모르고, 그것을 해명하는 것도 간단하지 않습니다. 아마 그 사이트에서 지표에서 처분하게 된다고 생각합니다. 20만 t의 폐기물로 되면, 아마 독일에서 최대의 건조물로 될지도 모르겠습니다. 콘라드의 사이트는 이미 용량의 여지가 없어지고 있다는 문제가 있고, 대체지는 없습니다. 앗세에는 대량의 물이 존재하고, 폐기물과 지하수와의 접촉이 있다는 것으로 회수한다고 하는 결정이 행해지고 있습니다.

오리 아케미 : 지적이 있었던 것은 바로 주민참가와 리스크커뮤니케이션의 이야기이기 때문에 타이틀적으로도 리스크커뮤니케이션이라는 형태로 하였습니다. 지금의 회수가능성은 바로 다카하시 선생님이 말씀하신 것처럼, 리스크커뮤니케이션을 행하는 전제에서도 이 고준위방사성폐기물처분의 특성을 고려해서 커뮤니케이션해가는 것이 무엇보다도 필요하게 되기 때문에 그 가역성 또는 회수가능성과 같은 것에 대해서는 역시 확실히 생각하고 있는 것을 제시해가야 한다고 생각합니다.

일본의 경우는 독일의 법률과 같은 형태가 아니라 계획이라는 형태로 들어있습니다만, 어디에서 가역성의 논의를 수정해갈 것인지는 구체적으로 아직 결정되지 않았습니다. 아마 실제상은 5년마다의 계획의 개정의 단계에서 논의되어 갈 것입니다만, 그것이 말만의 이야기인지는 지금부터 과학적 유망지도 포함해서 구체적인 절차에 대해서는 실제로는 결정되어 있지 않은 것이 많고, 말만으로 이루어지고 있는 것이 아닌가 생각합니다.

하나 더, 가역성의 문제에 대해서는 가역성은 확실히 고려하여야 하는 것입니다만, 한편으로 가역성을 너무 전면에 내세워버리면 지자체가 손을 들기 어렵게 된다는 것입니다. 지금 여기에서 합의형성을 해가는 것은 어떻게 될 것인가라는 이윤배반의 문제를 포함하고 있다는 것을 역시 잊어서는 안된다고 생각합니다.

다카하시 시게루 : 금후에 향해서의 유익한 코멘트와 발언을 해주셨다고 생각합니다. 시간을 오버했기 때문에 오전중의 세션은 여기까지로 하겠습니다.

여러 코멘트, 그리고 보고 감사합니다.

SESSION. 3

후쿠시마원전사고 후의 안전규제

일본에서의 안전규제
- 실용발전용원자로와 관련된 신규제기준에 대하여 -

야마가타 히로시(山形 浩史)(원자력규제청 총괄관)

방금 소개를 받은 야마가타라고 합니다. 저는 원자력규제위원회의 사무국인 원자력규제청에서 실용발전용원자로라고 합니다만, 원자력발전소의 심사를 하고 있어서 그 총괄역과 같은 일을 하고 있습니다. 오늘은 후쿠시마제1원전사고 후, 어떠한 규제에 관한 기준을 만든 것인지를 이야기하고자 합니다.

1. 후쿠시마제1원전사고 이전의 안전규제에 대한 지적

우선 사고 후, 여러 기관이 생겼습니다. 국회와 정부 중에 조사위원회가 생겼고, 나아가 당시의 보안원 중에서도 비슷한 기관이 생겼으며, 민간에도 이런저런 것들이 생겼습니다. 그 가운데에서 여러 가지 문제점이 지적되고 있기 때문에, 주된 것을 소개하겠습니다.

하나는 외부의 사상(事象)인 지진이나 쓰나미와 같은 것을 생각한 시비어 액시던트대책이 충분히 검토되지 않은 것, 그리고 그러한 것이 규제되지 않고서 전력회사의 자주성에 맡겨졌던 것입니다.

그 이외에, 이것은 다른 법률 등에서도 그러한 것입니다만, 한번 어떤 기준으로 허가해서 그 후 기준이 바뀐다고 하더라도 대개는 기존부적격이기 때문에 그 존속을 인정하는 경우가 있다고 생각합니다. 원자력발전소에 대해서도 새로운 지견이 얻어진 경우, 그것을 어떻게 해서 규제할 것인지, 소급해서 적용하는 백피트라는 법적 제도가 없었던 것이 지적되었습니다.

2. 신규제기준의 전제로 되는 법개정(2012년 공포)

이 때문에, 2012년에 원자로등규제법이 개정되어, 종래의 원자로등규제법의 목적에는 사람의 안전을 지킨다고 하는 것이 쓰여 있었습니다만, 새롭게 환경을 지키는 것도 목적에 더해졌습니다. 이것은 후쿠시마제1원전사고로 세슘이 대량으로 방출되어서, 토양오염을 일으킨 것에 의한 것입니다. 법목적의 추가라는 것입니다만, 지금까지는 국민의 생명, 재산을 지킨다고 하는 규정은 쓰여 있었습니다만, 환경의 보전과 함께 우리나라의 안전보장이라는 것도 더해졌습니다. 이전의 후쿠시마제1원전사고의 경험을 토대로 하여, 대규모 자연재해, 나아가 근년의 상황을 토대로 하였다고 생각합니다만, 테러리즘이라는 것도 상정하라는 것입니다.

그것과 법률에서는 중대사고라는 용어를 사용하였습니다만, 요는 시비어 액시던트에 대해서 법률상 확실히 써두었다는 것입니다. 지금까지 시비어 액시던트대책은 민간의 자주성이라는 것으로 되었습니다만, 법률상 이들을 확실히 규제하라는 것으로 되었습니다.

또한, 지금 가장 문제로 되고 있다고 생각합니다만, 일본의 원자력발전소가 대부분 멈추고 있는 것은 백피트제도가 도입되었기 때문입니다. 지금까지 가동되었던 발전소도 새로운 기준에 맞추어야 하고, 맞추지 않으면 가동할 수 없다고 하는 백피트제도가 생겼습니다.

또한, 원자력안전규제라는 것은 지금까지 여러 곳에서 하였습니다. 발전소는 경제산업성의 원자력안전보안원, 대학의 연구소는 문부과학성이 하고, 더블 체크와 같은 말을 사용하였습니다만, 그것을 더욱 원자력안전위원회에 자문해서 의견을 듣는다고 하는 것이 이루어졌습니다.

그래서, 해외로부터는 도대체 누가 책임을 지고 있는 것인지가 잘 알 수 없다는 이야기가 있었습니다. 실제로 인허가를 하는 것은 원자력안전보안원이나 문부과학성이라든지 하였던 것입니다만, 실질적으로 룰을 결정하는 것은 안전위원회였습니다. 이 때문에 누가 진짜 책임을 지고 있는지를 잘 알 수 없는 상황이었기 때문에 그것을 명확히 해서 일원화시켰습니다.

3. 원자력규제위원회의 조직 : 독립성 · 중립성

이렇게 해서 설치된 원자력규제위원회는 환경성의 외국(外局)으로 되어 있습니다만, 실질적으로는 독립된 기관입니다. 국가행정조직법 제3조 제2항의 3조위원회이기 때문에 조직으로서는 일응 환경성에 붙어있습니다만 독립된 조직으로 되어 있고, 우리들은 이 사무국으로서 5인의 위원을 돕고 있습니다.

오늘은 법률의 전문가분들이 많기 때문에, 잘 아신다고 생각합니다만, 원자력규제위원회는 이른바 제3조위원회이기 때문에, 위원장과 위원은 양의원의 동의를 얻어서 총리대신이 임명하고, 한번 임명하면 총리대신이나 환경대신의 의향으로 해임되는 일은 없습니다. 그 외에, 규칙을 만들 권한이 부여되어 있는 조직으로 되었습니다.

4. 상대적 안전성에 대하여

그럼, 실제로 기준을 만들어간다고 하는 이야기로 되는 것입니다만, 안전에 대해서 논의할 때, 대전제로 해두지 않으면 안된다고 생각하는 것은 상대적 안전성이라는 것입니다. 자주 절대적 안전성, 상대적 안전성이라고 합니다만, 절대로 그러한 위험이 없는 제로와 같은 것을 설령 절대적 안전성이라고 합니다.

그러나, 그러한 것을 실제로 만드는 것은 불가능하고, 그것을 규제하는 것도 불가능하다고 생각합니다. 자동차든 이 건물이든 절대로 사람에게 위해를 가하지 않는다고 하는 것은 있을 수 없는 것입니다. 예컨대, 자동차사고를 제로로 한다고 하는 절대적 안전성에는 설령 차의 제한속도를 시속 2km, 3km로 사람보다 느리게 한다면, 매우 근접할지 모릅니다. 그러나, 그렇더라도 역시 시속 2km의 차에 치이는 사람이 있을지도 모르기 때문에, 절대적 안전성이라는 것은 좀처럼 불가능하다고 생각합니다.

그 외에, 우리들로서는 위험성을 사회통념상 용인할 수 있는 수준 이하, 또는 그 위험성을 상당 정도 인간에 의해 관리할 때에는 위험의 정도・리스크와 이용에 의해 얻어지는 편익을 비교형량해서 밸런스를 취해, 일응 안전한 것으로서 사용하고 있는 것입니다.

원자력에 한하지 않고, 비행기, 자동차, 의료 등 여러 분야에서 유사한 관점이 취하여져 있고, 이것을 우선 법규제 중에서 기초로 한다는 것입니다. 그렇다면, 이번은 그렇다면 어느 정도의 상대적 안전성으로 할 것인지의 논의로 됩니다.

5. 안전목표에 대하여

이것은 상당히 어려운 것입니다만, 우리들은 규제로서 이 상대적 안전성의 관점에 따라서 목표를 만들고자 하였습니다. 안전목표이기 때문에, 어디까지나 목표이지 허들이 아니라는 것입니다. 「이 안전목표를 생각합시다, 규제로서 이 정도의 것을 목표로 해갑시다」라는 것입니다. 이것은 구별하지 않으면 안되는 것입니다만, 개별 원자력발전소의 안전레벨이 아니라, 이 안전기준이 목표로 하고 있는 안전레벨이 됩니다.

안전목표에 대해서는 후쿠시마제1원전사고가 일어나기 전에 여러 곳에서 논의되었습니다. 구 원자력안전위원회의 안전목표전문부회에서는 오랜기간 논의해왔고, 어느 정도 보고서가 정리되었습니다만, 부회레벨에 그치고 안전위원회의 결정으로 된 것은 아니었습니다.

그 만큼 이 안전목표를 논의하는 것은 어려웠을지도 모르겠습니다만, 어찌됐든 정식으로는 결정되지 않았던 것입니다. 그것을 원자력규제위원회가 논의해서 결정했다는 것입니다. 구 원자력안전위원회의 부회에서 논의했던 것은 사람에 대한 안전이라는 의미에서는 대단히 잘된 것이며, 그것을 그대로 사용하고자 하는 것으로 되었습니다.

노심이 손상할 빈도는 10,000년에 1회 정도이며, 격납용기가 파괴된다는 것은 더욱 낮아지게 됩니다. 이 점은 원래 방사선이 사람에게 주는 영향에 대하여 논의해온 것 입니다만, 이번에 환경이라는 관점이 들어갔기 때문에, 더욱 거기에서부터 토양오염을 일으키는 것과 같은 세슘의 방출량과 그 빈도에 대해서도 부가한 것입니다.

안전목표에서는 사고시의 세슘137의 방출량을 100테라베크렐(TBq)로 하고 있습니다만, 후쿠시마제1원전사고에서 방출된 것은 1만TBq입니다. 즉, 후쿠시마제1원전사고의 100분의 1정도로 되는 100TBq를 넘는 사고의 발생빈도는 100만로(炉)년에 1회 정도로 억제하고자 하는 것을 목표로 한 것입니다.

국제적으로는 이 안전목표에 대하여, 기설의 원자로와 이제부터 건설하는 원자로는 별도로 하자고 하는 논의가 있습니다. 그러나, 우리들은 백피트제도를 도입하였기 때문에, 어찌됐던 30년 전의 원자로이든 이제부터 만드는 원자로이든 모두가 새로운 기준을 충족하지 않으면 안되는 것입니다. 기설의 원자로도 신설의 원자로와 동등하게 하여야 한다는 엄격한 수준을 요구하고 있는 것입니다만, 신구에 따라 구별하지 않고 옛 것이든 새 것이든 같은 안전목표를 목표로 한다는 것으로 되었습니다.

6. 후쿠시마제1원전사고에서의 교훈

논의가 오랜 기간 계속되었습니다만, 우선 목표를 만들고 그 위에 개별 기술적인 논의를 하게 됩니다. 이것은 간단한 복습입니다만, 후쿠시마제1원전사고에서 어떠한 일이 일어났는가 하면, 우선 지진이 발생하고, 송전철탑 등이 쓰러져서 외부로부터 전기를 받을 수 없는 상황으로 되었습니다. 발전소이기 때문에 전기를 만들고 있는 시설입니다만, 지진이 일어나면 원자로가 자동정지하기 때문에 그 후는 전기를 만들 수 없게 되어버립니다. 그러나, 그렇다하더라도 원자로 가운데가 급히 차가워지는 것이 아니라, 갑자기 멈추면 대개 출력은 7% 정도까지 떨어집니다만, 거기부터서는 조금씩 밖에 내려가지 않습니다.

100만 kw의 원자로에서 7% 라고 하면 7만 kw이기 때문에, 몇 십층의 커다란 빌딩 2, 3개분의 전기량과 비슷하고, 그만큼의 열을 내고 있는 것입니다. 따라서, 외부로부터 전기를 받아서, 펌프를 돌리고, 물을 원자로에 넣어서 식혀주지 않으면 안되는 것입니다만, 이럭저럭하고 있는 사이에 쓰나미가 몰려왔습니다. 쓰나미의 높이는 15m로 시설의 높이는 대개 10m 정도였기 때문에 쓰나미에 의해 시설 중의 전기관계의 설비가 수몰된다든지, 물에 젖는다든지 해서 사용할 수 없게 되어버렸습니다.

그래서, 물이 원자로에 들어가지 않고, 가운데는 뜨거운 채로 되어, 발열하고 있었습니다.

예컨대, 주전자를 불에 올려놓고서 불을 끈 것이 아니라, 끓고 있는 주전자 밑에 아직 중불로 불이 붙고 있는 상황이기 때문에, 점점 물은 증발하고, 마지막에는 주전자가 녹아갑니다. 그처럼, 원자로가 녹아서, 그 사이에 수소가 생기고, 폭발이 일어나게 된 것입니다.

이러한 가운데에서 교훈으로 삼을 것은 지진이나 쓰나미 등 외부로부터 무엇이 일어남으로써, 복수의 계통이 동시에 피해를 받았다는 것이 하나입니다. 더욱이, 노심을 식힐 수 없게 되어 노심이 녹아버리고, 격납용기가 파괴되는 시비어 액시던트의 진전을 멈출 수 없었다는 것이 커다란 교훈이 된 것입니다.

7. 신규제기준의 기본적인 관점

이들 교훈을 토대로 하여 생긴 신규제기준의 기본적인 관점에 대해서는 나중에 자세히 설명하겠습니다만, 심층방호라고 하는, 즉, 몇 개의 독립된 층을 준비해두고, 사고의 진전을 방지한다고 하는 관점을 철저히 하고자 하는 것입니다. 또한, 공통요인 고장, 커먼 코즈 페일러라고 말합니다만, 지진 등이 일어나면 당연히 모든 기계에게 영향을 줍니다. 예컨대, 쓰나미가 침입해 많은 기기가 수몰해서 피해를 받는 경우의 공통요인고장을 방지하기 위하여 자연현상의 상정을 대폭적으로 끌어올리게 되었습니다.

자연현상 이외에도 공통요인고장을 일으키는 것에는 화재 등이 있기 때문에 그러한 사안에의 대책을 강화하고 있습니다. 또한, 이것은 안전규제 전체로 말할 수 있습니다만, 상세한 사양을 결정하는 것이 아니라, 성능을 규제하고자 하는 관점을 도입하게 되었습니다.

시비어 액시던트대책에서는 심층방호의 관점입니다만, 우선은 노심을 손상시키지 않을 것을 제1로, 다음으로 격납용기를 지키고, 나중은 벤트라는 것으로 방사성물질을 제거하면서 격납용기를 지킨다고 하는 다단계에 걸친 방호조치를 도입하게 되었습니다. 나아가, 후쿠시마제1원전사고의 경험을 토대로 하여, 방사성물질이 외부로 나온 경우에도 확산을 억제시킵니다.

이것들은 가반형(可搬型) 설비로 대응을 하면서, 항설(恒設) 설비를 결합시켜 신뢰성을 한층 향상시켜갑니다. 이후 사용완료연료 풀은 여러 가지 문제가 되었습니다만, 이것도 방호대책을 강화하고자 하는 것으로 하고 있습니다.

8. 종래의 기준과 신기준의 비교

신기준을 종래의 기준과 비교하면, 우선, 내진・내쓰나미성능을 강화하였습니다. 또한, 자연현상이나 화재 등에 대해 고려할 수 있도록 기준을 강화하였습니다. 그에 더하여, 시비어 액시던트대책이나 테러대책의 기준을 추가하였습니다. 이들 신규제기준은 앞에서부터 몇 번이나 말하고 있습니다만, 심층방호를 기본으로 하고 있습니다. 다중방호라는 사람도 있습니다만, 영어로는 Defence in depth이기 때문에 심층방호라는 말을 사용하겠습니다.

9. 심층방호에 관한 기본적 관점

슬라이드 11의 설계기준의 1~3에 대해서는 후쿠시마제1원전사고 전은 여기까지밖에 규제를 하지 않았다고 합니다.

이상(異常)의 발생의 방지라는 것은 어찌됐든 트러블을 일으키지 않도록 확실히 품질관리를 하자고 하는 이야기입니다. 이상으로부터 사고에의 확대방지라는 것은 예컨대, 앞에서와 같이 송전철탑이 쓰러졌다는 정도의 이상이라면, 통상의 운전상태로 돌아갑니다. 설계기준사고에 의한 영향의 완화라는 것은, 이것은 커다란 배관이 순식간에 끊어지는 상황에 대해서도 주수(注水)해서 사고를 수습하고, 외부에 영향이 없도록 한다는 것입니다. 거기까지 생각해가는 것이 설계기준에서의 심층방호에 관한 기본적 관점이라는 것으로 됩니다.

이것들에 대해서는 국제적인 룰로서 단일고장기준이라는 관점이 있었습니다. 예컨대, 보통은 펌프가 1개 밖에 없으면, 비상시에 펌프가 고장나면 어떻게 할 수 없기 때문에 가장 중요한 설비가 1개 고장이 나더라도 시스템이 움직이도록 한다는 관점인 것입니다.

그러나, 후쿠시마제1원전사고에서는 2개 있었던 것이 2개 모두 고장이 난 것이기 때문에, 설계확장상태라는 우리들 업계용어가 있는 것입니다만, 그러한 상황으로 되었다고 하더라도, 노심을 손상시키지 않고, 나아가 격납용기의 파손도 방지한다고 하는 대책을 취합니다. 여기까지는 통상 외국에서도 여러 가지로 하고 있습니다. 정도는 여러 가지입니다만, 이 부근까지는 국제적인 논의로 이루어지고 있습니다.

더하여, 우리나라는 설계확장상태를 초과하는 것, 역시 방사성물질이 나오는 것을 생각해 두고자 하는 것입니다. 진지하게 고품질인 것을 목표로 대책을 마련했기 때문에 더 이상 사고는 일어나지 않는다는 것이 아니라, 전단부정(前段否定)이라고 합니다만, 굳이 그러한 것이 작동하지 않은 경우를 생각해서, 이번은 대단히 엄격하게, 예컨대 여러 가지 지진이 일어날 것을 상정해서 상당히 정밀한 기준지진동(基準地震動)을 책정하는 것 등을 하였습니다. 그러나, 그것을 넘는 경우, 대규모손괴라는 말을 합니다만, 여러 가지 설비가 손괴됩니다. 또한, 만일 대형 항공기로 발전소에 충돌되는 테러가 발생하였다고 한다면, 역시 발전소는 대규모로 손괴되어버리기 때문에, 그들 대책도 넣고 있습니다.

이러한 대책을 해서, 격납용기를 지키는 것입니다만, 그렇더라도 방사성물질이 나온 경우에는 조금이라도 양을 억제하기 위한 확산억제대책을 취합니다. 여기까지는 발전소 내에서 행하는 대책입니다.

나아가 속된 말로 제5층이라고 하는 발전소 외부에서의 방재대책을 취함으로써, 대책을 이만큼 몇 중으로 겹쳐서 하고 있는 것입니다.

10. 이상(異常)의 발생 방지와 사고의 확대 방지

슬라이드 12~14에서는 개별구체적인 대책의 이야기이기 때문에 간단하게 말씀드립니다만, 쓰나미대책의 대폭적인 강화로서 기왕 최대로 상회하는 레벨의 쓰나미를 상정한 방조제를 만들고 있는 발전소도 있습니다. 지진에 대해서도 보다 정치하게 지진동(地震動)의 증폭효과가 없는지도 조사하고 있습니다. 또한, 일본에는 그다지 화산은 없는 것입니다만, 만일 화산재가 내려온 경우를 상정한 방호대책도 생각하고 있습니다.

(1) 전원 상실에 대한 대책 강화

슬라이드 15는 전기관계의 이야기입니다만, 지금까지 송전루트는 별도로 되어 있습니다만 원래의 발전소는 함께라는 이야기가 있어서, 이것으로는 의미가 없는 것이 아닐까라고 해서, 확실히 나누는 것으로 되었습니다. 자연현상 이외에 공통요인에 의한 안전기능의 동시상실을 일으키는 사안으로서의 정전에 대한 대책을 발본적으로 강화하기 위하여 외부전원계에 대해서 독립한 다른 둘 이상의 변전소 등에 2회선 이상의 송전선에 의해 접속하는 것으로 하였습니다.

(2) 노심손상방지대책, 격납용기파손방지대책

슬라이드 16에서는 정말은 펌프는 2개 있는 것입니다만, 노심손상방지대책으로서 펌프가 1개, 2개와 양쪽 고장났다고 하더라도 밸브를 개방해서 가반식 주수설비로 외부로부터 주수해서 노심을 녹이지 않도록 하는 것으로 하였습니다.

또한, 설령 노심손상이 일어났다고 하더라도 격납용기 중의 온도와 압력이 점점 올라간 경우, 방사성물질을 제거하면서 배기하는 필터 벤트를 설치하고, 증기를 외부로 배출해가도록 하는 것을 하고 있습니다(슬라이드 17).

(3) 의도적인 항공기 충돌 등에 대한 대책

나아가, 항공기를 사용한 테러대책에 대해서입니다. 비행기가 설령 발전소에 충돌해오면, 상당한 데미지를 받습니다. 원자로 건물은 튼튼하게 만들고 있기 때문에 괜찮습니다만, 조작원이 있는 운전제어실이 있는 곳이 피해를 입게 됩니다.

이 때문에, 슬라이드18의 위에 있는 것처럼, 발전소의 한쪽이 비행기로 당하면, 그 반대쪽으로부터 물을 넣고, 역으로 반대쪽으로부터 오면 그 반대쪽에서 넣는다고 하는 가반형 설비를 중심으로 하여 확실히 대응할 수 있도록 하고 있습니다. 그러나, 그렇다 하더라도, 이러한 설비에서는 불의 바다의 가운데를 작업원이 돌아다니지 않으면 안되기 때문에 항설(恒設)의 설비를 만들자는 것으로써, 슬라이드의 왼쪽에는 특정중대사고 등 대상시설로 써있습니다만, 지하나 산 가운데에 긴급시 제어실이나 전원 등의 건물을 지어서, 항공기가 충돌하더라도 거기로부터 물을 넣을 수 있도록 하자는 것으로 하였습니다.

(4) 시설 외부로의 방사성물질의 확산억제대책

마지막으로, 슬라이드 19는 현실의 사진입니다만, 후쿠시마제1원자력발전소 2호기입니다. 2호기는 수소폭발을 일으키지 않아서 좋았다고 말하시는 분도 계십니다만. 여기서부터 수소와 함께 방사성물질이 대량으로 나왔습니다. 후쿠시마제1원전사고로 인한 오염은 여기로부터의 것이 반 정도입니다. 이러한 사고가 일어나더라도 방사성물질의 확산을 억제하기 위하여 사진의 방수포는 100m정도의 렌지가 있습니다만, 이러한 것으로 세슘을 떨어뜨린다든지 원자로건물 중으로 다시 넣을 수 있도록 해서, 조금이라도 외부로의 확산을 방지할 것을 요구하고 있습니다.

이상이 구체적인 설명으로 그 후의 슬라이드는 참고자료이기 때문에 봐두시면 좋겠습니다. 저의 발표는 이상입니다. 감사합니다.

0

原子力規制委員会
Nuclear Regulation Authority

일본에서의 안전규제

-실용발전용 원자로와 관련된 신규제기준에 대하여-

2016년 9월

야마가타 히로시(山形 浩史)

원자력규제청실용발전용원자로규제총괄관

1

후쿠시마제1원전사고 이전의 안전규제에의 지적

➤ 후쿠시마제1원전사고 이전의 안전규제의 문제점으로서, 후쿠시마제1원전사고 이전에는 시비어 액시던트대책이 규제의 대상으로 되지 않고 충분한 대비가 없었던 것, 또한 새로운 기준을 기설의 원전에 소급하여 적용하는 법적 제도가 없었고, 항상 최고수준의 안전성을 도모하는 것이 이루어지지 않았다는 것 등이 지적되었다.

○ 외부사안도 고려한 시비어 액시던트대책이 충분한 검토를 거치지 않은 채, 사업자의 자주성에 맡겨져 왔다. (국회사고조사)

○ 설치허가된 원전에 대해서 소급해서 적용하는(「백피트」라고 한다) 법적 제도는 아무 것도 없었다.(국회사고조사)

○ 일본에서는 적극적으로 해외의 지견을 도입하여, 불확실한 리스크에 대응해서 안전의 향상을 목표로 하는 자세가 결여되었다.(국회사고조사)

○ 지진이나 쓰나미에 대한 안전평가를 비롯하여, 사고의 기인으로 될 가능성이 있는 화재, 화산, 사면붕괴 등의 외부현상을 포함한 종합적인 리스크평가는 이루어지지 않았다.(정부사고조사)

○ 복수의 법률의 적용이나 소관관청의 분산으로 인한 폐해가 없도록 일원적인 법체계로 되는 것이 바람직하다.(국회사고조사)

2

신규제기준의 전제로 되는 법개정(2012년 6월 공포)

➤ 사고의 교훈을 토대로 한 법개정이 이루어져, 사람의 안전에 더하여, 환경을 지키는 것을 목적으로 추가함과 더불어, 시비어 액시던트를 규제대상으로 한 것, 신기준을 기설의 원전에 소급하여 적용하는 제도 등이 규정되었다.

➤ 또한, 개정법의 시행은 원자력규제위원회가 설치된 날부터 10개월 이내(2013년 7월 18일이 기한)로 할 것이 규정되었다.

○ 법 목적의 추가
- 「대규모의 자연재해 및 테러리즘 그밖의 범죄행위의 발생도 상정」
- 「국민의 생명, 건강 및 재산의 보호, 환경의 보전 그리고 우리나라의 안전보장에 이바지할 것을 목적」

○ 중대사고도 고려한 안전규제에의 전환
- 보안조치에 중대사고대책(시비어 액시던트대책)이 포함되는 것을 명기하고, 법령상의 규제대상으로
- 사업자에 의한 원자력시설의 안전성 향상을 도모하기 위하여 종합적인 안전평가를 정기적으로 실시하고, 그 결과 등의 국가에의 신고 및 공표를 의무지움

○ 최신의 지견을 기존시설에도 반영하는 규제에의 전환
- 이미 허가를 받은 원자력시설에 대해서도 최신의 규제기준에의 적합을 의무지우는, 「백피트제도」를 도입

○ 원자력 안전규제의 일원화
- 전기사업법의 원자력발전소에 대한 안전규제(정기검사 등)를, 원자로등규제법으로 일원화
- 원자로등규제법의 목적, 허가 등의 기준으로부터 원자력의 이용등의 계획적인 수행에 관한 것을 삭제하고, 안전의 관점에서의 규제임을 명확화

원자력규제위원회의 조직 : 독립성, 중립성 3

➢ 내각의 개별적인 지휘감독권을 배제
- 3조위원회(국가행정조직법 3조2항)
- 위원장 · 위원은 양의원의 동의를 얻어서 총리가 임명. 임기중은 파면할 수 없다.
- 규칙제정권

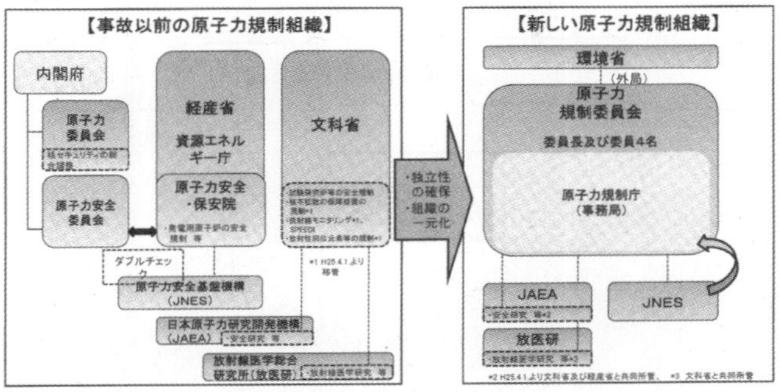

상대적 안전성에 대하여 4

➢ 「절대적 안전성」은 달성하는 것도 요구하는 것도 불가능하다.
➢ 「상대적 안전성」의 관점이 일반적.

① 일반적으로 과학기술분야에서는 절대적으로 재해발생의 위험이 없다는 「절대적 안전성」이라는 것은 달성하는 것도 요구하는 것도 불가능한 것이며, 사법에서도 그처럼 이해되고 있다. 과학기술을 이용한 각종의 기계, 장치 등은 절대로 안전이라는 것이 아니라, 항상 어느 정도의 사고발생 등의 위험성을 수반하고 있는 것이다.

② 그 위험성이 사회통념상 용인할 수 있는 수준 이하라고 생각되는 경우에, 또는 그 위험성의 상당 정도가 인간에 의해 관리할 수 있다고 생각되는 경우에, 그 위험성의 정도와 과학기술의 이용에 의해 얻어지는 이익의 크기와의 비교형량 위에, 이것을 일응 안전한 것이라고 하여 이용하고 있는 것이며, 이러한 상대적 안전성의 관점이 종래부터 이루어져온 안전성에 대한 일반적인 관점이라고 해도 좋다.

이러한 위험성도 포함한 과학기술의 이용은 에너지의 이용, 거대한 건축물, 자동차, 항공기 등의 교통기관, 의료기술, 의료품의 제조이용 등, 세상 구석구석에 미치고, 우리들의 생활을 지지하며, 편리와 부를 가져오고 있는 것이다. 이리하여 고도의 과학기술을 이용하고, 그 효용을 향수해서 영위되고 있는 현대의 사회생활은 상기와 같은 상대적 안전성의 이념을 용인함으로써 성립하고 있는 것이며, 실정법제도에 의한 과학기술에 대한 행정적 규제도 이 관점을 기초로 하고 있는 것이 보통이다.

안전목표에 대하여 5

➢ 규제가 실현하고자 하는 목표로서 여러 외국에서 설정이 이루어지고 있는 「안전목표」에 관해서는 우리나라에서는 구 원자력안전위원회에서 결정이 이루어지지 않았다.
➢ 원자력규제위원회는 이 검토를 진행하여, 2013년 4월에 합의에 이르렀다.

① 구 원자력안전위원회 안전목표전문부회에서의 검토결과(※)를 논의의 기초로 한다.

※ 노심손상빈도 10^{-4}/년 정도
격납용기기능상실빈도 10^{-5}/년 정도 등

② 방사성물질에 의한 환경에의 오염의 시점도 포함하는 것으로 하여, 사고시의 Cs137의 방출량이 100TBq를 초과하는 사고의 발생빈도는 100만노(炉)년에 1회 정도를 초과하지 않도록 억제되어야 한다.(테러 등에 의한 것을 제외한다)

③ 안전목표는 모든 발전용원자로에 구별없이 적용하여야 한다.

④ 안전목표는 원자력규제위원회가 원자력시설의 규제를 추진해가는 위에 달성하고자 하는 목표이다.

⑤ 안전목표에 관한 논의는 금후로도 계속하여 검토를 진행해 간다.

후쿠시마제1원전에서의 교훈 6

- ➢ 후쿠시마제1원전사고에서는 지진이나 쓰나미에 의해 복수의 기기 · 계통이 동시에 안전기능을 상실.
- ➢ 나아가, 그 후의 시비어 액시던트의 진전을 멈출 수 없었다.

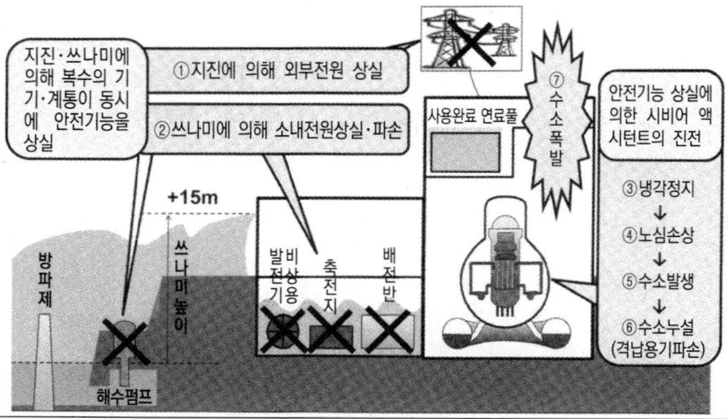

신규제기준의 기본적인 관점 7

- ➢ 신규제기준에서는 「심층방호」를 기본으로 하고, 공통요인에 의한 안전기능의 동시상실을 방지하는 관점에서 자연현상의 상정과 대책을 대폭적으로 인상.
- ➢ 또한, 자연현상 이외에도 공통요인에 의한 안전기능의 동시상실을 일으킬 가능성이 있는 사안(화재 등)에 대해 대책을 강화.

① 「심층방호」의 철저
목적달성에 유효한 복수의(다층의) 대책을 준비하고, 각각의 층의 대책을 생각할 때, 다른 층에서의 대책에 기대하지 않는다.

② 공통요인고장을 일으키는 자연현상 등에 관련된 상정의 대폭적인 인상과 그에 대한 방호대책을 강화
지진 · 쓰나미의 평가의 엄격화, 쓰나미침수대책의 도입, 다양성 · 독립성을 충분히 배려, 화산 · 용오름 · 삼림화재의 평가도 엄격화

③ 자연현상 이외의 공통요인고장을 일으키는 사안에의 대책을 강화
화재방호대책의 강화 · 철저, 내부침수대책의 도입, 정전대책의 강화(전원강화)

④ 기준으로는 필요한 「성능」을 규정(성능요구)
기준을 충족하기 위한 구체방안은 사업자가 시설의 특성에 응하여 선택

시비어 액시던트대책, 테러대책에서의 기본방침 8

- ➢ 신기준에서는 만일 시비어 액시던트가 발생한 경우에 대비하여, 시비어 액시던트의 진전을 막을 대책을 요구.
- ➢ 또한, 법목적에 테러의 발생을 상정하는 내용이 추가된 것도 토대로 하여, 테러로서의 항공기 충돌에의 대책도 요구.

① 「노심손상방지」, 「격납기능유지」, 「벤트에 의한 관리 방출」, 「방사성물질의 확산억제」라고 하는 다단계에 걸친 방호조치

② 가반설비에서의 대응(미국식)을 기본으로 하여, 항설설비와의 조합에 의해 신뢰성을 더욱 향상

③ 사용완료핵연료 풀에서의 방호대책을 강화

④ 긴급시대책소의 내성강화, 통신의 신뢰성 · 내구력의 향상, 사용완료연료 풀을 포함한 계측계의 신뢰성, 내구력의 향상(지휘통신, 계측계의 강화)

⑤ 하드(설비)와 소프트(현장작업)가 일체로서 기능을 발휘할 것이 중요하며, 수순서의 정비와 인원의 확보, 훈련의 실시 등도 요구.

⑥ 의도적인 항공기 충돌 등에의 대책으로서 가반설비의 분산보관 · 접속을 요구. 신뢰성 향상을 위한 백업대책으로서 특정중대사고등 대처시설을 도입

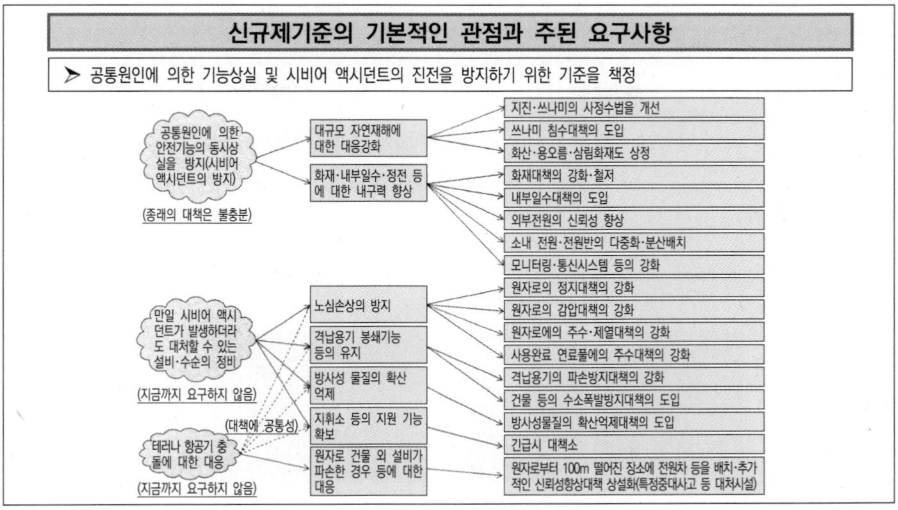
신규제기준의 기본적인 관점과 주된 요구사항
➤ 공통원인에 의한 기능상실 및 시비어 액시던트의 진전을 방지하기 위한 기준을 책정
공통원인에 의한 안전기능의 동시상실을 방지(시비어 액시던트의 방지)
(종래의 대책은 불충분)
대규모 자연재해에 대한 대응강화
화재·내부일수·정전 등에 대한 내구력 향상
지진·쓰나미의 사정수법을 개선
쓰나미 침수대책의 도입
화산·용오름·삼림화재도 상정
화재대책의 강화·철저
내부일수대책의 도입
외부전원의 신뢰성 향상
소내 전원·전원반의 다중화·분산배치
모니터링·통신시스템 등의 강화
만일 시비어 액시던트가 발생하더라도 대처할 수 있는 설비·수순의 정비
(지금까지 요구하지 않음)
테러나 항공기 충돌에 대한 대응
(지금까지 요구하지 않음)
(대책에 공통성)
노심손상의 방지
격납용기 봉쇄기능 등의 유지
방사성 물질의 확산 억제
지휘소 등의 지원 기능 확보
원자로 건물 외 설비가 파손한 경우 등에 대한 대응
원자로의 정지대책의 강화
원자로의 감압대책의 강화
원자로에의 주수·제열대책의 강화
사용완료 연료풀에의 주수대책의 강화
격납용기의 파손방지대책의 강화
건물 등의 수소폭발방지대책의 도입
방사성물질의 확산억제대책의 도입
긴급시 대책소
원자로부터 100m 떨어진 장소에 전원차 등을 배치·추가적인 신뢰성향상대책 상설화(특정중대사고 등 대처시설)
9

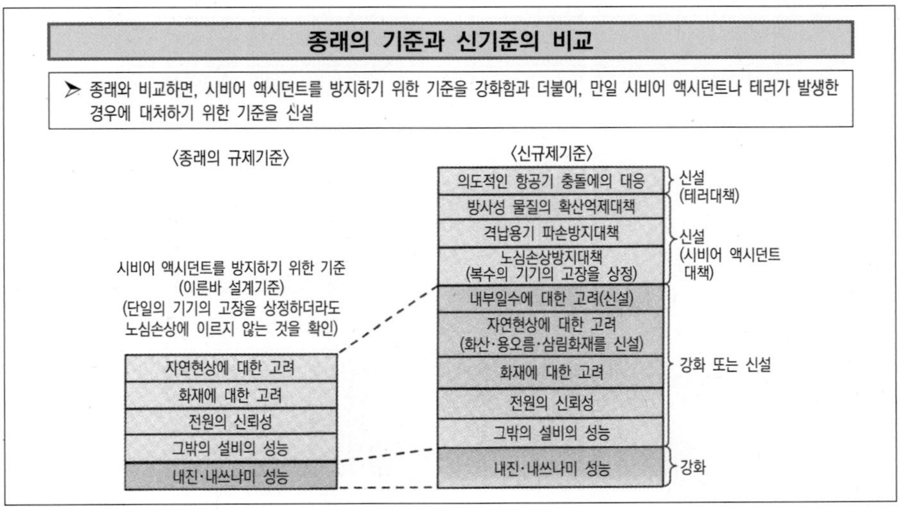
종래의 기준과 신기준의 비교
➤ 종래와 비교하면, 시비어 액시던트를 방지하기 위한 기준을 강화함과 더불어, 만일 시비어 액시던트나 테러가 발생한 경우에 대처하기 위한 기준을 신설
〈종래의 규제기준〉
시비어 액시던트를 방지하기 위한 기준
(이른바 설계기준)
(단일의 기기의 고장을 상정하더라도 노심손상에 이르지 않는 것을 확인)
자연현상에 대한 고려
화재에 대한 고려
전원의 신뢰성
그밖의 설비의 성능
내진·내쓰나미 성능
〈신규제기준〉
의도적인 항공기 충돌에의 대응
방사성 물질의 확산억제대책
격납용기 파손방지대책
노심손상방지대책
(복수의 기기의 고장을 상정)
내부일수에 대한 고려(신설)
자연현상에 대한 고려
(화산·용오름·삼림화재를 신설)
화재에 대한 고려
전원의 신뢰성
그밖의 설비의 성능
내진·내쓰나미 성능
신설
(테러대책)
신설
(시비어 액시던트 대책)
강화 또는 신설
강화
10

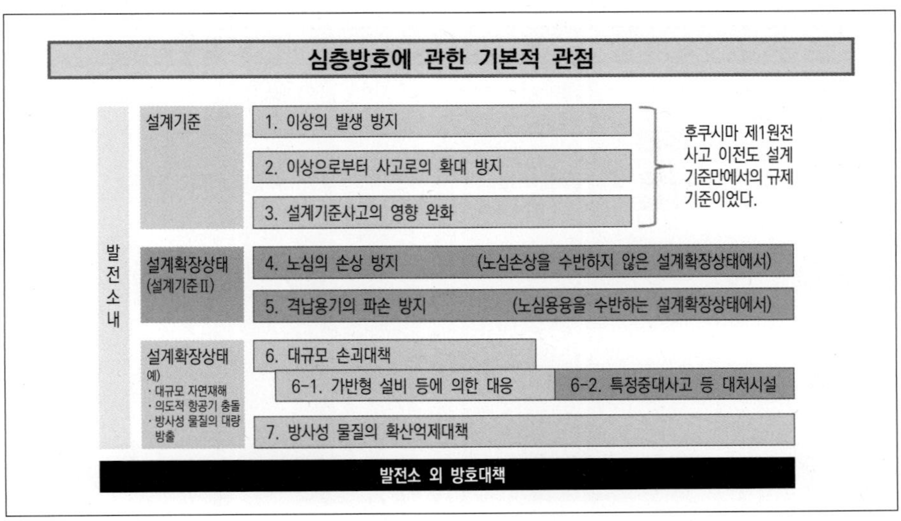
심층방호에 관한 기본적 관점
발전소내
설계기준
1. 이상의 발생 방지
2. 이상으로부터 사고로의 확대 방지
3. 설계기준사고의 영향 완화
후쿠시마 제1원전 사고 이전도 설계기준만에서의 규제기준이었다.
설계확장상태
(설계기준 II)
4. 노심의 손상 방지 (노심손상을 수반하지 않은 설계확장상태에서)
5. 격납용기의 파손 방지 (노심용융을 수반하는 설계확장상태에서)
설계확장상태
예)
· 대규모 자연재해
· 의도적 항공기 충돌
· 방사성 물질의 대량 방출
6. 대규모 손괴대책
6-1. 가반형 설비 등에 의한 대응
6-2. 특정중대사고 등 대처시설
7. 방사성 물질의 확산억제대책
발전소 외 방호대책
11

1. 이상의 발생 방지　쓰나미대책의 대폭적인 강화 12

- 기왕 최대를 상회하는 레벨의 쓰나미를 「기준쓰나미」로 책정하고, 기준쓰나미에 대한 대응으로서 방조제 등의 쓰나미방호시설 등의 설치를 요구.
- 쓰나미방호시설 등은 지진에 의해 침수방지기능 등이 상실되지 않도록 원자로압력용기 등과 같은 내진설계상 가장 높은 「S클라스」로 한다.

〈 쓰나미대책의 예(쓰나미방호의 다중화) 〉

○ 쓰나미 방호벽의 설치
(부지 내로의 침수를 방지)

○ 방조문의 설치
(건물 내로의 침수를 방지)

1. 이상의 발생 방지　보다 정밀한 「基準地震動」의 책정 13

- 원자력발전소의 부지의 지하구조에 의해 지진동(地震動)이 증폭되는 경우가 있는 것을 토대로 하여, 부지의 지하구조를 3차원적으로 파악할 것을 요구.

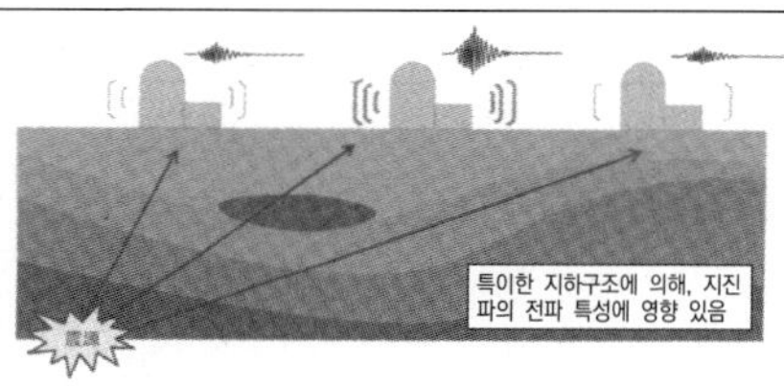

〈지하구조조사의 예〉

기진차로 지하에 진동을 주어, 보올링공 내의 수진기로 수진. 해석함으로써 지하구조를 파악

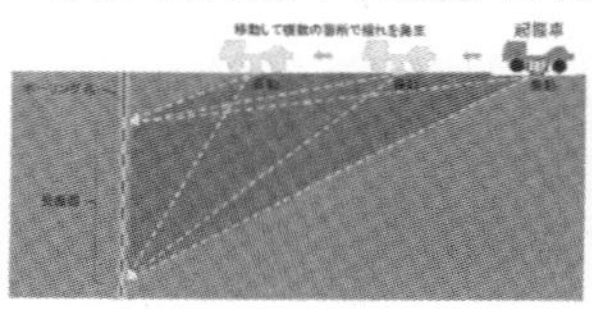

기진차

1. 이상의 발생 방지　그밖의 자연현상의 상정과 대책을 강화 14

- 공통원인에 의한 안전기능의 동시상실을 방지하는 관점에서, 화산 · 용오름 · 삼림화재에 대해, 상정을 대폭적으로 인상한 위에 방호대책을 요구.

(화산의 예)

원자력발전소의 반경 160km권내의 화산을 조사하여, 화산재의 도달의 가능성, 도달한 경우의 영향을 평가하여, 미리 방호조치를 강구할 것을 요구.

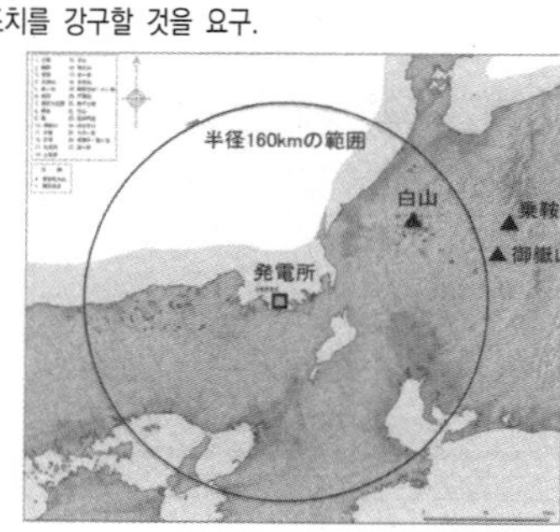

15

2. 사고에의 확대 방지 전원상실에의 대책 강화

➢ 자연현상 이외에 공통요인에 의한 안전기능의 동시상실을 일으키는 사안으로서 정전(전원상실)에 대한 대책을 근본적으로 강화.

신기준과 종래기준과의 비교(전원)

	종래	신기준
외부전원	2회선(독립성의 요구 없음)	2회선(독립한 것을 회수)
소내교류 전원	항설 2대(비상용 디젤 발전기)	좌에 더해, 항설 1대 추가, 가반식(전원차) 2대 추가, 7일분의 연료를 비축
소내직류 전원	항설 1계통 (용량은 30분)	좌의 용량 증가(24시간), 가반식 1계통 및 항설 1계통을 추가(모두 24시간분)

※ 상기 외에, 전원반 등에 대해서도 공통요인으로 기능상실하지 않을 것을 요구

높은 지대에 전원차의 배치(가반식교류전원)

외부 전원계의 강화(독립한 다른 2 이상의 변전소 등에 2회선 이상의 송전선에 의해 접속)

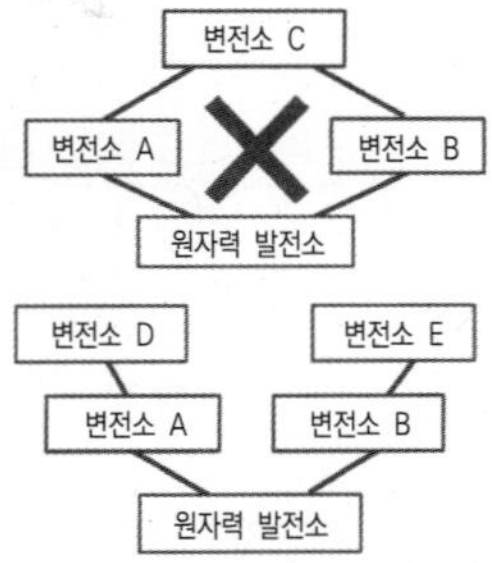

16

4. 노심손상 방지대책

➢ 만일 공통요인에 의한 안전기능의 동시상실 등이 발생하였다고 하더라도 노심손상에 이르게 하지 않기 위한 대책을 요구.
(예 1) 전원상실시에도 가반식 전원 등에 의해 안전밸브를 해방하고, 가반식 주수설비 등에 의한 주수(注水)가 가능하게 될 때까지 원자로를 감압(BWR)
(예 2) 원자로를 감압후, 가반식 주수설비에 의해 노심에 주수.

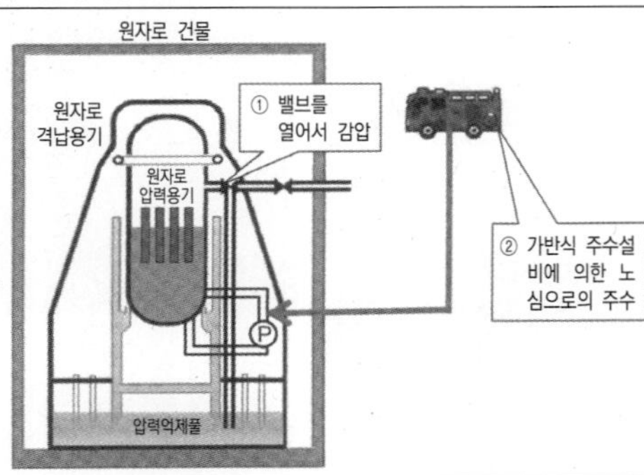

17

5. 격납용기파손 방지대책

➢ 노심손상이 일어났다고 하더라도 격납용기를 파손시키지 않기 위한 대책을 요구.
(예 1) 격납용기내 압력 및 온도의 저하를 도모하고, 방사성물질을 저감하면서 배기하는 필터벤트를 설치(BWR).
(예 2) 용융노심에 의해 격납용기가 파손하는 것을 방지하기 위해 용융노심을 냉각할 격납용기 하부주수설비(펌프차, 호스 등)을 대비.

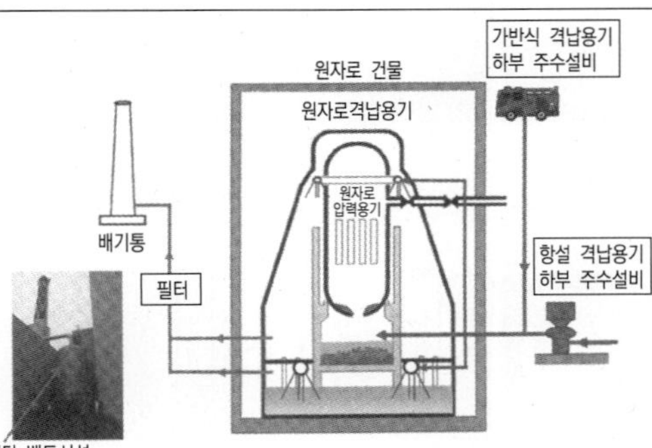

필터·벤트시설

6. 의도적인 항공기 충돌 등에 대한 대책 18

➢ 의도적인 항공기 충돌 등에 대한 가반식 설비를 중심으로 한 대책(가반식 설비 · 접속구의 분산배치). 백업대책으로서 상설화를 요구(특정중대사고등 대처시설의 정비)

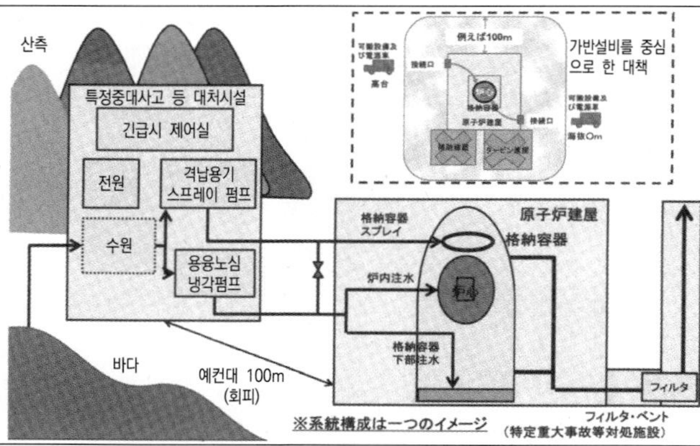

7. 부지 외부로의 방사성물질의 확산억제대책 19

➢ 격납용기가 파손되었다고 하더라도 부지 외부로의 방사성물질의 확산을 억제하기 위한 대책을 요구

옥외 방수설비의 설치 등(원자로 건물로의 방수로 방사성 물질의 프룸(대기중의 흐름)을 방지)

대책이미지(대용량 포방수포시스템에 의한 방수)

(画像の引用)
平成23年度版消防白書 http://www.fdma.go.jp/html/hakusho/h23/h23/html/2-1-3b-3_2.html

신규제시행 후의 당면의 심사 · 검사의 진행방식(이미지) 20

➢ 통상의 심사에서는 설치허가, 공사계획인가, 보안규정인가에 관련된 심사를 단계적으로 실시.
➢ 이번 심사에서는 설비의 설계나 운전관리체제 등, 하드 · 소프트의 양면의 실효성을 일체적으로 심사하는 것으로 하고, 설치허가, 공사계획인가, 보안규정인가에 대하여 사업자로부터 동 시기에 신청을 접수하여, 동시 병행적으로 심사를 실시.

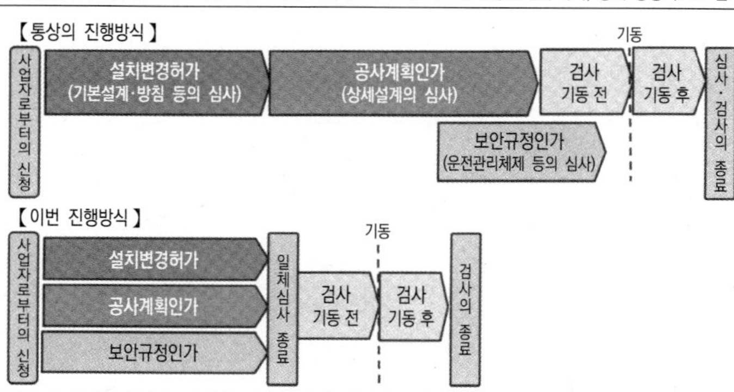

21

고경년화대책 및 운전기간연장인가에 관련된 제도에 대하여

- 고경년화대책제도 : 운전개시후 30년을 경과하는 원자로시설에 대하여 이후 10년마다 기기구조물의 열화평가 및 장기보수관리방침의 책정을 의무지워, 이것을 보안규정인가에 관련시키는 제도.
- 운전기간연장인가제도 : 발전용원자로를 운전할 수 있는 기간을 운전개시부터 40년으로 하고, 그 만료까지 인가를 받은 경우에는 1회에 한하여 연장하는 것을 인정하는 제도.
  연장기간의 상한은 20년으로 하고, 구체적인 연장기간은 심사에서 개별적으로 판단.

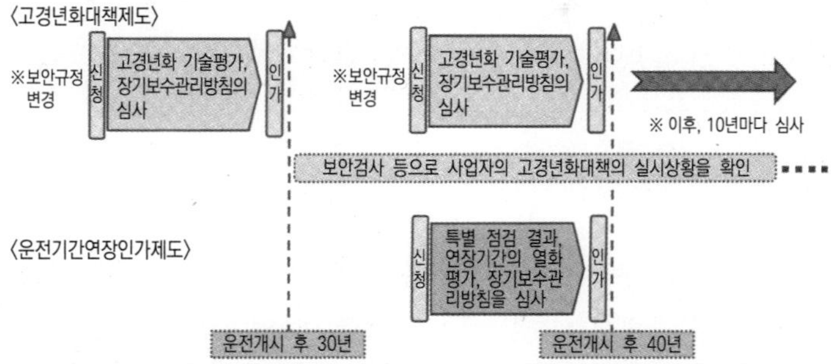

22

운전기간연장인가제도에 대하여

- 운전기간 연장에 대하여는 연장기간의 운전에 수반하는 열화를 고려한 위에, 최신의 기술기준에 적합하고, 연장기간 중 유지할 것을 인가기준으로 한다.
- 운전기간 연장의 인가신청에 있어서는 사업자에게 이하의 대응을 요구하고, 그 결과를 토대로, 원자력규제위원회에서 인가기준에의 적합성을 판단한다.
  ① 열화사안과 관련된 특별점검의 실시
  ② 연장기간에서의 열화에 관한 기술적 평가
  ③ 연장기간에서의 보수관리방침의 책정

〈특별점검과 관련된 기본적 관점〉

통상보전으로 대응해야 할 것을 제외하고, 지금까지 열화사안에 대하여 점검하지 않은 것, 점검범위가 일부였던 것 등을 추출해 상세한 점검을 요구한다.

〈특별점검의 대상설비 · 부위의 예 (예: PWR)〉

대상설비	대상부위 · 현재의 점검 방법	특별점검
원자로 용기	용접부만 초음파 탐상검사(UT)에 의한 점검을 실시	모재 및 용접부(노심영역 100%)의 UT를 실시
원자로 격납용기(격납용기 강판부분)	누설율시험 등의 실시	목시 시험에 의한 도막상태의 확인
콘크리트 구조물	목시 및 비파괴검사의 실시	채취한 코어샘플에 의한 강도, 중성화, 염분 침투 등의 확인

원자력규제기관의 조직 · 기능과 원자력규제개혁

킴벌리 · 섹스톤 = 닉(OECD/NEA 사무국 원자력법과 법무전문관)

여러분 안녕하세요. 오늘은 이곳에 참가할 수 있어서 대단히 기쁘게 생각합니다. 짧은 프레젠테이션이지만, 이 가운데에서 NEA 여러 국가들의 원자력규제기관에 초점을 맞추어 이야기를 하겠습니다. 우선, 원자력규제기관의 목적 · 기능 · 조직에 대해서 이야기하고, 다음에 규제기관의 국가별 비교를 하고, 원자력사고 후에 이루어진 규제개혁에 대하여 이야기 하겠습니다.

1. 원자력규제기관의 목적 · 기능 · 조직

우선, 원자력규제기관의 목적 · 기능 · 조직부터 시작하겠습니다. 이들 점을 생각함에 있어서는 각국의 제도 중에서 어떻게 원자력규제기관이 위치되어 있는가를 생각할 필요가 있습니다. 우선, 원자력관련법을 제정하는 의회가 있습니다. 다음으로 담당 부처가 있고, 이것은 거주하고 있는 국가에 의해, 또한 정부의 형태에 의해 다릅니다만, 원자력에 관한 여러 가지 문제, 예컨대 외교, 경제 및 산업, 환경, 에너지, 보건, 방위, 손해배상이 관계하게 됩니다. 마지막으로, 원자력규제당국이 있습니다. 일반적으로 이 조직은 원자력의 이용에 관한 보다 구체적인 사항, 예컨대 안전성, 방사선방호, 방사성폐기물관리, 핵불확산, 시큐리티, 환경보호나 입지허가 등에 관계합니다.

정부기구 이외에도 여러 키 플레이어가 존재합니다. 예컨대, 산업계, 여기에는 원자력사업자, 허가사업자, 판매업자, 서플라이어 등이 포함됩니다. 그에 더하여 세션 2의 논의에서도 나온 것처럼 다른 다수의 스테이크홀더, 예컨대 지방자치단체나 비정부조직(NGO), 그리고 물론 시민이 포함됩니다.

이러한 원자력규제기관의 구조나 조직에 대하여 생각할 때에, 처음에 답하여야 하는 문제는 누가 안전성의 책임을 부담하는가입니다. 일반적으로는 두 개의 주요한 주체가 생각할 수 있습니다만, 그것은 원자력규제기관과 원자력사업자입니다. 이들 중, 어느 쪽 하나만이 안전성에 관한 책임을 단독으로 부담하고 있다고 할 수는 없습니다. 안전성의 확보에 대하여 양자 모두 중요한, 그러나 다른 역할을 맡고 있습니다. 원자력규제기관은 기준을 책정하고, 법률의 체계에 근거하여 그것을 집행합니다. 한편, 원자력사업자는 원자력시설의 안전성과 시큐리티에 관하여 제일의적인 책임을 지고 있습니다. 이것이 원자력의 안전에 관한 조약(원자력안전조약)에서 강조되고 있는 원칙입니다[1]. 원자력사업자가 제일의적인 책임을 지고 있습니다만, 규제기관은 사업자가 원자력법령에의 준수를 확보하는 점에서 불가결의 역할을 수행하고 있는 것은 유의해둘 필요가 있습니다. 이처럼, 원자력규제기관과 원자력사업자의 양자가 모두 공통의 목표를 향하여 활동하여야 하는 것입니다. 그 공통의 목적이란 물론 안전성입니다.

원자력규제기관의 기본적인 목적은 또는 제1의 목적은 각국에서도 국제기관에서도 대체로 일치하는 바로서, 그것은 허가사업자가 그 시설을 항상 안전하게 운전하는 것을 확보하는 것입니다. 그럼, 그러한 안전성이란 추상적인 개념에서 예컨대 일정기간마다 안전기능을 검사하는 것과 같은 보다 실무적인 레벨까지 어떻게 포함시켜갈까요.

다수의 규제기관에서는 안전성에 대하여 정의를 한다든지, 조직 전체의 미션 스테이트먼트나 기본원칙을 정하고 있습니다. 국가에 의해서는 적극적인 형태로 조직의 책임을 정의한다든지, 예컨대 규제기관으로서 무엇을 실현하고, 무엇을 확보한다고 하는 형태로 구체적으로 제시하는 것이 있습니다. 한편으로, 규제기관은 무엇을 방지할 것인가라는 다른 어프로치로 정의하고 있는 경우도 있습니다. 예컨대, 미국원자력법에서는 원자력규제기관(NRC)은 허가를 받은 이용이 「방위와 안전보장에 적합한 것임과 함께, 공중의 건강과 안전에 대한 충분한 보호를 실현한다」고 규정하고 있습니다. 또 하나의 예로서, 일본의 원자력규제위원회설치법은 「원자력 이용에서의 안전의 확보를 도모하기 위하여 필요한 시책을 책정하고, 또는 실시하는 사무…를 일원적으로 관장함과 함께」, 「국민의 생명, 건강 및 재산의 보호, 환경의 보전 그리고 우리나라의 안전보장에 이바지할 것을 목적으로 한다」고 규정하고 있습니다. 역으로, 캐나다의 원자력안전관리법에서는 규제기관은 「부당한 리스크를 방지」하여야 한다고 규정하고 있습니다. 또한 유사하게, 프랑스의 원자력의 투명성 및 안전에 관한 법률은 규제기관

1) Convention on Nuclear Safety (1994), IAEA Doc. INFCIRC/449, 1963 UNTS 293, entered into force 24 October 1996, Art.9 (CNS).

은 「사고를 방지하거나 또는 그 영향을 완화한다」, 「전리방사선에 의해 공중에게 직접적 또는 간접적으로 발생하는 유해한 영향을, 환경에 대한 악영향에 의한 것도 포함하여 방지 또는 저감한다」고 규정하고 있습니다. 이처럼, 실현하거나 또는 확보한다는 표현, 또는 방지한다는 표현이 사용되고 있는지에 관계없이, 명확한 것은 어떤 기관에서도 안전성이라는 목표는 공통이라는 점입니다.

기본적인 규제기능에 대하여 국제레벨에서 보면, 이 안전성이라는 목표를 달성하기 위하여 국제원자력기관(IAEA)은 규제기관은 공통으로 이해되고 있는 일정한 규제에 관한 기능을 행하여야 한다는 것을 나타내고 있습니다. 우선, 국가의 법적인 절차나 원칙에 따라서, 시설을 운용하는 사업자나 그 밖의 규제에 복종하는 자를 규율하는, 일련의 적절하고 포괄적이며 확고한 규칙이나 지령을 검토, 책정하는 기능을 가지고 있습니다. 이것은 기준설정기능이라고 불리는 것입니다. 규제기관은 규제제도의 법적인 체계 아래, 이들 기준에 비추어 인정되는 활동에 허가를 줍니다. 그것이 면허・허가기능입니다. 또한 규제당국은 그러한 기준이나 규제의 준수상황을 검사나 그밖의 방법을 통하여 확인하는 권한을 가지고 있습니다. 이것이 검사・모니터링기능입니다. 마지막으로 규제당국은 적절한 시정조치를 과함으로써 설정된 기준이나 규칙을 준수시키는 강제력을 갖지 않으면 안됩니다. 법령 위반이 단순한 부주의나 과실, 과오가 원인이었다고 하더라도 또는 규제에 복종하는 자의 불법행위에 의한 것이었다고 하더라도, 그것에는 좌우되지 않습니다. 이것이 강제기능입니다.

이들은 IAEA에서 추상적으로 설명되고 있는 일반적인 기능입니다만, 그것을 어떻게 보다 실무적인 레벨로 포함시켜갈까요. 지역레벨에서는 원자력시설의 안전체계에 관한 2014년 수정 EU지령[2](EU수정안전지령) 섹션 (b)부터 (e)가 EU에서의 규제기관에게 요구되는 것을 구체화하고 있습니다. 거기에서는 원자력시설의 라이프사이클 모든 단계를 커버하는 국가의 안전요건, 허가 및 심사제도, 규제기관에 의한 감독체계, 비례적이고 효과적인 강제조치가 필요하다고 되어 있습니다.

국가의 레벨에서는 예컨대 미국의 NRC에서는 다섯 개의 요소로 된 기본적인 규제기능을 제시하고, 여기에는 규제와 가이드라인의 책정, 신청자에 대한 인허가의 부여, 허가를 받은 활동의 감독, 운전경험의 평가, 규제에 관한 의사결정의 서포트가 포함됩니다. 보시는 바와 같이, 이들은 대부분 말씀드린 것 같은, EU의 지역레벨에서의 내용과도, 또한 IAEA가 제시하고 있는 국제적인 레벨에서의 내용과도 완전히 합치합니다. 이것은 물론 우연이 아닙니다.

---

2) Council Directive 2014/87/Euratom of 8 July 2014 amending Directive 2009/71/Euratom establishing a Community framework for the nuclear safety of nuclear installations, *Official Journal of the European Union*(OJ) L 219(25 July 2014).

세계 각국의 규제기관은 이들 유사한 기본적인 기능을 수행하고 있는 것입니다. 이처럼 말한다고 하더라도 규제기관의 조직이 꼭 동일한 외형을 갖추고 있는 것은 아닙니다.

원자력안전조약 제8조에서는 규제기관의 몇 가지 특징이 제시되어 있습니다. 동 조에 의하면, 「각 체약국은 법령의 체계를 실시하기 위한 권한이 부여된 규제기관을 설립 또는 지정하여야 한다」, 규제기관은 「부여된 책임을 수행하기 위하여 충분한 권한, 능력, 재원, 인재가 주어져야 한다」, 「규제기관과 원자력의 추진 · 이용에 관계하는 조직과의 사이의 기능의 효과적인 분리」가 보장되어야 한다고 되어 있습니다.

그러나, 원자력안전조약이나 그것에 관련하는 조약인 사용완료연료관리 및 방사성폐기물관리의 안전에 관한 조약[3]의 어느 것도 구체적인 규제기관의 형태에 대해서는 특정하고 있지 않습니다. 조약이 규제기관의 특정의 조직이나 형태를 규정하고 있지 않기 때문에, 각국은 조약에 규정된 속성이나 기능을 가장 잘 충족할 수 있는 조직의 형태를 자유롭게 결정할 수 있습니다.

규제기관의 조직에 대해서는 의무나 바람직한 형태에 대해서도 조약에는 특히 규정되어 있지 않습니다만, 일반적으로 말하면, 두 개의 카테고리 중의 어느 것인가에 해당합니다. 하나는 복수의 멤버로 구성되는 위원회나 조직, 또 하나는 한 사람의 장관이나 행정관이 이끄는 규제기관으로서 이것은 자주 정부의 하나의 부처 중에 설치되고 있습니다.

지역레벨에서는 EU수정안전지령에서는 규제당국의 속성이 권한, 독립성, 리소스의 점에서 대단히 강화됩니다. 안전에 관한 투명성의 요구도 강화되고, 효과적인 원자력안전문화가 추천되고 있습니다. 그러나, 이에 대해서도 규제당국의 구체적인 형태에 대해서는 규정하고 있지 않기 때문에 앞에서 말씀드린 것처럼, 규제기관은 다른 형태를 취할 수 있습니다.

2. 규제기관의 국가별 비교

첫 번째의 형태는 복수의 멤버로 구성되는 위원회 또는 조직으로서, 캐나다, 프랑스, 스페인, 미국 등이 있습니다.

캐나다의 원자력안전관리법에서는 「법인」으로서 캐나다원자력안전위원회(CNSC)가 설치되어 있습니다. 이것은 천연자원장관 아래에 있습니다만, 장관의 감독은 받지 않고, 독립성을 유지하고 있습니다. 법률상 캐나다의 규제기관은 7인까지의 상임위원으로 구성되어 있고, 캐나다총독이 필요하다고 인정한 경우에는 언제라도 임시위원을 둘 수 있습니다. 캐나다총독

3) Joint Convention on the Safety of Spent Fuel Management and on the Safety of Radioactive Waste Management(1997), IAEA Doc. INFCIRC/546, 2153 UNTS 357, entered into force 18 June 2001.

은 상임위원의 1인을 위원장으로 임명합니다. 위원장은 풀타임의 위원으로서, 그밖의 위원은 풀타임 또는 파트타임으로 됩니다. 법률에서는 「(CNSC의)위원장은 위원회의 CEO이며, 위원회의 위원, 임원, 직원의 직무를 감독, 지도한다」고 규정되어 있습니다.

다음으로, 프랑스의 원자력규제청(ASN)의 사례입니다만, 이것도 위원회형식을 취하고 있습니다. 5인의 위원이 ASN을 통괄하고, 그 안전성이나 방사선방호에 관한 ASN의 전반적 방향성을 결정합니다. 위원은 모두 풀타임으로 직무에 종사하며, 임기는 6년, 재임은 불가능합니다. 위원은 완전한 중립성을 가지고 직무를 행하며, 정부 및 그밖의 자로부터 어떠한 지시도 받지 않습니다. 위원이 해임되는 것은 직무의 수행이 불가능하게 된 경우, 또는 스스로 사임하는 경우에 한정됩니다. 또한 공화국대통령은 위원에게 대단히 중대한 의무위반이 있었던 경우에는 당해 위원을 해임할 수 있습니다. 장관이 ASN의 직원을 지휘합니다.

다음으로, 스페인의 원자력안전위원회(CSN)설치법은 CSN이 국가의 중앙정부로부터 독립성을 가질 것을 규정하고 있습니다. CSN은 의장과 4인의 위원으로 구성되고, 산업관광무역장관의 추천을 받아서 정부에 의해 임명됩니다. 의장도 다른 위원과 동일한 절차로 임명됩니다.

그럼 다음으로, 단독의 장관 또는 행정관에 의해 통괄되고 있는 또 하나의 타입을 보겠습니다. 몇 가지 예를 들면, 러시아연방, 독일, 영국, 스웨덴이 있습니다.

러시아연방에서는 연방환경산업원자력감독청(로스테프나졸)이 국가의 원자력규제기관입니다. 연방정부는 로스테프나졸의 활동을 감독합니다만, 쭉 그러한 형태였던 것은 아닙니다. 최근 6년간에 진짜 독립성을 확보하기 위하여 감독관계가 개혁되고 있습니다. 2008년에 로스테프나졸은 천연자원환경부 아래 설치되었습니다. 그러나 2년 후, 「국가의 안전규제기관이 …효과적으로 직무를 수행하기 위하여서는 정말로 독립성을 확보하지 않으면 안되고, 어떠한 부처에도 소속되어서는 안된다」고 하는 것이 결정되었습니다. 그 후, 2010년에 로스테프나졸을 직접 연방정부직할의 조직으로 하고, 원자력의 이용을 관할하는 조직으로부터는 독립하는 것이 결정되었습니다. 이처럼, 법률에 의해 국가의 규제기관은 다른 국가의 기관이나 원자력의 이용에 관한 활동을 수행하는 조직으로부터는 독립이라는 것으로 되어있습니다. 국가의 원자력규제기관으로서 로스테프나졸은 원자력발전소의 안전성에 관해 규제를 행하고, 원자력 이용에 관한 활동을 감독하며, 환경보호에 대하여 규제·감독하고, 원자력에 관한 활동, 특히 원자력발전소의 운전에 관해 허가를 내줄 권한을 가집니다. 로스테프나졸의 톱에는 행정관인 1인의 체어맨이 있습니다.

다음으로, 독일의 예를 보겠습니다. 독일에서는 규제기관은 두 개의 부분으로 되어 있습니다. 하나는 연방정부의 규제기관으로서 이것은 연방환경자연보호건설원자력안전부(BMUB)

입니다. 또 하나는 주정부기관입니다. BMUB의 장관이 규제기관의 톱으로 됩니다. BMUB는 주정부의 활동에 관한 연방레벨의 감독 및 국제협력을 담당합니다. BMUB를 서포트하는 것이 연방방사선방호국(BFS)입니다. 이것은 BMUB에 대한 기술지원기관으로, 1989년에 체르노빌사고의 발생도 하나의 계기로서 설립되었습니다. BFS도 또한 1인의 장관이 톱으로 있습니다. 독일에서는 다섯 개의 주에 원자력시설의 허가 · 감독을 수행하는 기관이 있고, 그 기본적인 조직구조는 대부분 같습니다. 장관은 담당부국의 보조를 받아서 조직을 통괄합니다. 담당부국은 국장을 장으로 하고, 몇 개의 과로 나뉘어 있고, 원자력시설의 허가 · 감독을 담당합니다.

영국은 2014년 4월에 규제기관의 대규모의 개혁을 수행하고, 원자력규제국(ONR)이 설치되었습니다. ONR은 원자력안전규제, 민생용 방사성물질 · 폐기물의 수송의 규제, 핵시큐리티에 관한 규제, 영국정부의 보장조치협정의 실시를 담보하기 위한 감독이라는, 전반적인 권한을 가지고 있습니다. ONR의 집행임원회는 의장을 포함해 최소 4인 최대 7인의 비집행임원, CEO 및 주석원자력검사관을 포함하는 4인의 집행임원으로 구성됩니다. ONR의 의장 및 비집행임원은 극히 드문 예외를 제외하면, 담당장관에 의해 임명됩니다. 주석원자력검사관 및 CEO는 장관의 동의 위에 ONR 집행임원회에 의해 임명됩니다. ONR 집행임원회는 간단히 말하자면 보통의 기업의 이사회에 상당하다고 생각하시면 됩니다. 기업의 이사회와 비슷하기 때문에 의장을 포함하는 비집행임원은 실제로는 허가의 부여, 취소, 변경과 같은 규제에 관한 의사결정에 관해서는 책임을 지지 않습니다. 이들 의사결정권한은 주석원자력검사관의 지휘 아래 ONR의 담당직원에게 위임되고 있습니다.

3. 규제개혁

그럼 다음으로, 원자력사고를 받아서 이루어진 규제개혁의 예에 대하여 간단하게 보도록 하겠습니다.

원자력안전조약은 원자력발전소를 설치하는 사업자가 제일의적인 책임을 진다고 하는 원칙을 중시하고 있습니다만, 규제기관은 원자력사업자에 대한 감독의 실효성에 대해 책임을 집니다. 사고, 또는 사고에 이르지 않은 사안이 일어난 경우에는 규제당국의 약점이 종종 명확하게 됩니다. 중대사고의 원인에 관한 평가결과를 돌이켜보면, 규제기관의 약점 또는 비효율성이 사고를 일으키는 상황을 만드는 것에 기여하였다고 하는 공통의 과제가 있습니다. 주지하는 바와 같이, 미국, 구 소련의 우크라이나, 그리고 일본에서 지금까지 3개의 커다란 사고가 원자력분야에서 일어났습니다. 이들 사고 후, 주요한 보고서가 전문가위원회로부터 나왔습니다만, 모두 엄격한 말로 규제기관에 대해 언급하고 있습니다. 미국에서의 스리마일섬사고를 계기로 하는 보고서에서는 「현재와 같은 조직구조, 직원, 자세로는 NRC는 허용될 수 있는 레벨에서의 원자력발전소의 안전성을 확보하다고 하는 책임을 달성할 수 없다」고 비판하고 있습니다. 체로노빌사고 후에는 국가의 규제기관은 「독립조직으로 볼 수 없었다」고 비판되었습니다. 최근의 일본에서는 「이 사고가 『인재』라는 것은 명백하며, 역대 및 당시의 정부, 규제당국, 그리고 사업자인 도쿄전력에 의한, 사람들의 생명과 사회를 지킨다고 하는 책임감의 결여가 있었다」고 지적하였습니다.

이들 사고의 기술적인 측면에 대한 검증에 많은 시간이 소모되고 있습니다만, 여기에서는 이들 사고가 세계의 규제조직에 어떠한 영향이 있었는지를 간단하게 보겠습니다. 우선 스리마일섬사고는 1979년 3월 28일의 이른 아침에 펜실베니아주에 있는 스리마일섬발전소에서 발생하였습니다. 이 사고는 기기의 기능부전, 설계의 문제, 사업자의 미스라는 일련의 사안에 의해 일어나, 5일간에 걸쳐서 계속되었습니다. 이 결과, 스리마일섬발전소 2호기의 노심의 일부 용해와 극히 소량의 사이트 외부로의 방사성물질의 방출이 있었습니다. 사상자는 나오지 않았습니다만, 미국의 상업용 원자력발전소의 역사 가운데에서 가장 심각한 사고였습니다.

이 사고 후 6개월 내에, 지미 카터대통령에 의해 소집된 12인 위원회가 보고서를 제출하였습니다. 일련의 히어링을 실시하여, 9권에 이르는 태스크포스 리포트로 구성되는, 합계 2,200페이지 이상에 이르는 보고서가 만들어졌습니다. 그 가운데에서도 44의 권고가 가장 중요한 것으로 되어 있습니다. 대통령의 위원회는 「조직・절차・실천 그리고 무엇보다도 NRC의 태도에 대해 근본적으로 바꾸어야 한다」, 「현재의 구성으로는 NRC는 안전성의 목표를 효과적으로 달성하기 위하여 필요한 조직상, 운영상의 능력을 결여하고 있다」고 지적하였습니다. 대통령위원회는 5인의 위원회제를 폐지하고, 1인의 장관 하에 조직을 구성하는 것을 비롯하여, 조직의 발본적인 개혁을 제언하였습니다.

카터대통령의 어드바이저는 이 제언에 강하게 반대하였습니다. 1인의 행정관 하에 구성되는 조직으로 하는 것은 「공개의 심의에서의 의견의 다양성」의 이점을 손상하는 것이라고 주장하였습니다. 카터대통령과 의회는 이 의견에 동의하고, 위원회형식을 폐지하는 것이 아니라, 특히 긴급시에서의 위원장의 집행권한을 강화하는 방향으로 NRC를 재편하기로 하였습니다.

스리마일섬사고 후의 상황은 NRC의 규제제도에 커다란 변경을 가져오고자 하는 것이었습니다만, 최종적으로는 극단으로 제도를 개정하기까지의 필요는 없었던 것입니다.

다음으로, 체르노빌사고에 대하여 보겠습니다. 이 사고의 커다란 원인은 플랜트의 설계에 있다고 합니다만, 규제체제의 결함에도 많은 원인이 있습니다. 커다란 문제로서 체르노빌사고 당시의 소련에는 원자력법이 없었습니다. 이 때문에, 원자력발전소를 건설하고, 전력을 공급하는 조직이 안전기준을 책정하는 책임을 지는 것으로 되었습니다. 미국에서는 이러한 상황을 「이리가 닭장을 지키고 있다」고 하였습니다.

IAEA는 그 보고서에서 소련의 규제체제는 「너무나도 불충분하고」, 「공급자측의 프레셔에 대항할 수 없다」고 말하고 있습니다. 또한 IAEA는 소련에서는 안전문화가 결여되어 있다고 말하고 있고, 이것이 안전문화라는 문언을 IAEA가 사용한 최초의 예로 되었습니다. 이 상황은 사고 후 곧바로 소련이 변화된 것은 아니었습니다. 러시아연방이 원자력에너지법을 성립시킨 것은 1995년 체르노빌사고로부터 만 9년이 경과한 때였습니다.

일본의 상황에 대해서는 원자력규제청의 야마가타 총괄관이나 시미즈 장관이 이미 충분히 설명하셨기 때문에 생략하겠습니다. 또한, 후쿠시마원전사고 후의 규제개혁의 노력에 관해 한국의 개혁에 대해서는 함 선생님이 말씀을 하실 것입니다.

앞으로 나아가면, 2011년 9월에 인도에서 원자력안전규제청(NSRA)법안이 도입되었습니다. 이것은 현재의 원자력규제평의회(AERB)를 해산하고, NSRA라는 별개의 조직으로 바꿀 것을 의도하였습니다. 이 법안은 NSRA에 인도원자력부로부터 보다 커다란 독립성을 부여할 것을 예정하였었습니다만, 결국 실효하였기 때문에 다시 제출되지 않으면 안되었습니다.

또한, 영국의 개혁에 대해서도 앞에서 얘기를 했습니다. 이것은 후쿠시마원전사고를 받은 개혁이라는 것이 아닙니다만, 사고 후에 실시되었습니다. 마지막으로, EU의 2014년수정안전지침에 대해서도 언급해두고자 합니다.

4. 정리

여기서 정리로서 몇 가지 점에 대해서 말하고자 합니다. 국제기관이나 국가의 기관에서는 모든 안전규제기관의 기본적 목표 또는 제일의적인 목적으로서 원자력에 관한 허가사업자가 그 시설을 항상 안전하게 운전할 것을 확보하는 것이 널리 공유되어 있습니다. 추상적인 레벨에서는 현재의 규제기관의 책임, 조직, 기능에 대해서는 상위점 보다도 유사점이 보다 많이 있는 것처럼 보입니다. 그러나, 중요한 차이나 벗어나 있는 곳도 아직 있고, 이것은 후쿠시마원전사고 후에 명백히 된 점이 명확하게 나타내고 있습니다. 마지막으로, 원자력안전에 관한 조약에는 다수의 국가가 찬동을 하였습니다만, 모든 국가가 규제기관의 책임, 기능, 특징에 관한 조문을 완전하게 실시하고 있는 것은 아닙니다. 조약에 강제적인 실시조치가 없는 이상은 각국이 조약의 원칙을 실시하도록 장려할 수밖에 없습니다.

경청해주셔서 감사합니다.

1

OECD Nuclear Energy Agency NEA

The Structure and Function of Regulatory Bodies / Regulatory Reform

Symposium: Fukushima Nuclear Power Plant Accident and Law and Policy
Hitotsubashi University
25 September 2016

Kimberly S. NICK
Lawyer
OECD Nuclear Energy Agency
Tel.: +33 (0)1 45 24 10 38
Kimberly.Nick@oecd.org

2

OECD Nuclear Energy Agency NEA

Overview of Presentation

- Objectives, Functions and Structures of Regulatory Bodies
- A Comparison of Regulatory Bodies
- Regulatory Reform

3

OECD Nuclear Energy Agency NEA

Objectives, Functions and Structures of Regulatory Bodies

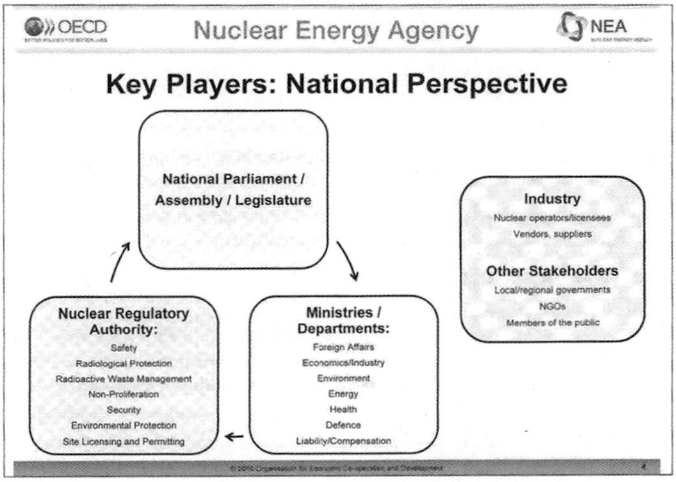

4

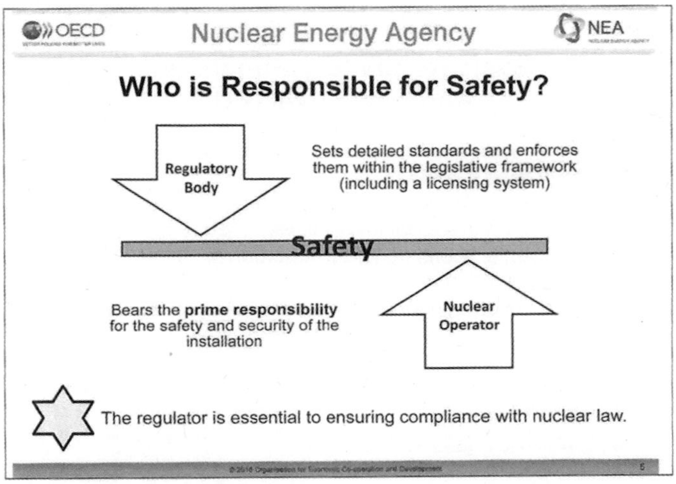

5

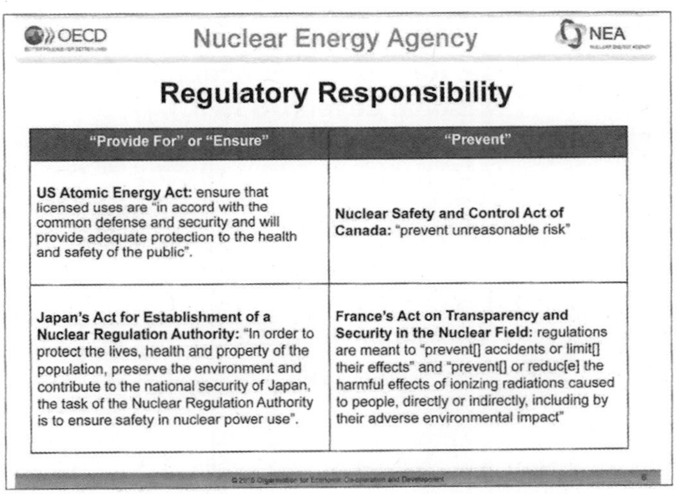

"Provide For" or "Ensure"	"Prevent"
US Atomic Energy Act: ensure that licensed uses are "in accord with the common defense and security and will provide adequate protection to the health and safety of the public".	**Nuclear Safety and Control Act of Canada:** "prevent unreasonable risk"
Japan's Act for Establishment of a Nuclear Regulation Authority: "In order to protect the lives, health and property of the population, preserve the environment and contribute to the national security of Japan, the task of the Nuclear Regulation Authority is to ensure safety in nuclear power use".	**France's Act on Transparency and Security in the Nuclear Field:** regulations are meant to "prevent[] accidents or limit[] their effects" and "prevent[] or reduc[e] the harmful effects of ionizing radiations caused to people, directly or indirectly, including by their adverse environmental impact"

6

OECD Nuclear Energy Agency NEA

Basic Regulatory Functions: International Level 7

- To **develop and enact** a set of appropriate, comprehensive and sound regulations.
- To **authorize** allowable activities in accordance within the legal framework of the regulatory system.
- To **verify** compliance with such regulations; and
- To **enforce** the established regulations by imposing the appropriate corrective measures, in the event of a departure from licensing conditions, malpractice or wrongdoing by those persons or organisations under regulatory oversight.

See IAEA (2003), INSAG-17, Independence in regulatory decision making, p. 1; IAEA (2002), Safety Guide No. GS-G-1.1, Organization and Staffing of the Regulatory Body for Nuclear Facilities, §3.4; IAEA (2010), Safety Standards No. GSR Part 1, Governmental, Legal and Framework for Safety.

 7

OECD Nuclear Energy Agency NEA

Basic Regulatory Functions: Regional Level (EU) 8

- (a) the **allocation of responsibilities** and coordination between relevant state bodies;
- (b) national **nuclear safety requirements**, covering all stages of the lifecycle of nuclear installations;
- (c) a system of **licensing and prohibition** of operation of nuclear installations without a licence;
- (d) a system of **regulatory control** of nuclear safety performed by the competent regulatory authority;
- (e) effective and proportionate **enforcement actions**, including, where appropriate, corrective action or suspension of operation and modification or revocation of a licence.

Council Directive 2014/87/Euratom of 8 July 2014 amending Directive 2009/71/Euratom establishing a Community framework for the nuclear safety of nuclear installations

 8

OECD Nuclear Energy Agency NEA

Basic Regulatory Functions: National Level (US NRC) 9

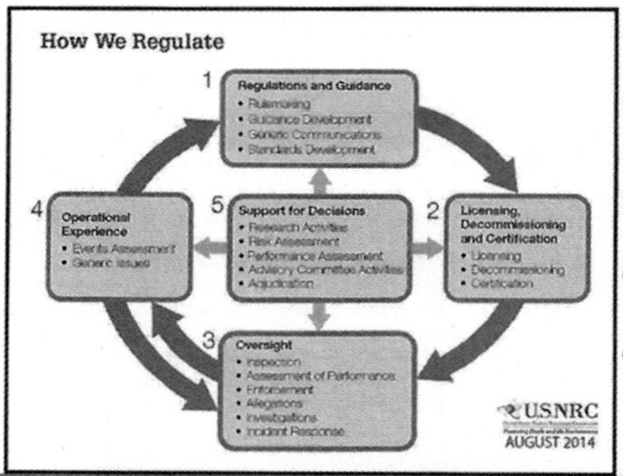

(1) Develop regulations and guidance for applicants and licensees
(2) License or certify applicants to use nuclear materials or operate nuclear facilities or decommissioning that permits license termination,
(3) Oversee licensee operations and facilities to ensure that licensees comply with safety requirements,
(4) Evaluate operational experience at licensed facilities or involving licensed activities, and
(5) Conducting research, hold hearings to address the concerns of parties affected by agency decisions, and obtain independent reviews to support regulatory decisions.

 9

10

OECD — Nuclear Energy Agency — NEA

Regulatory Bodies under the Conventions

- "Each Contracting Party shall establish or designate a regulatory body entrusted with the implementation of the legislative and regulatory framework …, and provided with **adequate authority, competence** and financial and human **resources** to fulfil its assigned responsibilities."
- "Each Contracting Party shall take the appropriate steps to ensure an **effective separation** between the functions of the regulatory body and those of any other body or organization concerned with the promotion or utilization of nuclear energy."

Convention on Nuclear Safety, art. 8 [INFCIRC/449]; see also Joint Convention on the Safety of Spent Fuel Management and the Safety of Radioactive Waste Management, art. 20 [INFCIRC/546]

 10

11

OECD — Nuclear Energy Agency — NEA

Regulatory Bodies in the EU

"A strong competent regulatory authority with **effective independence** in regulatory decision-making is a fundamental requirement of the Community nuclear safety regulatory framework. It is of utmost importance that the competent regulatory authority has the ability to exercise its powers **impartially, transparently and free from undue influence** in its regulatory decision-making to ensure a high level of nuclear safety. Regulatory decisions and enforcement actions in the field of nuclear safety should be based on **objective** safety-related technical considerations and should be established without any undue external influence that might compromise safety, such as undue influence associated with changing political, economic or societal conditions. The provisions of Directive 2009/71/Euratom on functional separation of competent regulatory authorities should be strengthened to ensure the regulatory authorities' effective independence from undue influence in their regulatory decision-making and to guarantee that they are provided with the **appropriate means and competencies** to properly carry out the responsibilities assigned to them. In particular, the regulatory authority should have **sufficient legal powers, sufficient staffing and sufficient financial resources** for the proper discharge of its assigned responsibilities."

Council Directive 2014/87/Euratom of 8 July 2014 amending Directive 2009/71/Euratom establishing a Community framework for the nuclear safety of nuclear installations

 11

12

OECD — Nuclear Energy Agency — NEA

Regulatory Bodies Can Take Different Forms

Commission Form

- **Canada:** Canadian Nuclear Safety Commission (CNSC)
- **France:** Nuclear Safety Authority – *L'Autorité de sûreté nucléaire* (ASN)
- **Spain:** Nuclear Safety Council – *Consejo de Seguridad Nuclear* (CSN)
- **United States:** Nuclear Regulatory Commission (NRC)

 12

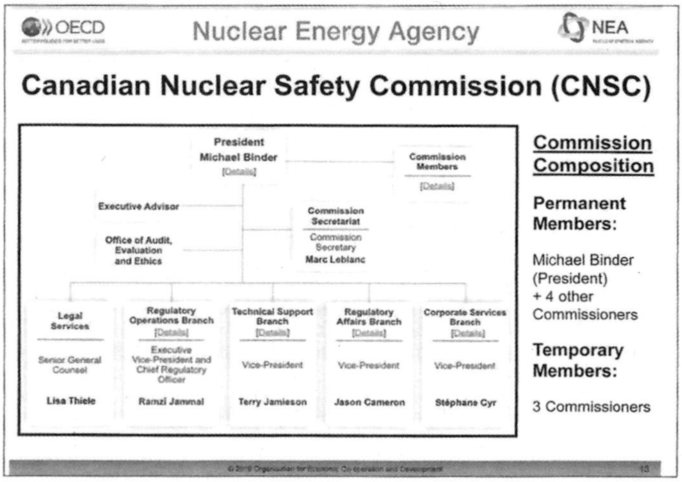
OECD
Nuclear Energy Agency
NEA
Canadian Nuclear Safety Commission (CNSC)
President
Michael Binder
[Details]
Commission Members
[Details]
Executive Advisor
Commission Secretariat
Office of Audit, Evaluation and Ethics
Commission Secretary
Marc Leblanc
Legal Services
Senior General Counsel
Lisa Thiele
Regulatory Operations Branch
[Details]
Executive Vice-President and Chief Regulatory Officer
Ramzi Jammal
Technical Support Branch
[Details]
Vice-President
Terry Jamieson
Regulatory Affairs Branch
[Details]
Vice-President
Jason Cameron
Corporate Services Branch
[Details]
Vice-President
Stéphane Cyr
Commission Composition
Permanent Members:
Michael Binder (President)
+ 4 other Commissioners
Temporary Members:
3 Commissioners

13

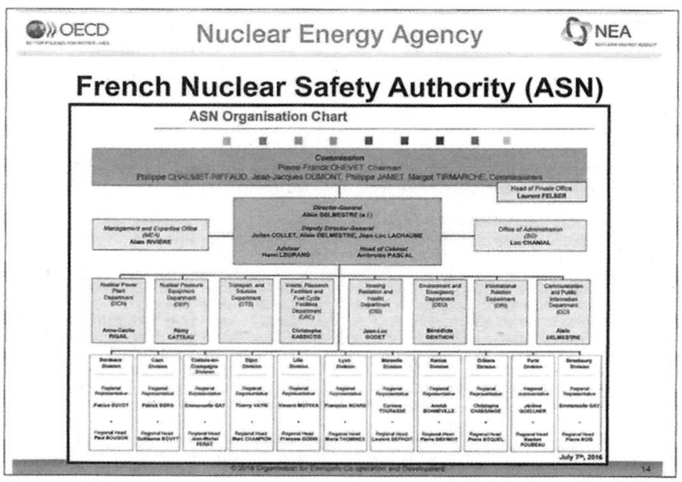
OECD
Nuclear Energy Agency
NEA
French Nuclear Safety Authority (ASN)
ASN Organisation Chart
Commission
July 7th, 2016

14

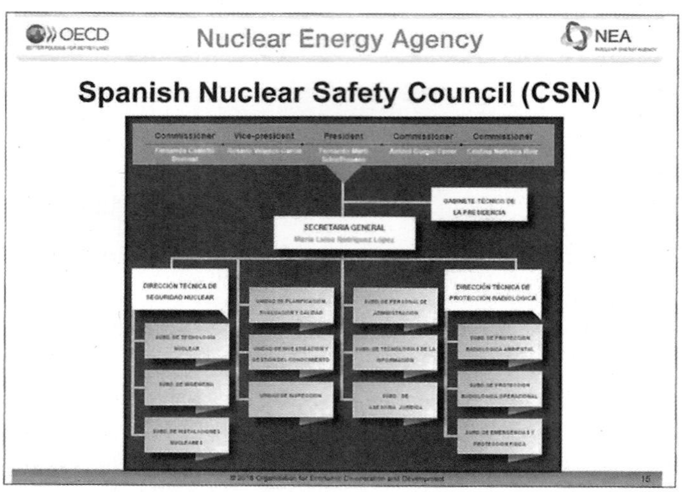
OECD
Nuclear Energy Agency
NEA
Spanish Nuclear Safety Council (CSN)
Commissioner
Vice-president
President
Commissioner
Commissioner
GABINETE TÉCNICO DE LA PRESIDENCIA
SECRETARIA GENERAL
DIRECCIÓN TÉCNICA DE SEGURIDAD NUCLEAR
DIRECCIÓN TÉCNICA DE PROTECCIÓN RADIOLÓGICA

15

16

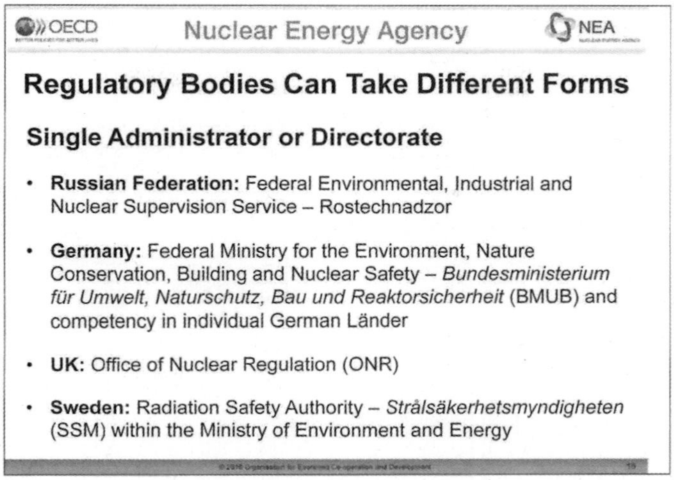
OECD
Nuclear Energy Agency
NEA
Regulatory Bodies Can Take Different Forms
Single Administrator or Directorate
• Russian Federation: Federal Environmental, Industrial and Nuclear Supervision Service – Rostechnadzor
• Germany: Federal Ministry for the Environment, Nature Conservation, Building and Nuclear Safety – Bundesministerium für Umwelt, Naturschutz, Bau und Reaktorsicherheit (BMUB) and competency in individual German Länder
• UK: Office of Nuclear Regulation (ONR)
• Sweden: Radiation Safety Authority – Strålsäkerhetsmyndigheten (SSM) within the Ministry of Environment and Energy

17

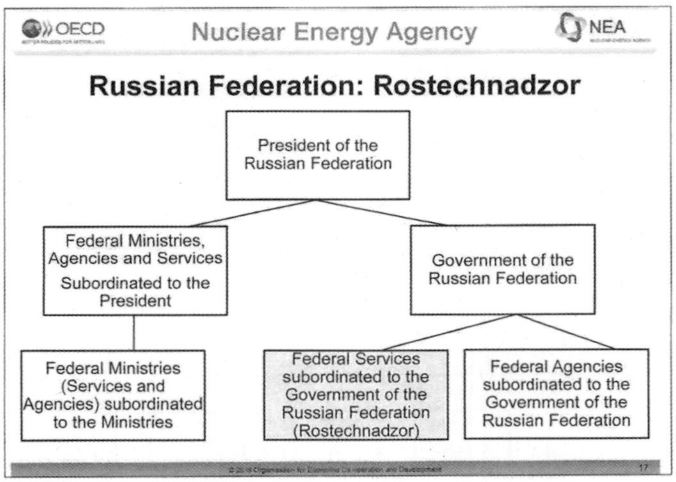
OECD
Nuclear Energy Agency
NEA
Russian Federation: Rostechnadzor
President of the Russian Federation
Federal Ministries, Agencies and Services Subordinated to the President
Government of the Russian Federation
Federal Ministries (Services and Agencies) subordinated to the Ministries
Federal Services subordinated to the Government of the Russian Federation (Rostechnadzor)
Federal Agencies subordinated to the Government of the Russian Federation
17

18

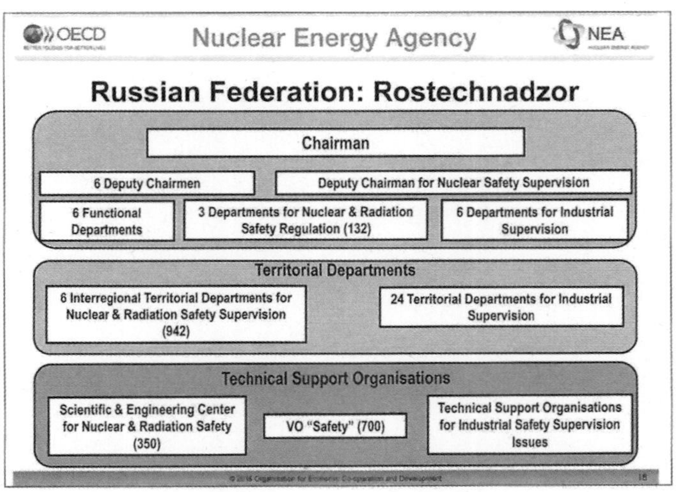
OECD
Nuclear Energy Agency
NEA
Russian Federation: Rostechnadzor
Chairman
6 Deputy Chairmen
Deputy Chairman for Nuclear Safety Supervision
6 Functional Departments
3 Departments for Nuclear & Radiation Safety Regulation (132)
6 Departments for Industrial Supervision
Territorial Departments
6 Interregional Territorial Departments for Nuclear & Radiation Safety Supervision (942)
24 Territorial Departments for Industrial Supervision
Technical Support Organisations
Scientific & Engineering Center for Nuclear & Radiation Safety (350)
VO "Safety" (700)
Technical Support Organisations for Industrial Safety Supervision Issues
18

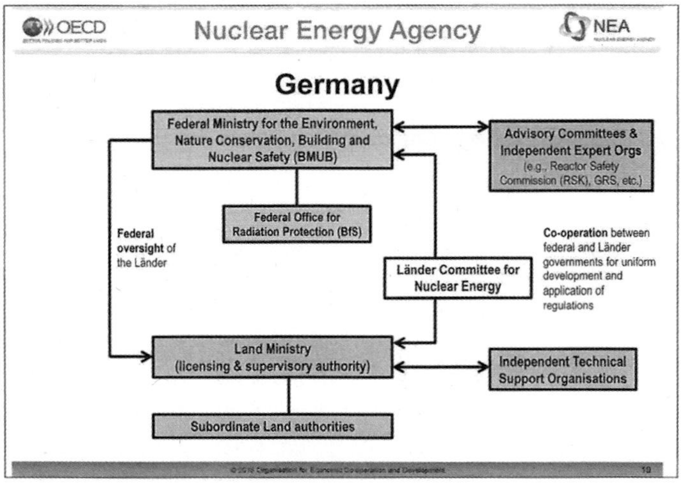
OECD
Nuclear Energy Agency
NEA
Germany
Federal Ministry for the Environment, Nature Conservation, Building and Nuclear Safety (BMUB)
Advisory Committees & Independent Expert Orgs (e.g., Reactor Safety Commission (RSK), GRS, etc.)
Federal Office for Radiation Protection (BfS)
Federal oversight of the Länder
Co-operation between federal and Länder governments for uniform development and application of regulations
Länder Committee for Nuclear Energy
Land Ministry (licensing & supervisory authority)
Independent Technical Support Organisations
Subordinate Land authorities 19

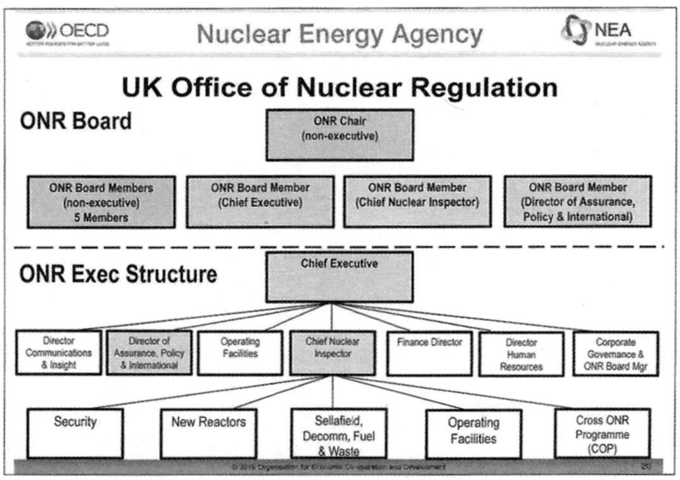
OECD
Nuclear Energy Agency
NEA
UK Office of Nuclear Regulation
ONR Board
ONR Chair (non-executive)
ONR Board Members (non-executive) 5 Members
ONR Board Member (Chief Executive)
ONR Board Member (Chief Nuclear Inspector)
ONR Board Member (Director of Assurance, Policy & International)
ONR Exec Structure
Chief Executive
Director Communications & Insight
Director of Assurance, Policy & International
Operating Facilities
Chief Nuclear Inspector
Finance Director
Director Human Resources
Corporate Governance & ONR Board Mgr
Security
New Reactors
Sellafield, Decomm, Fuel & Waste
Operating Facilities
Cross ONR Programme (COP) 20

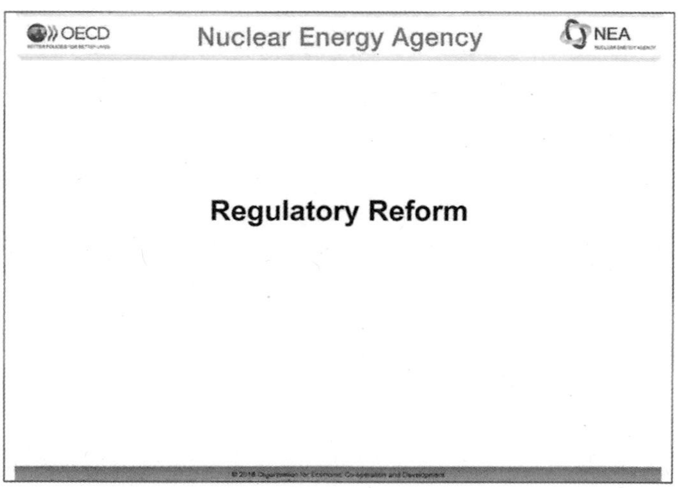
OECD
Nuclear Energy Agency
NEA
Regulatory Reform 21

OECD Nuclear Energy Agency NEA 22

Accidents have provided impetus for reform

- **Three Mile Island (US)**: "With its present organization, staff, and attitudes, the NRC is unable to fulfill its responsibility for providing an acceptable level of safety for nuclear power plants."
  - *President's Commission on the Accident at Three Mile Island* (1979)
- **Chernobyl (USSR)**: The national regulatory body "could not be regarded as an independent body".
  - *Commission to the USSR State Committee for the Supervision of Safety in Industry and Nuclear Power* (1991)
- **Fukushima Daiichi (Japan)**: The accident was a "manmade disaster" resulting from the "collusion between government, regulators, and TEPCO".
  - *National Diet Investigation Committee* (2012)

OECD Nuclear Energy Agency NEA 23

Three Mile Island (1979)

28 March – 1 April 1979: Three Mile Island accident

- October 1979: President's Commission Report ("Kemeny Commission") released
- 44 recommendations of "vital importance"
- Kemeny Commission recommended switch from commission structure to single administrator
- *Reorganization Plan No. 1 of 1980* kept commission structure but strengthened the Chairman's executive powers, especially during an emergency

OECD Nuclear Energy Agency NEA 24

Chernobyl (1986)

26 April 1986: an explosion at the Chernobyl nuclear power station in the Ukraine spewed radioactive material into the environment

- No atomic energy law
- "Fox guarding the henhouse"
- Criticism of regulatory structure, legal structure and lack of "safety culture"
- Situation slow to change

OECD | Nuclear Energy Agency | NEA 25

Fukushima (2011)

Recommendation 5: "The Commission has concluded that the safety of nuclear energy in Japan and the public cannot be assured unless the regulators go through an essential transformation process. The entire organization needs to be transformed, not as a formality but in a substantial way. Japan's regulators need to shed the insular attitude of ignoring international safety standards and transform themselves into a globally trusted entity."

- *Prior to the accident, the regulatory bodies lacked an organizational culture that* ***prioritized public safety*** *over their own institutional wellbeing, and the correct mindset necessary for governance and oversight.*
- ***Autonomy and transparency*** *must be built into the new regulatory organizations to be created.*
- *The* ***incestuous relationships*** *that existed between regulators and business entities must not be allowed to develop again.*

 25

OECD | Nuclear Energy Agency | NEA 26

Other Regulatory Reform Initiatives

- **Korea**: establishment of Nuclear Safety & Security Commission under Act No. 10912 (26 October 2011)
- **India**: proposed Nuclear Safety Regulatory Authority Bill, No. 76 of 2011
- **United Kingdom**: establishment of Office of Nuclear Regulation and status as a separate statutory entity
- **European Commission**: amendment of Safety Directive (2009/71/EURATOM) addressing regulatory organisations and effectiveness (8 July 2014)

 26

OECD | Nuclear Energy Agency | NEA 27

Concluding Thoughts

- There is broad agreement among international and national organisations that the fundamental objective of all nuclear safety regulatory bodies – the regulator's prime purpose – is to ensure that nuclear licensees operate their facilities at all times in a safe manner.
- At a high level, it appears that there are more similarities than differences in the current responsibilities, structures and functions of regulatory bodies.
- But, key differences and outliers still remain, with the revelations following the Fukushima accident being a key indicator of this.
- While there is great support for the safety conventions (78 parties to the CNS and 72 parties to the Joint Convention), not every party has fully subscribed to the articles on responsibility, functions and characteristics of regulatory bodies. Without any forcing function in the conventions, countries are left with only encouragement to subscribe to the principles of the conventions.

 27

28

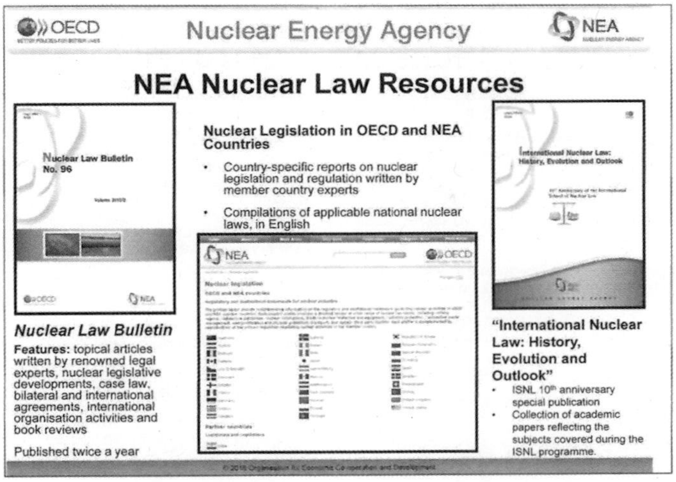
OECD
Nuclear Energy Agency
NEA
NEA Nuclear Law Resources
Nuclear Law Bulletin
No. 96
Nuclear Legislation in OECD and NEA Countries
• Country-specific reports on nuclear legislation and regulation written by member country experts
• Compilations of applicable national nuclear laws, in English
International Nuclear Law: History, Evolution and Outlook
Nuclear Law Bulletin
Features: topical articles written by renowned legal experts, nuclear legislative developments, case law, bilateral and international agreements, international organisation activities and book reviews
Published twice a year
"International Nuclear Law: History, Evolution and Outlook"
• ISNL 10th anniversary special publication
• Collection of academic papers reflecting the subjects covered during the ISNL programme.
© 2016 Organisation for Economic Co-operation and Development

29

OECD
Nuclear Energy Agency
NEA
Thank you!
© 2016 Organisation for Economic Co-operation and Development
29

30

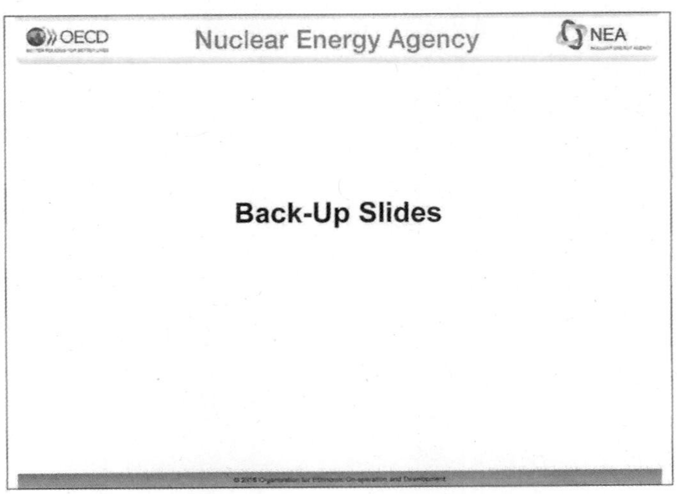
OECD
Nuclear Energy Agency
NEA
Back-Up Slides
© 2016 Organisation for Economic Co-operation and Development

Comparing Powers and Duties: France's ASN and the US NRC 31

asn AUTORITÉ DE SÛRETÉ NUCLÉAIRE

UNITED STATES NUCLEAR REGULATORY COMMISSION

ASN

•Instituted by the **2006 Law on Transparency and Security in the Field of Nuclear Energy** (TSN)

•**Independent** administrative authority with 5 Commissioners (3 appointed by President, 1 each appointed by Pres. of Senate and Pres. of National Assembly) for 6 year term.

•Has jurisdiction over civilian nuclear activities with respect to nuclear safety and radiation protection.

•Obtains additional technical support through Institute for Radiation Protection and Nuclear Safety (IRSN).

•Decisions subject to review in *Conseil d'État*.

•Funded as part of the State budget.

NRC

•Established by **Energy Reorganization Act** of **1974**.

•**Independent 5-member Commission:** President nominates, US Senate confirms Commissioners for 5-year term.

• Has jurisdiction over civilian nuclear activities and non-military governmental activities.

•Regulates nuclear safety, radiation protection, *and* security.

•Staff and contractors conduct research and provide technical support; NRC is also assisted by special advisory committees.

•Decisions are reviewable in a federal court of appeals.

•Receives annual appropriation from Congress, but collects 90% of budget in fees from the regulated industry.

Comparing Powers and Duties: France's ASN and the US NRC 32

asn AUTORITÉ DE SÛRETÉ NUCLÉAIRE

UNITED STATES NUCLEAR REGULATORY COMMISSION

ASN

Decisional powers:

✓Makes technical decisions.

✓Issues authorizations to commission facilities, use of radioactive sources, and for the transport of radioactive material.

✓May impose orders, fines and sanctions.

Monitoring powers:

✓Ensures compliance with requirements relating to nuclear safety and radiation protection.

✓Conducts inspections of facilities for nuclear safety and radiation protection.

✓Obtains information that it needs.

Advisory role:

✓Assists government in emergency response.

✓Helps draft regulations by providing views on draft decrees and ministerial orders.

Public participation/Information role:

✓Responsible for providing information on nuclear safety.

NRC

Decisional powers:

✓ Issues binding rules (standards) and provides regulatory guidance.

✓Issues licences for radioactive materials, nuclear facilities, waste disposal, export/import of material and certifies transport casks.

✓May issue orders and civil fines.

Monitoring powers:

✓Ensures compliance with safety, security, radiation protection standards.

✓Conducts inspections; stations resident inspectors at reactor sites.

✓Monitors incidents and assists other authorities in response to emergencies.

Public participation/Information role:

✓Conducts public hearings, seeks comments on rules and environmental statements.

✓Inspection reports and other documents available to the public.

후쿠시마제1원전사고 후의 동아시아 국가들에서의 원자력규제

첸춘셩(陳 春生)(대만 사법원대법관)

1. 처음에

이번에 이러한 형태로 발표하게 된 것을 대단히 영광으로, 그리고 기쁘게 생각합니다. 오늘의 토픽은 후쿠시마제1원전사고 후의 동아시아 국가들에서의 원자력규제에 대해서입니다. 아시아에서의 원자력안전제도의 설립이라는 관점에서 말씀드리겠습니다.

(1) 대만의 에너지 상황

우선 처음에 말씀드려야 하는 것은 대만은 수입에너지공급원에 크게 의존하고 있다는 것입니다. 2015년의 대만의 수입에너지는 97.84%에 이르렀습니다. 이 때문에, 그 당시의 정책의 선택지의 하나가 원자력이었습니다. 슬라이드 3은 대만에서의 에너지공급의 내역입니다. 1995년과 2015년의 내역을 나타낸 것, 가장 위의 짙은 그물모양의 부분은 원자력을 나타내고 있습니다.

대만은 1968년에 원자력법을 제정하고, 최초의 원자력발전소가 1978년에 가동을 시작하였습니다. 현재, 대만에서는 원자력발전소가 3개소 있으며, 원자로는 전부 6기 있습니다. 발전량은 5,144메가와트(MW)로, 전력의 총출력의 16.14%를 차지하고 있습니다. 현재 4개째의 원자력발전소를 건설중입니다.

(2) 동아시아 국가들의 상황

후쿠시마제1원전사고를 받아서 원자력발전소를 보유하는 국가의 다수가 가동중 또는 건설중의 원전의 안전성의 확인을 하였습니다.

그리고, 원자력발전소의 안전기준이나 퍼포먼스를 높여가기로 약속하였습니다. 원자로를 보유하는 동아시아국가들도 마찬가지입니다. 동아시아국가들인 중국・일본・한국・대만 등이 어떠한 에너지정책을 취했다고 하더라도 2024년에는 원자력발전소의 원자로가 127기 이상이 됩니다. 그 때문에, 원자력의 안전성은 이들 국가들에게 가장 중요한 과제입니다.

슬라이드 7은 일본의 원자력발전소의 장소, 그리고 한국·중국·대만의 원자력발전소의 장소를 나타낸 것입니다. 중국·일본·한국·대만에 대하여, 2024년 중국에 있는 원자로는 35기, 일본은 34기, 한국은 50기, 대만은 8기로서, 총계 127기로 됩니다. 지난 주 인터넷에서 보았습니다만(진위는 확실하지 않습니다만), 중국은 향후 10년간에 60기의 원자로를 추가한다는 것이었습니다.

어찌되었든, 안전성의 문제를 해결하고, 동아시아지역에서의 원자력안전성에 적합한 효율적인 제도를 만들 수 있다면, 이것은 커다란 전진이 될 것입니다. 왜냐하면, 국제적인 원자력안전시스템은 모든 지역이 적절한 원자력안전성시스템 하에서 하나가 되지 않으면 만들 수 없기 때문입니다.

이것은 제가 슬라이드에서 소개하는 논문을 쓰는 동기가 되었습니다. 이 논문에서는 다음의 사실을 중점적으로 보고 있습니다. Ⅱ(슬라이드 11～12)에서는 동아시아에서의 규제당국의 효과적인 독립성에 대하여 논하고 있습니다.

Ⅳ(슬라이드 19～24)는 원자력안전성의 투명성을 높이는 데는 어떻게 하면 좋을지에 대하여 논하고 있습니다. Ⅴ(슬라이드 25～27)는 예방원칙과 투명성의 관점에서 모니터링과 경험공유의 강화를 하는 것에 대하여 말하고 있습니다. 그리고 마지막으로, Ⅵ(슬라이드 28～29)에서 결론을 말하고 있습니다.

2. 후쿠시마제1원전사고를 받은 대만에서의 새로운 원자력안전규제

우선, 후쿠시마제1원전사고 후의 대만에서의 새로운 원자력안전규제입니다. 대만에서는 즉, 원자능(原子能)위원회(AEC)의 중요성이 재인식되게 되고, 나아가 원자력안전규제당국의 독립성과 그 능력에 대해서도 재고하게 되었습니다. 2013년에는 원자력의 안전규제와 원자력개발의 두 개를 분리시키게 되고, AEC의 입장을 강화하고 있습니다.

다음으로, 긴급시계획구역(EPZ)을 8km로 연장하고, 더욱 원자력손해배상법안에서 배상의 폭을 넓히고, 잠재성의 장해에 대해서도 배상기간을 연장하고 있습니다.

손해의 조치액에 관해서는 미국달러로 5억달러까지 올렸습니다.

나아가, 중국과 대만은 2011년 10월, 해협 양안

의 원자력안전에 대하여 협력해서 모니터링하고, 환경과 주민의 건전성을 확보하기 위한 원전안전협력협정을 체결하였습니다.

3. 동아시아 국가들에서의 원자력규제기관의 독립성

(1) 중국

우선은 중국의 원자력안전제도입니다만, 중국에는 원자력법이 아직 존재하지 않습니다. 1984년의 원자력법안이 있을 뿐입니다. 그러나 많은 행정명령이 나와 있습니다. 예컨대, 원자력시큐리티국에 의한 행정명령 등입니다. 후쿠시마제1원전사고 후, 중국에서는 원자력법안의 내용에 대하여 현재도 논의가 계속되고 있습니다.

법률의 주목적으로서는, 하나는 원자력의 추진이어야 할지, 그렇지 않으면 안전보장이어야 할지라는 것이 논의되고 있습니다. 두 번째로 원자력안전보장의 감독·관리제도를 어떻게 구축해야 할지, 그리고 세 번째로, 주민참가제도 등의 문제가 있고, 그것들이 아직 해결되지 않은 상황입니다.

(2) 일본

일본에서는 2012년 6월 27일의 원자력규제위원회설치법 제정을 받아서, 원자력규제위원회가 설치되었습니다. 원자력규제위원회는 환경성 하에 설치되었습니다. 환경성의 외국(外局)은 권한을 독자적으로 행사할 수 있고, 환경성뿐만 아니라 그밖의 정부부처로부터도 독립해서 활동할 수 있습니다.

이 조직의 개혁에는 3개의 주요한 요소가 있었습니다. 첫 번째는 규제당국의 독립성입니다. 두 번째는 원자력규제의 통합으로, 세 번째는 인재의 육성입니다.

(3) 한국

세 번째 국가는 한국입니다. 2011년 한국은 원자력에너지법을 개정하여, 원자력안전규제를 원자력개발법제로부터 분리시켰습니다.

한국은 또한 대통령의 직속기관으로서 원자력안전위원회(NSSC)를 설립하였습니다. 이것은 후쿠시마제1원전사고를 받아서 원자력안전위원회의 독립성을 담보하고자 한 것입니다. 원래 이 위원회는 한국교육과학기술부에 직속되어 있었습니다.

(4) 대만

마지막으로, 대만의 상황입니다. 이미 2에서 말한 것처럼, 후쿠시마제1원전사고를 보고,

원자력안전규제당국의 독립성과 능력의 중요성이 재검토되게 되었습니다. 정부안에서는 원자력안전규제당국의 독립성과 능력의 중요성이 재검토되게 되었습니다. 그리고, EPZ를 8km로 연장하고 있습니다. 한편, 중국과 대만은 2011년 10월에 원전안전협력협정을 체결하고 있습니다.

4. 원자력안전성의 투명성

여기에서는 원자력안전성의 문제에 대하여 어떻게 투명성을 개선할 것인가가 테마입니다.

(1) 국내레벨에서의 정보공개

우선 첫 번째로 들 수 있는 것이 국내레벨에서의 정보공개입니다. 대만에는 법률이 있습니다. 정부의 정보공개법으로, 2005년에 제정된 법률입니다.

제1조에서는 정부의 정보를 공개하는 기관을 설치하여, 국민이 정부의 정보를 공평하게 공유・활용하고, 국민의 알권리를 보호하며, 국민의 공무에 관한 이해, 신뢰를 깊게 하고, 감독을 강화하며, 민주주의에의 국민의 참가를 추진시키고자 하는 법률이라고 규정되어 있습니다.

(2) 주민참가

두 번째는 주민참가에 대해서 대만전력회사에 의한, 사용완료핵연료저장시설 건설을 위한 인허가 취득신청에 관한 공청회절차입니다. 방사성물질관리법에 의하면, 방사성폐기물의 처분 또는 저장시설의 신청은 공청회의 절차를 거쳐서 심사되어야 합니다. 이것은 제17조에 규정되어 있습니다.

슬라이드 21의 표는 사용완료핵연료의 양, 원자력발전소에서의 풀의 커패시티, 그리고 사용완료핵연료의 저장량을 나타낸 것입니다. 슬라이드 22의 챠트는 사용완료핵연료의 저장시설 건설을 위한 인가취득신청에 관한 플로를 나타낸 것입니다. 신청자가 서류를 제출하고, 그것을 권한 있는 당국이 신청합니다. 주민참가에 대해서도 슬라이드 22의 플로에 있는 것처럼, 여기에서 공청회가 구체적으로 행하여지게 됩니다.

(3) 피어리뷰

세 번째는 피어리뷰의 문제입니다. 원자력안전조약 제20조에서 체약국에 대해, 정기적으로 회합하는 것을 통하여, 국제안전상의 의무를 달성하기 위하여 어떠한 조치를 취하였는지 보고하고, 그 리뷰를 할 것을 요구하고 있습니다. 후쿠시마제1원전사고 후, 2013년에 독립의 피어리뷰팀이 후쿠시마제1원전사고에 관한 내용의 리포트를 정리하였습니다. 그리고 마우샨, 친샨의 대만의 원전에 대해서도 리포트가 이루어져, 리뷰가 정리되었습니다.

피어리뷰팀은 ENSREG(European Nuclear Safety Regulators Group)에 의해 규정된 스트레스테스트와, EU에 의해 규정된 스트레스테스트가 종합적인 안전성의 판단을 함에 있어서 필요하다는 것을 말하였습니다. 나아가, 대만에서도 극한적인 상황에서 사고에 대응할 수 있는 준비를 해야 한다고 말하고 있습니다. 피어리뷰팀은 7인의 전문가에 의해서 구성되어 있습니다. 미국인이 3인, 일본인이 2인입니다. 그리고, 터키, 대만의 전문가도 1인씩입니다.

(4) 규제상의 경험의 공유

네 번째는 규제상 경험의 공유입니다. 지금 말한 피어리뷰의 목적은 체약국이 각 시설의 안전성을 심사하는 것이 아닙니다. 각 국의 보고를 자세히 심사하여, 건설적인 의견교환을 행함으로써 서로 배우는 것을 목적으로 하고 있습니다.

(5) 긴급사태의 고지

다섯 번째는 긴급사태의 고지입니다. 1986년, 원자력사고의 조기통보에 관한 조약이 체결되었습니다. 이 조약은 체약국의 국경을 넘어서 방사성물질이 방출됨으로써 영향을 받는 국가에 대하여 통지할 것을 의무한 내용입니다.

5. 모니터링과 경험 공유의 강화

여기에서는 모니터링과 경험 공유를 강화하기 위한 예방원칙과 투명성에 대해 말하겠습니다. 우선은 예방원칙입니다. 예방원칙의 적용에 대해서는 슬라이드 25에 있습니다. 1992년의 환경과 개발에 관한 리오선언 제15원칙에서 말하고 있는 것처럼, 예방원칙은 과학적 불확실성의 역할을 보는 것으로, 법적으로 커다란 리스크가 있는지 여부를 확인할 수 있습니다만, 어떻게 리스크를 콘트롤할 것인가, 또한 어떠한 리스크가 사회적으로 허용될 것인가라는 것에 대해서는 언급하고 있지 않습니다.

이 때문에 각국은 자국의 능력이나 경제적 · 사회적 우선항목, 제안되는 조치의 비용 대효과, 환경리스크의 성질과 정도를 보고서 예방조치를 결정하게 됩니다. 지금 말한 바와 같이, 예방원칙은 과학적 불확실성의 역할을 봄으로써, 법적으로 커다란 리스크가 있는지 여부를 확인하는 것을 가능하게 합니다만, 그것이 어떻게 리스크를 컨트롤할 것인지에 대해서는 말하고 있지 않기 때문에, 정책적인 문제가 되는 것입니다. 역시, 정책적인 문제이기 때문에, 각국이 경제적 · 사회적인 상황을 보면서 어떻게 예방조치를 취해 가는지를 결정하게 되는 것입니다.

투명성에 관해서는, 예방원칙이 있음으로써 과학적 불확실성의 역할을 보는 것으로, 법적으로 커다란 리스크가 있는지 여부를 확인할 수 있습니다. 그러나, 사회적으로 어느 정도의 리스크가 허용되고 있는지에 대해서는 알 수 없다는 것을 앞서 말하였습니다. 이것은 정책적인 문제이기 때문입니다. 리스크커뮤니케이션, 리스크매니지먼트의 문제입니다.

6. 결론

마지막으로 결론입니다. 동아시아에서의 원자력안전의 법제도를 설립하는 것이 필요하며, 가능하다고 생각합니다. 원자력안전에 관련되는 규제당국은 그밖의 부처로부터 독립해야 할 필요가 있습니다. 또한 원자력개발을 추진하는 기관으로부터도 독립해야 하고, 규제를 강화하기 위한 권한도 필요합니다.

두 번째로, 국내의 원자력안전규제라는 관점에서 원자력법, 환경보호법은 그 집행과 컴플라이언스에 있어서 정합성을 취해갈 필요가 있습니다. 원자력안전을 위해서는 국내법과 국제법의 친화성을 높여가야 합니다. 그 때문에, 동아시아에서의 원자력안전의 법제도를 설립할 것이 필요하며, 가능하다고 생각합니다.

경청해주셔서 감사합니다.

1

Nuclear Regulation in East Asian Countries after the Fukushima NPP accident --- From the viewpoint of Establishing an Asian Nuclear Safety Regime

2016.09.25

By Prof. Dr. Chen, Chun-Sheng

2

Introduction(1)

- Taiwan relies heavily on imported source for **energy supply, in 2015**, Taiwan's imported energy accounted for **97.84 %** of its total energy supply. One of the policy ***choices was nuclear power***.

3

Introduction (2)

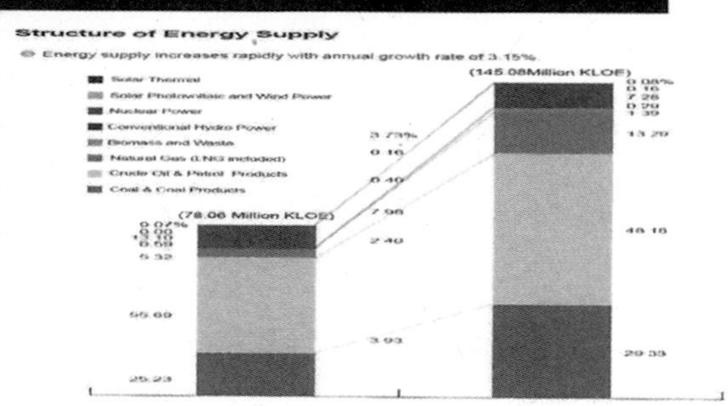

Energy Statistics Handbook 2015
Published by Bureau of Energy, Ministry of Economic Affairs

4

Introduction (3)

- **Taiwan enacted the** Atomic Energy Act in 1968**, and the first nuclear power plant has started operation since 1978. Taiwan has** *three nuclear power plants* **(NPP) including** *six units* **which can generate 5,144MW of power, accounting for approximately 16.14% of the whole power output; and the** *fourth nuclear power plant (2700 MW)* **is still under construction.**

5

Introduction (4)

- After Fukushima Daiichi nuclear disaster, almost all of the countries which owned nuclear reactors soon ***reviewed the security of all their nuclear power plants (NPP) in operation and those under construction***, and committed to pursue higher standards of nuclear power plant safety and performance of nuclear power plant. ***So did the East Asian countries*** which owned nuclear reactors.

6

Introduction (5)

- For the East Asian countries, ***China, Japan, Korea and Taiwan***, no matter what their energy policy might be, there will be ***more than 127 units of NPP in these East Asia countries before 2024***. Therefore nuclear safety is a matter of the utmost importance to the East Asia countries.

NPPs in East Asia 7

(source: http://allegedlyapparent.wordpress.com/2011/04/16/list-of-nuclear-power-plants-worldwide/)

There will be numbers of units of NPP in 2024 8

	units of NPP(2014)	units of NPP(2024)
China	11	35
Japan	21	34
Korea	50	50
Taiwan	6	8

Introduction (6) 9

- ***It will be very significant*** if we can solve the problem, the issue of knowing ***how to establish a suitable and efficient regime for nuclear safety in East Asian region***. The reason is that global nuclear safety system will not be completely established until all the regions of the world have been organized into an appropriate nuclear safety system. ***This is the motivation of the article.***

10

Introduction (7)

- This article will focus on the following issues:
- II. New ***nuclear safety regulation in Taiwan*** after Fukushima nuclear accident
- III. An ***effective independence*** of the national ***regulatory authorities***.
- IV. How to enhance ***transparency on nuclear safety*** matters.
- V. From the viewpoint of the ***Precautionary Principle*** and Transparency to ***reinforce the monitoring and exchange of experiences***.
- VI. ***Conclusion***

11

II. New nuclear safety regulation in Taiwan *after Fukushima nuclear accident* (1)

- 1. The Fukushima accident has prompted reconsideration of the importance of AEC, and the issue of ***independence and competence of this nuclear safety regulatory authority***. The draft ***separates*** the ***regulation of nuclear safety*** from the issue of ***nuclear development***, and reinforces the status of Atomic Energy Commission.

12

II. New nuclear safety regulation in Taiwan after Fukushima nuclear accident (2)

- 2. ***Extends*** the Emergency Planning Zone ***(EPZ) to 8 kilometers***.
- 3. A draft of the ***act on compensation for nuclear damage raises the amount of financial security*** for compensation and extends the time limit for latent injuries.
- 4. ***China and Taiwan signed a bilateral Nuclear Power Safety Agreement in October 2011*** for promoting cross-Strait cooperation in the monitoring of nuclear power safety.

13

III. An effective independence of the national regulatory authorities.(1)

- *1. The nuclear safety system of China*
- China has ***not yet enacted its own Atom Energy Act***. There is only a ***draft of the Atom Energy Act since 1984***. However there are plenty of ***administrative orders*** (for example the order promulgated by National Nuclear Security Bureau). After Fukushima Daiichi nuclear disaster, the discussion about the contents of the Atom Energy Act's draft is still continuing.

14

III. An effective independence of the national regulatory authorities.(2)

- *1. The nuclear safety system of China*
- But the questions about : 1. If the main ***purpose of the law*** shall be ***promotion*** for the use of nuclear energy or its ***security***? 2. How to ***establish a system of supervision and management of nuclear security***, and 3. ***Public participation*** remains undecided.

15

III. An effective independence of the national regulatory authorities.(3)

- *2. Japan*
- According to the "Act for Establishment of the Nuclear Regulation Authority" ***(NRA Act), which was promulgated on 27 June 2012***, ***the Nuclear Regulation Authority (NRA) has been established***. The NRA is founded under the Ministry of the Environment (MOE) as its external organs can ***perform its authority independently*** from not only MOE but also other governmental agencies.

16

III. An effective independence of the national regulatory authorities.(4)

2. Japan

This reform of the organization includes three major components:

1. ***independence*** of the regulatory body,
2. ***integration*** of the nuclear regulations, and
3. ***development*** of the human resources.

17

III. An effective independence of the national regulatory authorities.(5)

- *3. Korea*
- ***In 2011 Korea revised the Atom Energy Act*** and ***separated the law of nuclear safety regulation*** from the ***law of nuclear of development***. Korea also set up Nuclear Safety and Security Commission (NSSC) under the President after 311 Fukushima Daiichi nuclear disaster to protect its independence, which originally incorporated into the Ministry of Education, Science and Technology.

18

III. An effective independence of the national regulatory authorities.(6)

- *4. Taiwan*
- As we mentioned above, the Fukushima accident has prompted reconsideration of the importance of independency and capability of the nuclear safety regulatory authority,
- (1)The draft ***separates the law of nuclear safety regulation*** from ***nuclear development*** and reinforces the status of AEC.
- (2). ***Extends*** the Emergency Planning Zone ***(EPZ) to 8 kilometers***. And
- (3). ***China and Taiwan signed a bilateral Nuclear Power Safety Agreement*** in October 2011 for promoting cross-Strait cooperation in the monitoring of nuclear power safety.

19

IV. How to enhance transparency on nuclear safety matters.(1)

- *(A) Domestic (national)*
- *1. Information Disclosure*
- Taiwan's "***The Freedom of Government Information Law (FGIL)***" was enacted in ***2005***. Article 1: This Law is enacted to establish the institution for the ***publication of government information***, facilitate people to share and fairly utilize government information, ***protect people's right to know***, further people's understanding, trust and overseeing of public affairs, and encourage ***public participation in democracy***.

20

IV. How to enhance transparency on nuclear safety matters.(2)

2. Public Participation

Problem and solution of the ***procedure of hearing*** in applications for construction license of nuclear spent fuel dry storage facilities

(1)The procedure of hearing in Taiwan Power Company (TPC)'s applications for construction license of nuclear spent fuel dry storage facilities and its solution(10)

According to the ***Radioactive Materials Management Law,*** applications for nuclear waste disposal or storage sites should be reviewed ***through hearing proceedings. (Article 17)***

21

Table 1. Pool Capacities and Spent fuel Storage Quantities in NPSs

Reactor	Commercial	Pool capacity (Assembly)	Storage quantity		Nullified year After re-racking
			Assembly	Tones (MTU)	
Chinshan 1	12/6/1978	3,083	2,440	421	2010
Chinshan 2	7/16/1979	3,083	2,420	418	2011
Kuosheng 1	12/28/1981	5,026	3,316	557	2015
Kuosheng 2	3/15/1983	5,026	3,192	538	2016
Maanshan 1	7/27/1984	2,151	986	397	2125
Maanshan 2	5/18/1985	2,159	1,004	404	2126

Jan. 19, 2007 updated, from Chih-Tien Liu and Huan-Tong Chen, Regulatory Licensing on the Spent Fuel Dry Storage in Taiwan, in: 2006 Sino-Japanese workshop, P.3.

22

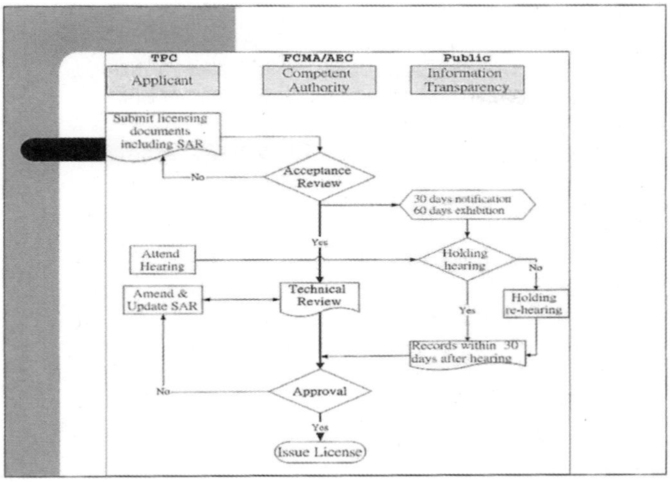

23

IV. How to enhance transparency on nuclear safety matters.(3)

3.Peer Reviews

Article 20 of The Nuclear Safety Convention provides for the parties to meet ***periodically to review reports on measures*** they have taken to implement their international safety obligations.

4.Exchange of Regulatory Experiences

The process of peer review, are ***not meant*** to enable parties ***to review the safety of individual installations***, but ***to learn from each other*** by means of a "constructive exchange of views" after a "thorough examination of national reports".

24

IV. How to enhance transparency on nuclear safety matters.(4)

- 5. Notice of Emergency Situation
- the ***1986 Convention on Early Notification of a Nuclear Accident*** has been signed. It ***imposes on parties a duty to notify other states*** which possibly be affected by trans-boundary releases of radiological safety significance.

25

V. ***From the viewpoint of the Precautionary Principle and Transparency to reinforce the monitoring and exchange of experiences.(1)***

- 1. The Precautionary Principle

----

d.

The Reason Why to Apply the Precautionary Principle

the precautionary principle helps us ***identify whether a legally significant risk exists*** by addressing the role of scientific uncertainty, but it says nothing about how to control the risk or what level of risk is socially acceptable. Those are policy questions.

26

From the viewpoint of the Precautionary Principle and Transparency to reinforce the monitoring and exchange of experiences.(2)

- ***e***
- .How to Apply the Precautionary Principle to Nuclear Security?
- States have evidently taken account of their own capabilities, their economic and social priorities, the cost-effectiveness of proposed measures, and the nature and degree of the environmental risk when deciding what preventive measures to adopt.

27

V. ***From the viewpoint of the Precautionary Principle and Transparency to reinforce the monitoring and exchange of experiences.(2)***

- *2. Transparency (the Formation of Policy about Risk Management)*
- As formulated in ***Principle 15 of the Rio Declaration***, the precautionary principle helps us identify whether a legally significant risk exists by addressing the role of scientific uncertainty, but it says nothing about how to control that risk or what level of risk is socially acceptable.

28

VI. Conclusion – It is Necessary and Possible to establish an East Asian Nuclear Safety Regime(1)

- The Perspective of Nuclear Safety Regime in East Asia:
- 1. The ***regulatory agency of nuclear safety*** shall be ***independent from other governmental authorities***, kept ***separate*** from the ***agency promoting*** the use of nuclear energy, and delegated more power for further regulation.
- 2. From the perspective of the domestic nuclear safety regulation, ***atom energy law and environmental protection law shall be reconciled*** under enforcement and compliance.

29

VI. Conclusion – It is Necessary and Possible to establish an East Asian Nuclear Safety Regime(2)

- 3. For the ***nuclear safety***, we need to ***reconcile the close relationship between domestic law and international law***. Hence, establishing the legal regime of the nuclear safety in East Asia will be the necessity and possibility for us.

한국에서의 안전규제
-그 법시스템과 원전관련비리 방지를 중심으로 하여-

함인선(전남대학교법학전문대학원 교수)

이처럼 훌륭한 심포지엄에 초대해주셔서 마음으로부터 감사의 말씀을 드립니다. 제가 보고하고자 하는 것은 한국에서의 안전규제에 대해서입니다. 특히 법시스템과 원전관련비리사건의 방지를 중심으로 보고하겠습니다.

차례는 안전규제의 법시스템을 개관하고 나서, 원전관련비리사건의 방지와 관련하여 약간 자세하게 말하겠습니다. 한국에서의 안전규제의 법시스템은 일본과 마찬가지로 법률과 그 아래의 시행령, 시행규칙, 각종 고시, 나아가 규칙이나 규제기준, 또는 지침 등, 다종다수의 법규범에 의해 구성되어 있습니다. 그 가운데에서, 이번에는 법률을 중심으로 하여, 한국에서의 안전규제의 시스템을 개관하겠습니다.

1. 안전규제의 법시스템

(1) 안전규제 일반

우선 처음에, 안전규제 일반에 대하여서는 2011년 11월에 제정된 원자력안전법이 있습니다. 그 이전에는 원자력관계의 일반법인 원자력법이 있었습니다만, 동일본대진재를 받아서 이용진흥과 안전규제로 분리되어, 법률도 원자력진흥법과 원자력안전법으로 나뉘었습니다. 따라서, 원자력안전법이 안전규제에 관한 일반법의 지위를 갖게 된 것입니다.

이 법률에 근거하는 안전규제의 시스템에서는 원자력발전사업을 하고자 하는 경우, 원자로의 건설부터 폐기까지 그 라이프사이클에 따라서, 각 단계 또는 국면별로 원자력안전위원회의 규제가 들어가게 되어 있습니다.

관계사업자 또는 운영자에게는 일정한 의무가 부과되어 있습니다. 그 규제시스템을 보면, 발전의 원자로 및 관계시설의 건설은 위원회의 건설허가를 필요로 하고, 원자력안전법에는 일정한 허가기준도 규정되어 있습니다.

또한, 허가신청자의 결격사유 이외에, 허가 시에 서류의 위조 등 부정한 방법으로 허가를 얻은 자에 대한 취소제도가 규정되어 있습니다. 발전의 원자로설치자에 대해서는 실행에 관한 기록과 그 비치가 의무되어 있습니다.

이상의 시스템은 발전용원자로 운영뿐만 아니라 연구용원자로, 나아가 핵연료사이클사업에서도 기본적으로 같습니다. 또한, 핵물질의 사용, 방사성동위원소 및 방사성발생장치에서도 유사한 시스템이 존재합니다.

폐기 및 운반에 있어서도 방사성폐기물 관리시설 등의 건설운영허가가 필요한 이외에, 허가의 기준, 위원회의 검사, 허가 등의 취소, 건설운영자의 기록의무, 기술기준준수의무 등이 규정되어 있습니다.

또한, 주민의 의견수렴제도가 있습니다. 예컨대, 원자로를 건설하는 경우, 방사성환경영향평가를 하는 것입니다만, 그 때에 반드시 주민의 의견을 청취하도록 되어 있습니다. 이 청취에 관한 정보는 위원회에 대해 공개될 것이 의무되어 있습니다.

포상금의 지급과 책임의 감면에 대해서는 나중에 보고하는 바와 같이, 한국에서 원전관련 비리사건이 일어나서 그 영향으로 삽입된 조항입니다. 포상금은 일종의 내부고발장려를 위한 보조금이며, 이것을 지급하는 것이 원자력법에 추가되었습니다. 또한, 고발자가 법규위반을 한 경우에, 그 책임을 감면할 수 있는 조항도 추가되었습니다.

(2) 규제기관 관련

두 번째로, 규제기관과의 관련에서는 원자력안전법과 관련하여 2011년에 원자력안전위원회의 설치 및 운영에 관한 법률이 제정되었습니다. 이 위원회는 원래는 대통령 소속이었습니다만, 2013년의 법개정에서 국무총리의 소속으로 변경되었습니다. 위원장을 포함한 9인의 위원 중, 4인은 위원장의 제청, 4인은 국회의 추천에 근거하여, 대통령이 임명 또는 위촉하게 되어 있습니다.

위원장은 국무총리의 제청에 근거하여 대통령이 임명하도록 되어 있습니다. 위원의 임기는 3년으로 1회 재임이 가능합니다.

(3) 핵물질과 원자력시설 관련

세 번째로, 핵물질과 원자력시설관련에서 보면, 2003년에 제정된 원자력시설 등의 방호 및 방사능방재대책법이라는 법률이 있습니다. 이것은 원자력시설의 물리적 방호와 방사능방재대책, 방사능재해예방체제, 사후조치라는 커다란 항목으로 나뉘어, 규정되어 있습니다.

또한, 핵물질 및 원자력시설의 물리적 방호와의 관련에서 정부의 물리적 방호시책과 물리적 방호체제의 수립이 규정되어 있습니다. 방사능방재대책으로서는 국가방사능방재계획, 지자체의 지역방사능방재계획 등의 수립, 원자력사업자에 의한 방사선비상계획의 수립이 의무되어 있습니다.

그밖에도, 방사선비상계획구역의 설정 및 중앙방사능방재대책본부, 지자체의 지역방사능방재대책본부, 현장방사능방재지휘센터의 설치에 대해서도 규정되어 있습니다.

그에 더하여, 방사능재해예방체제로서는 방재교육, 훈련, 위원회의 검사, 방사선비상태세의 구축에 대하여 규정이 이루어져 있습니다. 다른 한편, 사후조치로서는 중장기방사능영향평가 및 피해복구계획, 방사능재해사후대책의 실시와 재해조사 등에 대하여 규정되어 있습니다.

(4) 생활주변방사선 관련

네 번째로, 생활주변방사선 관련으로서, 이것도 동일본대진재의 영향을 받아서 2011년 7월에 생활주변방사선안전관리법이라는 법률이 제정되었습니다. 이 법률에 근거하여 원자력안전위원회는 생활주변방사선방호종합계획을 5년마다 수립하게 되어 있습니다. 그 이외에도 연도별시행계획과 안전지침의 작성 등에 대해서도 규정되어 있습니다.

또한, 원료물질과 공정부산물 및 가공제품에 대한 관리에 대해서도 규정되어 있습니다. 방사능감시장치의 설치·운영에 대해서는 공항·항만에서의 방사선·방사능감시장치의 설치·운영이 의무되어 있습니다. 그 이외에는, 생활주변방사선안전관리실태조사, 생활주변방사선종합정보시스템의 구축·운영 등이 규정되어 있습니다.

(5) 방사성폐기물 관련

다섯 번째로, 방사성폐기물 관련에서 방사성폐기물관리법이 2008년에 제정되었습니다. 이 법률에 근거하여 산업통산자원부장관(이하 산자부장관)이 방사성폐기물관리기본계획을 수립하게 되어 있습니다. 이것은 30년을 계획기간으로서 5년마다 수립하게 되어 있습니다.

방사성폐기물의 관리에 대하여, 법률에 의하면, 관리사업자로서 한국원자력환경공단이 설정되어 있습니다. 또한 관련해서, 방사성폐기물관리시설의 운영기준과 방사성폐기물관리사업자의 정보공개의무, 방사성폐기물의 인도, 방사성폐기물의 관리비용, 사용완료핵연료관리부담금 이외에, 원자력발전소해체비용의 적립에 대해서도 규정되어 있습니다.

한국원자력환경공단은 이사장, 부이사장을 포함한 9인 이내의 이사와 1인의 감사로 구성되어 있습니다. 방사성폐기물관리기금으로서는 재원은 기금의 운영으로부터의 수익금 이외에, 방사성폐기물관리사업자의 납입금 등입니다. 이 기금의 관리·운영의 주체는 산자부장관으로 되어 있습니다.

2. 원전관련비리사건의 방지 관련

(1) 사건의 개요

이상, 안전규제의 법시스템을 개관하였습니다. 다음으로, 원전관련비리사건의 방지관련에 대하여 보겠습니다. 2012년부터 2013년에 걸쳐서 원자력발전관련부품의 조달과정 등에서 비리사건이 잇달아 발생하였습니다. 이 사건에 의해, 원자로의 가동이 일시중지된 적도 있었습니다. 그에 더하여, 동일본대진재의 영향도 겹쳐서 국민이 원전의 안전성에 불안을 가지게 되었습니다.

(2) 입법적 대응

이 때문에, 입법적 대응이 이루어지게 되었습니다. 구체적으로는 2014년 12월에 원전비리사건의 방지를 위한 원자력발전사업자등의 관리・감독에 관한 법률(원전감독법)이 제정되었습니다. 또한 원자력안전법의 개정도 이루어졌습니다.

(3) 원전감독법의 주된 내용

① 원자력발전사업자의 안전·투명경영의무

주된 내용으로서는 첫 번째로 원자력발전사업자의 안전・투명경영의무가 규정되게 되었습니다. 특히, 구매나 계약의 관리, 조직・인사관리, 원자력발전시설의 관리에서의 준수사항을 명문화하였습니다. 또한, 원자력발전소의 건설・운영에 관한 정보공개와 국민참가를 위한 절차와 제도의 수립, 운영의무도 규정되었습니다.

② 원자력발전공공기관의 협업의무

두 번째로, 원자력발전공공기관의 협업의무가 규정되었습니다. 원자력발전공공기관이란 원자력발전관련의 여러 가지 공공성을 가진 기관을 말합니다만, 그러한 기관에서 원자력발전에 관한 투명성과 건전성의 확보를 위한 공통의 경영목표를 설정해서, 개시하고, 그것을 달성하기 위하여 협업체계를 구축하여야 한다고 하는 의무가 규정되었습니다.

③ 원자력발전공공기관의 임직원과 협력회사의 윤리

세 번째로, 원자력발전공공기관의 임직원과 협력회사의 윤리에 대하여 이하의 것들이 규정되었습니다. ①원자력발전공공기관이 윤리행동강령을 제정하고, 이것을 공개하여야 하는 것, ②원자력발전공공기관의 임원과 법률로 규정된 일정한 직원은 소유하는 재산을 등록하여야 하는 것, ③이러한 재산등록의무자에 대해서는 퇴직일부터 3년간, 퇴직전에 소속한 부서 또는 기관의 업무와 밀접한 관련있는 기관에 취업할 수 없는 것, ④원자력발전공공기관의 임직원은 사적 이익을 추구하거나 또는 특정인에게 부당한 특혜를 주기 위하여 원자력발전소의 건설·운영에 관한 정보를 제공 또는 이용해서는 안되는 것, ⑤영리업무의 금지, 또한 협력회사가 일정한 행위를 해서는 안되는 것, ⑥감사는 협력회사의 의무준수 등에 대하여 정기 또는 수시로 감사하여, 그 결과를 산자부장관에게 보고하고, 홈페이지 등을 통하여 공개하여야 하는 것의 여섯 가지입니다.

④ 원자력발전공공기관에 대한 감독

네 번째로, 원자력발전공공기관에 대한 감독으로서 원자력발전공공기관이 운영계획을 수립해서, 이것을 산자부장관에게 보고하고, 산자부장관은 그것을 국회에 보고할 것이 규정되었습니다.

또한, 산자부장관은 여러 의무에 관한 이행이 이루어지고 있는지를 감독하는 것 이외에, 의무준수에 관한 조사를 하고, 그것을 국회에 제출할 것이 임무로 규정되었습니다.

⑤ 기타

다섯 번째로, 기타 시정조치나, 과징금의 부가에 대한 규정이 있습니다. 또한, 벌칙에 대해서는 대단히 중한 벌칙이 규정되었습니다. 나아가 가중처벌도 규정되었으며, 원자력발전사업소에 공급하는 물품 등의 성능을 증명하는 문서를 제출하는 원자력발전공공기관 및 협력회사의 임직원이 원자력발전소의 건설 및 운영에 필요한 물품을 구매 또는 거래할 때에 수회 등의 죄를 범한 경우, 당해 죄와 관련된 형의 2분의 1까지 가중할 수 있습니다. 또한, 수회액의 5배 이상 10배 이하의 벌금을 병과할 수 있다고 규정하였습니다.

3. 마치며

이상, 한국에서의 원자력안전규제에 대하여 개관하였습니다. 한국에서의 안전규제도 2011년의 동일본대진재를 계기로 하여, 그 법제가 보다 구체적이고 엄격하게 정비되었다고 말씀드릴 수 있습니다.

그러나, 규범이나 조직이 아무리 정비되어도 결국 그것을 운영하는 것은 사람이라는 점이 중요하다고 저는 생각하고 있습니다. 그것을 2012년, 2013년에 한국에서 발생한 원전관련비리사건이 시사하고 있는 것이 아닌가라고 생각합니다.

이상으로 보고를 마치겠습니다.

1

한국에서의 안전규제

-그 법시스템과 원전관련비리사건의 방지를 중심으로 하여-

전남대학교 법학전문대학원 교수　함인선

2

목 차

3

Ⅰ. 안전규제의 법시스템

1. 안전규제 일반 : 「원자력안전법」 – 2011.11. 제정

– 원자력안전종합계획의 수립(5년) : 부문별 시행계획(5년)

– 발전용원자로 및 관계시설의 건설

: 위원회의 건설허가, 허가기준, 결격사유, 허가의 취소 등
발전용 원자로 설치자, 발전용원자로 및 관계시설의 건설에 관한 사항의 기록·비치의무

– 발전용원자로 및 관계시설의 운영

: 위원회의 운영허가, 허가기준, 허가의 취소 등
발전용원자로 운영자, 정기적으로 안전성 평가하여 위원회에 제출
발전용원자로 운영자, 발전용원자로 및 관계시설의 건설에 관한 사항의 기록·비치의무
발전용원자로 및 관계시설의 해체 : 위원회의 승인

- 연구용원자로의 건설 · 운영
  : 건설허가, 운영허가, 그들의 취소 등, 상기를 준용
- 핵연료사이클사업
  : 핵원료물질 · 핵연료물질의 제련사업 또는 가공사업 – 위원회의 허가, 허가 등의 기준, 그 취소
  사용완료핵연료사업 – 주무부장관의 지정
  핵연료사이클사업자, 핵연료사이클시설의 건설 · 운영에 관한 사항의 기록 · 비치 의무
  핵연료사이클시설의 해체 – 위원회의 승인
- 핵물질의 사용
  : 핵연료물질의 사용 또는 소지에 대한 위원회의 허가, 허가기준, 허가의 취소 등
  핵연료물질사용자의 기록비치의무, 기술기준준수의무
  핵원료물질의 사용신고 등 준용
- 방사성동위원소 및 방사선 발생장치
  : 방사성동위원호 또는 방사선 발생장치의 생산 · 판매 · 사용 등의 허가, 허가기준, 허가 등의 취소
  허가사용자의 기록 · 비치의무, 기술기준준수의 등

4

- 폐기 및 운반
  : 방사성폐기물관리시설 등의 건설 · 운영허가, 허가기준, 위원회의 검사, 허가 등의 취소 등
  방사성폐기물관리시설 등의 건설 · 운영자의 기록 · 비치의무, 기술기준준수의무
  방사성폐기물의 처분제한
- 주민의 의견수렴, 정보공개의무, 포상금의 지급, 책임감면

2. 규제기관 관련 : 「원자력위원회의 설치 및 운영에 관한 법률」 – 2011.7

- 대통령 소속 ⇒ 국무총리 소속
- 위원장을 포함하여 9인의 위원, 그 중 4인은 위원장의 제청으로, 4인은 국회의 추천으로, 대통령이 임명 · 위촉. 위원장은 국무총리의 제청으로 대통령이 임명. 위원의 임기는 3년으로 1회 재임가능.
- 위원회의 소관사무 : 원자력의 안전관리에 관한 사항, 원자력관리에 수반하는 연구 · 개발

5

3. 핵물질과 원자력시설관련

: 「원자력시설 등의 방호 및 방사능 방재대책법」 – 2003.5

- 핵물질 및 원자력시설의 물리적 방호
  : 정부의 물리적 방호시책과 물리적 방호체제의 수립 등, 물리적 방호협의회
  원자력시설 등의 물리적 방호요건 – 불법이전, 사보타쥬, 전자적 침해행위
  원자력사업자의 기록 · 비치의무
- 방사능방재대책
  : 국가방사능방재계획 · 지역방사능방재계획 등의 수립, 원자력사업자의 방사선비상계획
  방사선비상계획구역(예방적 보호조치구역, 긴급보호조치계획구역)의 설정 등
  중앙방사능방재대책본부 · 지역방사능방재대책본부 · 현장방사능방재지휘센터의 설치
- 방사능재해예방 태세
  : 방사능방재교육, 방사능방재훈련, 위원회의 검사, 국가방사선진료체제의 구축
- 사후조치 등
  : 중장기방사능영향평가 및 피해자복구계획, 방사능재해사후대책의 실시, 재해조사

6

7

4. 생활주변방사선 관련 : 「생활주변방사선안전관리법」 – 2011.7

– 생활주변방사선방호종합계획의 수립 등

: 위원회의 생활주변방사선방호종합계획(5년), 연도별시행계획, 안전지침

– 원료물질 · 공정부산물 및 가공제품에 대한 관리

: 원료물질 또는 공정부산물취급자의 등록, 취급자의 지위승계, 원료물질 또는 공정부산물의 수출입신고, 유통현황의 기록 · 보관, 공정부산물의 처리 · 처분 또는 리사이클의 신고, 가공제품의 안전기준, 부적합한 가공제품에 대한 조치, 우주방사선의 안전관리 등

– 방사선 · 방사능감시장치의 설치 · 운영 등

: 공항 · 항만에서의 방사선 · 방사능감시장치의 설치 · 운영의무, 리사이클철스크랩 취급자에 대한, 생활주변방사선의 안전관리를 위한 감시장치의 설치 · 운영의무, 감시장치운영자의 법정의 방사능농도를 초과하거나 초과할 우려가 있는 물질이 검출되었을 때의 위원회에 신고의무

– 생활주변방사선 안전관리 실태조사 · 분석, 생활주변방사선종합정보시스템의 구축 · 운영 등

8

5. 방사성폐기물관련 : 「방사성폐기물관리법」 – 2008.3

– 방사성폐기물관리기본계획의 수립

: 산업통상자원부장관(산자부장관), 30년을 계획기간으로 5년마다 수립, 폭넓은 의견수렴, 공론화위원회(한시적)

– 방사성폐기물의 관리

: 관리사업자 – 한국원자력환경공단
방사성폐기물관리시설의 운영기준, 방사성폐기물관리사업자의 정보공개의무
방사성폐기물의 인도, 방사성폐기물의 관리비용, 사용완료핵연료관리부담금,
원자력발전소해체비용의 적립

9

– 한국원자력환경공단

: 이사장 1인과 부이사장 1인을 포함하는 9인 이내의 이사와 감사 1인

공단의 사업 – ①방사성폐기물관리사업, ②법령에 의해 정부로부터 위탁받은 사업, ③공단이 정관으로 정한 사업, ④이상의 부수사업

공단의 재원 – ①기금으로부터의 지급금, ②차입금, ③정부 또는 정부 이외의 자의 출연금 또는 보조금, ④기타 산자부령으로 규정하는 수입

– 방사성폐기물관리기금

: 재원 – ①방사성폐기물관리사업자의 납입금, ②사용완료핵연료관리부담금 및 가산금, ③정부 이외의 자의 출연금 및 기부금, ④기금의 운용으로부터의 수익금 등

기금의 관리 · 운용 – 산자부장관

Ⅱ. 원전관련부정의 방지 관련 10

1. 사건의 개요

2012년부터 2013년에 걸쳐, 원자력발전관련부품의 조달과정 등에서 비리사건이 잇달아 발생했다. 기준미달의 부품 등이 사용되었다. 그 때문에, 원자로의 가동이 일시중지 되었다.

2. 입법적 대처

:「원전비리 방지를 위한 원자력발전사업자등의 관리·감독에 관한 법률」(원전감독법)의 제정(2014.12). 「원자력안전법」의 개정(2014.4)

3. 원전감독법의 주요내용 11

(1) 원자력발전사업자의 안전·투명경영의무

- 구매·계약의 관리, 조직·인사관리, 원자력발전시설의 관리에서의 준수사항의 명문화
- 원자력발전소의 건설·운영에 관한 정보공개와 국민참가를 위한 절차와 제도의 수립·운영의무
- 원자력발전공공기관에의 적용

(2) 원자력발전공공기관의 협업의무

- 원자력발전산업의 투명성과 건전성의 확보를 위한 공통의 경영목표를 설정·관리하고, 그것을 달성하기 위하여 상호협업하는 체계를 구축하여야 한다.
- 원자력발전소의 건설·운영과 관련하여, 각자의 사업을 영위함에 있어서 상호간의 책임의 내용과 범위를 명확하게 설정하여야 한다.
- 산업통상자원부장관은 원자력발전공공기관간의 책임관계에 대하여 중재·조정 등 필요한 조치를 취할 수 있다.

(3) 원자력발전공공기관의 임직원과 협력회사의 윤리 12

- 윤리행동강령

  : 원자력발전공공기관은 윤리행동강령을 제정하여, 이를 공개하여야 한다.

- 임직원의 재산등록

  : 원자력발전공공기관의 임원과 법정의 직원은 재산을 등록하여야 한다.

- 임직원의 취업제한

  : 재산등록의무자는 퇴직일부터 3년간 퇴직전 소속한 부서 또는 기관의 업무와 밀접한 관련이 있는 기관에 취업할 수 없다.

- 부당한 정보제공·이용의 금지

  : 원자력발전공공기관의 임직원은 사적 이익을 요구한다든지, 특정인에게 부당한 특혜를 주기 위하여 원자력발전소의 건설·운영에 관한 정보를 제공 또는 이용해서는 안된다.

- 영리업무의 금지 13

: 원자력발전공공기관의 임직원은 직무 외에서 영리를 목적으로 하는 일정한 업무에 종사할 수 없다. 원자력발전공공기관의 임직원은 그 직무와 밀접한 관련이 있는 사기업의 주식의 취득 및 보유 등 당해 사기업에 대한 투자를 해서는 안된다. 이것들을 위반한 임직원에 대해서는 원자력발전공공기관의 장은 해임 또는 징계의결을 하여야 한다.

- 협력회사의 행위 제한

: ①원자력발전공공기관에 물품 등을 공급함에 있어서 수회를 약속, 공여 또는 공여의 의사표시를 한 행위, ②허위 그밖의 부정한 방법으로 원자력발전소의 건설·운영에 관한 정보를 취득하거나 이용하는 행위, ③원자력발전소 등에 공급하는 물품 등의 성능을 증명하는 문서를 위조 또는 변조하는 행위, ④취업이 금지된 원자력발전공공기관의 퇴직자를 고용하는 행위, ⑤기타 원자력발전공공기관에 물품 등을 공급함에 있어서 원자력발전소의 건설·운영과정의 투명성과 건전성을 훼손하는 행위

- 윤리감사

: 원자력발전공공기관의 감사는 임직원·협력회사의 의무준수 등에 대하여 정기 또는 수시로 감사하여, 그 결과를 산업통상자원부장관에게 보고하고, 홈페이지 등을 통하여 투명하게 공개하여야 한다.

14

(4) 원자력발전공공기관에 대한 감독

- 운영계획의 수립

: 원자력발전공공기관은 법정의 의무를 준수하기 위한 구체적인 사항을 포함하는 운영계획을 수립하여, 산자부장관에게 보고하여야 한다. 산자부장관은 확정한 운영계획을 원자력안전위원회에 통보하고, 지체없이 국회에 보고하여야 한다.

- 이행감독 등

: 산자부장관은 ①공통경영목표의 달성에 관한 사항, ②윤리감사에 관한 사항, ③운영계획의 이행에 관한 사항에 대하여 원자력발전공공기관을 감독·점검하고, 그 결과를 공개하여야 한다.

- 의무준수에 관한 조사

: 산자부장관은 법정의무의 준수에 관한 조사를 실시할 수 있다. 산자부장관은 그 조사결과보고서를 매년 정기국회의 개회전까지 국회에 제출하여야 한다.

15

(5) 기타

- 시정조치

: 산자부장관은 원자력발전공공기관의 장이 법정의무를 준수하지 않는다고 인정할 때는 당해 기관의 장에게 그 시정을 요구할 수 있다.

- 과징금의 부과

: 산자부장관은 협력회사의 행위제한을 위반한 경우, 당해 회사에 대하여 5억원(위반행위로 얻은 이익의 3배에 해당하는 금액이 5억원을 초과하는 경우는 그 이익의 3배에 해당하는 금액)을 초과하지 않는 범위에서 과징금을 부과할 수 있다.

- 벌칙 16

: 원자력발전사업소에 공급하는 물품 등의 성능을 증명하는 문서를 위조 또는 변조한 자는 10년 이하의 징역 또는 1억원 이하의 벌금에 처한다.
①사적 이익을 요구한다든지, 특정인에게 부당한 특혜를 주기 위하여 원자력발전소의 건설·운영에 관한 정보를 제공 또는 이용한 원자력발전공공기관의 임직원과, ②허위 그밖의 부정한 방법으로 원자력발전소의 건설·운영에 관한 정보를 취득·이용하여, 재물이나 재산상의 이익을 취득한 협력회사의 임직원은 5년 이하의 징역 또는 5천만원 이하의 벌금에 처한다.

<가중처벌>

: 원자력발전공공기관 및 협력회사의 임직원이 원자력발전소의 건설·운영에 필요한 물품 등을 구매 또는 거래함에 있어서 수회 등의 죄를 범한 경우, 그 죄의 형의 2분의 1까지 가중해서 처벌할 수 없다.
그 죄를 범한 원자력발전공공기관의 임직원에 대해서는 그 수회액의 5배 이상 10배 이하의 벌금을 병과할 수 있다.

패널디스커션

후쿠시마원전사고 후의 안전규제

● 패널리스트

야마가타 히로시(山形浩史)(원자력규제청 총괄관)

킴벌리 · 섹스톤 = 닉(OECD/NEA 사무국 원자력법과 법무전문관)

첸춘셩(陳春生)(대만 사법원대법관)

함인선(전남대학교법학전문대학원 교수)

● 코디네이터

도모오카 후미토(友岡史仁)(니혼대학 교수)

도모오카 후미토 : 코디네이터를 맡은 니혼대학의 도모오카입니다. 잘 부탁드립니다. 이 안전규제에 관해서는 대단히 다양한 논점이 있습니다. 실은 사무국으로부터 일본법으로도 좋다고 하기 때문에 약간 이미 야마가타 총괄관이 말씀해주신 내용에 관하여 다소 학자의 관점이라고 할까요, 그러한 문제의식을 가지고, 특히 신규제기준에 대하여 현재 진행되고 있는 재가동과 관련된 문제점 · 과제를 제 나름대로 정리한 것으로 소개하면서 진행하겠습니다. 간단히 말씀드리고 나서 디스커션에 들어가겠습니다.

처음에, 역시 이 문제는 후쿠시마제1원전사고 이후는 원자력기술에 대한 신뢰성이 크게 흔들리고 있다는 것이 어제의 세션에서도 나왔습니다. 지금까지 길러져 온 기술이 안전성을 수반해야 하는 것이었음에도 불구하고, 그것이 손상되어버린 문제점이 있었기 때문입니다.

만일, 방사능누출이 있었던 경우는 인체에 커다란 영향을 준다는 것은 체르노빌원전사고의 예를 꺼낼 필요까지도 없이, 경험칙이나 의학적 견지에서도 증명되어온 점이 있습니다. 그러한 점에서, 원자력기술에 관해서 최대한 컨트롤 할 필요성이 보이게 되는 것입니다. 우리나라의 원자력기술에 대해서 후쿠시마제1원전사고 이후, 신뢰성을 향상시키는 제도적 노력이 이루어져왔다는 문제의식을 가지는 것이 가능할 것으로 생각합니다.

몇 가지 관련된 사항에 관해서 간단하지만 정리해보도록 하겠습니다. 우선, 신뢰성 향상의 노력이라는 것으로 앞에서 3조위원회인 원자력규제위원회가 나왔습니다만, 전문가집단으로서 그 집단이 원자로등규제법에 근거하는 허가의 심사를 하고, 재가동에 필요한 행정처분을 하는 제도로 되어 있습니다.

이것은 앞에서도 제도의 소개가 있었습니다만, 후쿠시마제1원전사고 이전의 규제구조와는 다른 형태로서 전문가집단이 심의를 거친 위에, 합의에 의해서 결론을 내고, 그 집단이 책임을 지는 체제로 되어 있습니다.

다음으로, 원전의 재가동에 즈음하여 적용되는 신규제기준에 대해서도 원자력규제위원회가 제정하는 제도가 취하여져 있고, 그 전문가집단이 전문적인 지견을 반영하고 있다고 생각할 수 있습니다. 그리고, 그 집단의 합의형성이 이루어진 것이 법적 근거로 되어 있다는 것이 됩니다.

역으로 말하면, 그 기준에 쓰여 있지 않으면, 법적 근거가 되지 않습니다. 따라서, 그 기준을 어떻게 업데이트한 것으로 해갈 것인지 여부입니다. 명확한 판단기준이 그를 위해 필요한 것입니다만, 무엇이 새로운 전문적인 지견으로 되는가라는 기준에 대해서 명확한 것이 없다는 것입니다. 실제로 그 지견을 포함시킬 타이밍 등이 대단히 중요하게 된다는 것으로 됩니다.

이러한 신규제기준이라는 것은 원자력규제위원회가 최종적으로 그 적용의 시비를 판단하는 것으로 되는 것입니다만, 이번 후쿠시마제1원전사고의 원인이 대지진을 원인으로 대형 쓰나미가 되는 것처럼 전문가집단에는 자연재해라는 예측곤란한 현상을 과학적 지견에 의해 평가한다고 하는 중대한 역할이 요구되고 있다는 것이 됩니다. 그러한 점에서, 전문가집단에 의한 의견집약의 결과로서 논의의 여지없이 제도가 제정되어 있는가라는 과제가 나오게 됩니다.

다음으로, 리스크평가의 건에 관하여 앞에서 논의가 나왔기 때문에, 서두르겠습니다.

세 번째입니다만, 후쿠시마제1원전사고 후의 소송이라는 점도 주목할 필요가 있습니다. 재가동을 둘러싸고는 민사소송이 제기되어 있습니다. 예컨대, 관사이(關西)전력의 다카하마(高浜)원전과 같이 재가동 후에 청구가 인정되어, 재차 정지되는 케이스가 나오고 있는 경우가 있습니다. 소송에 관해서는 입증책임을 비롯해서 소송절차의 차이, 특히 행정・민사라는 차이가 소송 고유의 문제로서 나타난다고 하는 것도 있어서, 전문가집단이 인정하였던 신규제기준의 신뢰성을 부정한다고 하는 판단을 내리는 법관도 있습니다. 이러한 사실에 일본의 원자력기술이나 전문가집단이 어떻게 서로 의견을 조율할 것인가라는 점이 문제로 되는 것이 아닐까 생각합니다.

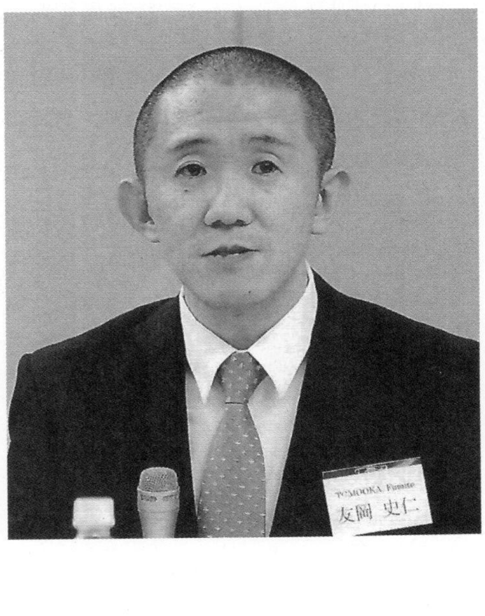

그래서, 새로운 과제로서 두 가지 들겠습니다. 첫 번째가 신규제기준이 사고에 수반하여 방사

성물질이 시설 외부로 방출된 경우의 영향을 고려하여, 긴급시 대응에 있어서 방재피난계획이 책정되어 있다는 것을 포함하고 있는지 여부라는 점에서는 네거티브입니다.

방사성물질의 시설 외부 방출에 관해서는 IAEA가 정의하는 다중방호, 또는 심층방호라고도 합니다만, 그 중 제5층에 규정이 있습니다. 후쿠시마제1원전사고 이전에 다중방호에 대한 인식의 허술함이 있었다고 평가하는 경우, 신규제기준 중에서도 방재피난계획을 안전규제의 일환으로서 규정하여야 하는 것이 아닐까라는 의문이 드는 바입니다.

다만, 일본의 경우는 원자력재해대책특별조치법의 재해대책에 대하여, 일정한 계획을 규정하도록 요구하고 있는 것입니다. 이것이 입법자의 판단이라고 할 수 있습니다만, 원자력재해대책이 원자로의 안전규제와 링크하는 형태로 취하여지는지는 별개의 문제로서 처리해야 한다고 생각하는 한편으로, 해외와의 비교에서는 반드시는 그렇게 되어 있지 않는 실정인 것 같습니다. 그러한 의미에서 비교법적 과제로 되는 것이 아닐까 생각합니다.

두 번째로, 재가동에 관련되는 소송이 제기되어 있습니다만, 법관이 신규제기준의 적용에 즈음하여, 그 내용을 판단하고자 하는 경향이 나타나고 있는 점을 어떻게 해결할 것인가라는 점이 있습니다. 순수한 소송절차상의 문제라는 것도 당연히 논점으로 됩니다만, 하나의 아이디어로서는 예컨대 원자력규제위원회에 준사법적인 기능을 부여한다든지 법원 내에 전문법원을 설치한다든지 하는 것이 제창되고 있다고 들었습니다.

전문적 지견의 신뢰성을 보다 정당하게 평가할 수 있는 체제를 정비하는 것이 그 아이디어에 기대되고 있는 것이 사실입니다. 이러한 아이디어 자체의 타당성은 여러 가지 논의가 있다고 생각합니다. 일본의 법 실정에 적합한지라는 점도 포함하여, 비교법적인 과제로 될 수 있는 것이 아닌가라는 것입니다. 이상이 저의 약간의 팔로우업으로서 우선 보고를 하였습니다.

그럼, 곧바로 패널디스커션에 들어가겠습니다. 제가 지금 말씀드린 점은 제쳐두더라도, 앞에서 네 분의 선생님들이 보고하신 내용에 대하여 공통점을 든다고 한다면 세 개 정도 있는 것이 아닐까 생각합니다.

첫 번째는, 규제조직의 형태라는 것이 있습니다. 이것은 바로 오늘의 대테마인 후쿠시마제1원전사고 이후 어떻게 변하였는가라는 특히 안전규제에 관한 인과관계가 확실히 하고 있는 개혁의 내용이라고 생각됩니다. 이것은 전원 동의하는 바입니다.

두 번째는, 실제의 안전규제의 내용도 포함하여, 어떻게 파악할 것인가라는 과제가 남겨있다고 생각합니다. 그것이 예컨대 심층방호의 관점이라는 점에서 하나 나타난다고 생각됩니다. 당연히 거기에 대한 대책의 방식이 여러 가지 나올 것으로 생각합니다. 이것은 각국, 세션 3에서는 특히 동아시아지역의 비교라는 관점에서 차이가 보이는 것으로 생각되었습니다. 그 부분도 포함하여 약간 문제정리를 하겠습니다.

세 번째로, 지금 말씀드린 심층방호와도 관계합니다만, 사고를 어떻게 미연에 방지할까라는 점이 있는 것으로 생각합니다. 그것은 지금 저도 말씀드린, 전문가집단에 의한 확실한 기술을 확립해간다는 것입니다. 그리고, 백피트라고 하는 과제도 나왔습니다만, 새로운 지견을 어떻게 기존의 시설에 팔로우업할 수 있는가라는 문제가 있는 것입니다. 그 때에 중요한 것은 역시 기술의 신뢰성, 정보공개, 인적인 문제도 나옵니다. 그러한 관점이 있고, 대단히 많은 논점에 걸쳐 있다고 생각됩니다.

저는 특히 보고해주신 내용에 관하여, 이상의 점으로 문제정리를 하였습니다. 그러한 점에서 제1로 심층방호의 점에서 정의라고 할까, 안전성의 기준을 만드는 위에서의 기본적인 관점이기 때문에 그 점에 대해 선생님들께 여쭈어보겠습니다.

특히 지금까지 미국에서도 활약하셨던 닉 씨가 미국의 건을 포함하여 여러 가지를 아신다고 생각하기 때문에 저의 문제의식으로부터 첫 번째로 질문을 드리면, 미국에서 예컨대 원자로의 안전규제에서의 심층방호가 제5층도 포함하여 어떻게 심사되고 있는가라는 점에 대하여 약간 자세하게 알려주십시오. 이 질문 이외에도 팔로우업 할 점이 있다면 부디 답변해주시면 좋겠습니다. 부탁드립니다.

킴벌리 · 섹스톤＝닉 : 질문 감사합니다. 답변하기 전에 말씀드려둘 것은 저는 여기서 미국원자력규제위원회(NRC)를 대표해서 말을 하는 것이 아니라, NEA에 근무하기 전에 NRC에서 근무했었던 경험에 근거하여 말하겠습니다.

앞에서 일본에서는 심층방호에 대하여 안전심사와는 별개의 문제로서 다루는 부분이 있다고 하는 지적이 있었습니다만, 미국에서는 그렇지 않습니다. 그 이야기 전에, 심층방호의 제5

층이 무엇을 가리키는지 보겠습니다. 심층방호의 제5층은 IAEA의 정의에서는 방사성물질의 대량의 방출에 의한 방사선 영향의 완화로 되어 있습니다.

미국에서는 이것은 긴급시계획과의 관계에서 보는 것으로 됩니다. NRC는 이 점을 여러 가지 방법으로 심사합니다.

우선, 이 점은 허가단계에서 보겠습니다. 미국에서 원자력발전소를 건설하는 경우에는 연방규칙집 Title 10, §50.33(g)에 의한 규제가 있고, 허가신청의 일부로서 긴급시대응계획을 제출하여야 한다고 되어 있습니다. 이것에는 방사선프룸폭로경로긴급계획지역(EPZ)에 그 일부 또는 전역이 포함되는 미국의 주 및 지방정부의 방사선에 관한 긴급시대응계획이 포함되어 있습니다. 미국에서는 프룸폭로경로 EPZ는 10마일권내, 경구섭취에 의한 폭로경로 EPZ는 50마일 권내로 되어 있습니다. 그에 더하여, 완전한 긴급시계획의 중대한 저해로 될 수 있는 사이트상의 물리적인 특성도 명기하여야 합니다. 또한 신청자는 긴급시계획을 담당하는 지방, 주, 연방정부의 관계기관과의 연락이나 결정에 대해서도 기재할 필요가 있습니다.

이들 계획이 NRC에 제출되면, NRC는 그 계획을 긴급시 대응을 담당하는 연방정부기관(연방긴급사태관리청 : FEMA)과 상담한 후 심사합니다. NRC는 당해 계획이 충분한지, 긴급사태에서 실행될 수 있는 합리적인 확증이 있는지를 판단합니다.

한번 허가가 나와도, 긴급시대응계획의 심사는 그것으로 끝나는 것이 아닙니다. 긴급시대응계획이 긴급시에 충분한 방호조치를 취할 수 있고 실시할 수 있다는 합리적인 확증이 없다고 NRC가 인정한 경우에는, 언제라도 NRC는 허가사업자에 대해 강제조치를 취할 수 있습니다. 강제조치에는 예컨대 시정조치가 취하여질 때까지의 동안, 원자로의 운전정지를 명령하는 것도 포함됩니다. 또한, 적어도 2년에 1회는 종합긴급사태대응훈련을 행할 것이 의무되고 있으며, 이것을 통하여 NRC는 긴급시의 방호조치에 대하여 평가를 할 수 있습니다. 그 2년간에는 허가사업자가 훈련을 행하고, 이것을 NRC가 평가합니다.

이처럼, NRC는 계속적으로 긴급시대응계획의 평가를 수행하고 있습니다.

이 점에 대하여 국제적인 관점에서 보다 알고 싶으시다면, NEA는 후쿠시마제1원전사고를 받아서 「원자력발전소에서의 심층방호의 실시 : 후쿠시마제1원전사고로부터의 교훈」[1]이라는 타이틀의 보고서를 내고 있습니다. 이것은 NEA의 웹사이트에서 무료로 다운로드할 수 있습니다. 감사합니다.

도모오카 후미토 : 감사합니다. 지금은 특히 미국에 관한 설명이 있었습니다. 일본에 관해서

1) NEA(2016), *Implementation of Defence in Depth at Nuclear Power Plants : Lessons learnt from the Fukushima Daiichi Accident*, OECD, Paris.

는 총괄적으로 괜찮으시다면 야마가타 씨에게 부탁드리겠습니다. 함 선생님과 첸 선생님, 다중방호라고 할까, 지금 이야기된 내용도 포함하여, 무언가 그 점에 관해 안전성기준, 안전의 내용, 무어라고 할까, 구체적인 제도로서 다중방호의 관점이 각각의 장소에서 어떻게 생각되고 있는지 지견 등이 있으면 여기에서 말씀해주셨으면 합니다.

첸 선생님, 무언가 있으시다면, 또는 안전성의 내용에 관해서라도 괜찮습니다. 다중방호란 각층별로 완결하여, 다음의 층에는 영향이 가지 않도록 방지해간다는 관점입니다. 후쿠시마제1원전사고를 계기로 하여, 우리들은 특히 그러한 문제의식이 강하게 되고 있기 때문에, 만일 지견이 있으면 의견을 주십시오.

첸춘셩 : 다중방호에 관해서 그 안전성기준, 즉 안전의 내용에 대하여 대만에서는 핵자반응기시설관제법(核子反應器施設管制法) 제9조에서 시설이 정식으로 운전되고 나서 적어도 10년에 1회, 전체의 안전평가를 하고, 주관기관의 심사를 받아야 한다고 하고 있습니다.

후쿠시마제1원전사고 후, 원자력위원회는 대만전력회사(TPC)에 대하여 각 원자력발전소가 극단적인 천연재해(지진, 쓰나미, 홍수 등을 포함한다)에 버틸 수 있는 능력을 새롭게 평가할 것을 요구하고, 나아가, 안전평가의 보고서 가운데에 「후쿠시마제1원전사고 후에 전면적으로 안전평가와 안전강화를 한다」는 특정의 장을 추가하기로 하였습니다. 이 특정의 장에는 후쿠시마제1원전사고 후의 안전재평가의 항목이 모두 포함되어 있고, 예컨대, 교류전원전상실(交流電源全喪失)을 피하는 능력의 검사와, 홍수와 쓰나미로부터의 방호나 복합사고의 고려, 단연조치(斷然措置)의 절차에 관한 지침을 정하는 것 등으로 되어 있습니다.

그리고, TPC는 2011년 12월에 10년간에서의 시설 전체의 안전평가의 보고서(그 가운데에는 후쿠시마제1원전사고 후의 안전의 재평가를 포함한다)를 제출하였습니다. 원자력위원회는 보고서를 심사하고, 현장을 시찰하였습니다.

한편, 원자력발전소에서의 설계기준을 초과한 상정 외의 사고에 견뎌낼 수 있는 능력을 강화하기 위하여 TPC가 취한 조치는 현재도 진행중입니다.

또한, 2012년 11월에 원자력위원회는 TPC에 대하여 24건의 처분을 규제명령으로서 발하고, 원자력발전소의 안전을 위하여 필요한 조치를 취할 것을 요구하였습니다.

도모오카 후미토 : 감사합니다. 함 선생님, 말씀해주시겠습니까.

함인선 : 안전성의 내용에 대해서는 저는 기술적인 지견을 가지고 있지 않기 때문에, 말씀드릴 것은 없습니다. 그러나, 동일본대진재 후, 한국에서 이용진흥과 안전규제가 분리되었다는 것은 기능적인 면에도 있습니다만, 인적 분리가 중요한 포인트라고 생각하고 있습니다. 제가

인터넷으로 조사했던 바, 한국에서는 그제, 원자력안전위원회의 전문위원들이 원전사업자등으로부터 한국 원으로 600억원의 연구비를 받았다고 하는 사건이 있었습니다. 이같은 상황을 고려하여, 원자력안전에 관련된 조직의 공정성이 담보될 수 있는가라는 의문이 한국 국내에서 일어난 것입니다.

그러한 면에서는 일응 기구의 분리는 이루어지고 있는 것입니다만, 본래의 인적인 분리, 서로의 어느 정도 긴장감의 양성이라는 것은 오랫동안 이용진흥과 안전규제에 관련된 조직이 함께 일해 왔다는 경위도 있어서, 아직 되어있지 않는 게 아닌가 하는 느낌을 가지고 있습니다. 그러한 면에서는 본래의 안전성의 확보라는 것은 아직 한국에서는 달성되지 않은 것이 아닌가 하는 것을 말씀드려두겠습니다.

도모오카 후미토 : 감사합니다. 안전성의 담보라는 것은 과제가 산적하는 것이 보통이라고 생각합니다. 지금의 논의도 포함하여, 무언가 추가적인 논점, 또는 자신이 가지고 계시는 과제 등 여러 가지 있을지 모르겠습니다만, 그것을 좀 팔로우해주시면 좋겠습니다. 야마가타씨, 어떻습니까.

야마가타 히로시 : 우리들은 다중방호보다도 심층방호라는 말을 사용합니다만, 심층방호에서는 가령 우선 하나의 대책을 취합니다. 그것은 당연히 최고품질의 만전의 것을 하는 것입니다만, 다음 층에서는 전단의 대책을 부정하고 무시합니다. 즉, 일정한 대책을 취하더라도 반드시 무언가 트러블이 일어난다는 것을 전제로 합니다. 그것도 아프리오리하게 사고가 일어나고, 고장이 일어난다고 하는 형태로 다음의 층의 대책을 추구해가는 것입니다.

예컨대, 물 주입(주수)을 할 수 없는 경우를 생각하면, 노심이 녹기 때문에 녹지 않도록 노력합니다. 그것은 당연히 해야하는 것입니다만, 다음 층에서는 그러한 것을 일체 무시해서 노심이 녹은 경우라도 격납용기를 지켜서 방사성물질이 외부로 나오지 않도록 하시오라는 식으로 심사를 하고 있습니다.

즉, 우리들의 업무에서는 방사성물질을 나오게 하지 않는다는 곳까지 하고 있습니다. 그러나, 심층방호의 관점에서 말하자면, 그렇게 되어도 사고가 나는 데에는 아무런 이유가 없습니다. 왜 사고가 일어나는가 하면, 거기에는 이유는 일체없이 일어나는 것이기 때문에 어쨌든 일어난다는 것을 생각하시오라는 것입니다. 제5층의 방재에 대해서는 우리들은 오로지 격납용기로부터 방사성물질을 나오지 않는 대책을 하고 있는 것입니다만, 방재 쪽은 그러한 것은 관계없습니다. 어찌되었든 나온 경우는 어떻게 할 것인가라는 것을 생각하도록 하고 있습니다.

앞에서 도모오카 선생님도 입법의 의사라고 말씀하셨습니다만, 발전소의 규제는 원자로등규제법(핵원료물질,핵연료물질및원자로의규제에관한법률)입니다만, 방재대책은 원자력재해대책특별조치법에서 내각부가 하고 있어서, 별개의 조직이 하고 있는 것입니다. 그러한 의미에서, 우리들로서는 방사성물질을 나오지 않게 하는 것만을 오로지 추구하고 있습니다.

그러나 제5층은 그러한 것은 관계없이 나온다면 어떻게 할 것인가라는 대책을 취한다는 것으로, 실질적으로는 그다지 문제는 없는 것이 아닐까라고 개인적으로는 생각하고 있습니다.

도모오카 후미토 : 감사합니다. 심층방호의 건에 대해서는 이런저런 정의도 있다는 것이었습니다. 또한, 후쿠시마제1원전사고 이전과의 관계에서, 역시 항상 가지고 있지 않으면 안되는 문제의식이라는 것이 거기에 나온다는 것도 있기 때문에, 금후의 과제 등을 제시해주셨다고 생각합니다.

제 자신의 문제정리로부터 한다면, 여기에서 규제조직의 형태라는 것이 나왔습니다. 특히 우리나라는 발본적으로 규제조직을 개혁했다는 것입니다만, 사고와의 인과관계는 규제조직과 상당히 강하다고 하는 것은 닉 씨도 지적하셨다고 생각합니다.

앞에서 첸 선생님으로부터 개발과 안전규제의 분리라는 말씀이 있었습니다. 이것은 우리나라에서도 대단히 문제가 있었던 테마입니다. 괜찮으시다면, 그 내용에 관해서 좀 더 상세히 말씀해주시면 어떠실까요.

첸춘셩 : 대만에서는 규제기관은 원자력위원회이며, 그 기관을 규정하는 법률의 초안에서 권력을 강화하고 있습니다. 규제기관의 독립성과 그 권력의 강화라는 것입니다.

다만 대만은 금년 1월의 선거에 의해 정권교체가 있었기 때문에, 에너지정책이 크게 변하였습니다. 지금, 제4의 원자력발전소는 거의 98% 건설이 끝나고 있습니다만, 그 전에 국민투표를 하여 이대로 건설을 계속해서 실제로 운전할지 여부를 결정한다는 상황으로 되고 있습니다. 그리고 지금, 뉴 크리어 프리라는 정책이 있습니다.

즉, 안전성의 문제나, 이론상은 규제기관의 독립성, 그 권력의 강화를 중앙정부에서, 즉 행정위원의 조직개혁의 방침에 의하여 원자력위원회는 지금은 행정위원의 제2레벨(2급)기관입니다만, 조직의 개혁에 의해, 역으로 제3의 레벨, 아래의 레벨로 됩니다. 이것은 모순되기 때문에, 지금은 초안입니다만, 연구의 보고를 낸다든지, 학자의 제언도 강하게 하여, 제2레벨(2급)이 아니라 제1레벨(1급)의 기관으로 한다고 하는 이야기가 있습니다. 그러나, 실제로는 아직 결정되지 않은 상황입니다.

도모오카 후미토 : 감사합니다. 선생님의 최근의 논문에서는 그 문제를 연구하셨던 같습니다.

논문을 읽어보신다면 그 내용을 알 수도 있으니 부탁드립니다.

함 선생님, 개발과 안전규제의 분리라는 것은 우리나라로서도 규제조직의 개혁으로 중요한 논점의 하나였다는 것도 있기 때문에, 좋으시다면 무언가 의견을 주시면 어떠실까요.

함인선 : 앞에서 말씀드렸던 것처럼, 그 두 개의 기능의 분리는 한국에서는 아직 확실히 이루어지지 않았습니다. 인적 분리라고 할까요, 서로 각자의 사명의 분리라고 할까요, 그러한 것의 분리는 아직 달성되어 있지 않습니다. 오랜 기간 함께 같은 업무를 했던 것이기 때문에, 분리되어도 얼마동안은 달성될 수 없는 것이 아닐까라고 생각하고 있습니다.

도모오카 후미토 : 감사합니다. 인적 문제에 관해서는 특히 일본의 조직에 관해서 앞에서 말하고 있는 것처럼 인식하시고 있다고 생각합니다만, 오늘의 야마가타 씨의 보고 중에서는 이 점에 대해서는 구체적으로 명확하게 이루어지지 않았습니다. 현재 제도라도 좋기 때문에 좀 팔로우업 해주시겠습니까.

야마가타 히로시 : 인적 문제라는 것은 질의 문제와 양의 문제와,「오얏나무 아래서 갓끈을 고쳐매지 마라」는 아닙니다만, 외부로부터 보았을 때의 신뢰성이라는 문제로 나뉜다고 생각합니다. 우리들의 조직은 아직 생긴지 3년 반, 4년 정도이므로 양도 질도 충분한가 하면, 솔직히 그 정도로 충분하다고는 생각하지 않습니다.

이 때문에, 이미 25, 26기의 발전소의 신청을 받으면서, 통과된 것은 아직 7기 정도입니다. 우선 사람이 부족합니다. 그러나, 그러한 가운데에서 중도채용자도 포함하여 열심히 하고 있습니다만, 심사관이라는 것은 외부의 분은 전혀 경험이 없기 때문에 곧바로 중도채용이 가능한 것도 아닙니다. 급여면에서 공무원은 월급이 적기 때문에 민간 쪽에서 전혀 오시지 않고, 좀처럼 양과 질이 부족한 상황으로서 힘든 처지입니다.

더욱이 외부로부터 볼 때라는 것에 대해서입니다. 5년 전의 개정 원자로등규제법의 논의 시에 노리턴룰이라고 하여서, 경제산업성의 프로모션사이드의 영향을 받지 않도록 하기 위하여 저는 처음부터 공무원을 시작한 것은 통상산업성입니다만, 원자력규제위원회에 오면, 두 번 다시 원자력의 추진부문에는 돌아올 수 없다는 룰로 되어 있습니다. 그러한 면에서는 신뢰성이라고 할까요, 겉보기라고 할까요 또는 형식요건이라고 해야 할지 알 수 없습니다만, 비교적 확실하게 결론이 난 형태인 것이 아닌가 생각하고 있습니다.

도모오카 후미토 : 감사합니다. 그럼, 닉 씨, 부탁드리겠습니다.

킴벌리 · 섹스톤 = 닉 : 극히 간단히 코멘트하겠습니다.

지금 지적이 있었던 인적 측면에 관한 논의는 규제기관의 독립성에 관하여 대단히 중요한 포인트라고 생각합니다. 원자력안전조약은 원자력의 이용 · 추진에 관계하는 조직과 원자력의 규제에 관계하는 조직과의 사이의 효과적인 분리를 요구하고 있습니다.

그러나, 「효과적인 분리」가 무엇을 가리키는 것인가에 대해서는 정의가 없습니다. 「독립」이나 「효과적인 분리」라고 합니다만, 그것이 실제로 무엇을 의미하는 것일까요. 이것에는 여러 가지 요소가 포함되어 있습니다. 규제기관의 지휘명령계통이 어떻게 되어 있는 것일까, 어떻게 예산이 조달되어 있는 것일까, 규제기관과 원자력의 이용 · 추진에 관한 기관과의 사이를 왔다갔다하는 인재를 어떻게 취급할 것인가, 규제기관의 위원이나 직원이 어떻게 선임 · 해임되는가라는 것을 생각할 필요가 있습니다.

영국과 같은 드믄 예를 제외하면, 일반적으로 말하여, 규제기관은 원자력의 이용 · 추진에 관한 기관과 동일하게 상위의 정부기관 아래에 있습니다. 원자력의 이용 · 추진에 관한 기관과 같은 부처 아래, 같은 지휘계통 아래에 있는 것은 아니라 하더라도, 규제기관은 마찬가지로 정부기관의 일부를 구성하고 있습니다.

원자력업계의 외부에 있는 사람들은 규제기관에 대하여 여러 가지 견해가 있어서 「효과적인 분리가 충분히 되어있지 않는 게 아닌가」라는 사람도 있을 것입니다. 최종적으로는 규제기관이 그 임무의 수행을 통하여, 규제기관과 원자력의 이용 · 추진에 관한 기관과의 사이의 「효과적인 분리」가 진짜로 달성되어 있다는 것을 시민에 대하여 나타내는 형태가 갖추어져 있는지 여부로 귀착하는 것이 아닐까라고 생각합니다.

도모오카 후미토 : 감사합니다. 특히 인상적인 것은 독립성에 관해 다양한 면이 있는 것이라고 생각합니다. 이 점의 논의는 다하지 않았다고 생각합니다만, 앞에서 제가 언급한 것처럼, 세 번째의 점이라고 말할까요, 이것을 최후의 테마로 하겠습니다만, 신경이 쓰이는 것은 소송의 이야기라고 생각됩니다.

각각의 국가의 각각의 방식, 그리고 어떠한 논의가 이루어지는지, 원전에 대해 어떠한 국민적인 생각이 있는 것인지 등등, 이런 저런 논의가 있다고 생각합니다만, 법률학의 세계로부터는 역시 소송에 관심이 간다고 할 수 있습니다. 자세한 소송절차의 이야기로 되면 크게 논의할 수 있는 점도 있습니다만, 이 장에서의 논의에 관해서 좀 더 공통된 형태로 논의를 하고 싶은 점이 있습니다.

그래서, 마지막이 됩니다만, 닉 씨는 미국에서도 소송에 관해서 상세한 지견을 가지고 계신 것으로 생각되기 때문에 언급해주시고, 그것을 토픽으로 해서 다른 선생님들에게도 논의에 참가해주시기 바랍니다.

킴벌리 · 섹스톤=닉 : 여기에서는 NRC의 결정에 대한 소송의 사례로 한정해서 답변드리겠습니다. 우선, 미국에서는 소송은 최종적인 수단으로서, 당사자가 거기에 이르지 않는 것이 바람직하다고 항상 생각하고 있습니다. 규제기관으로서는 그 심사 · 감독에 대하여 시민에 대해 충분한 신뢰를 제공하고, 실제로 소송에까지 이르지 않는 것이 바람직하다고 생각하고 있습니다. 그러나, 실제로는 항상 그렇게 되는 것은 아닙니다.

미국에서는 NRC의 결정에 대한 소송의 대부분은 원자력 안전 및 허가에 관한 심사회(ASLBP)로부터 우선 시작됩니다. 이것은 NRC 중에 설치되고 있는 행정기관입니다. 독립성에 대해서 보면, ASLBP는 NRC 하에 있고, 그 멤버의 급여는 NRC로부터 지급되고 있습니다만, 독립된 조직으로 생각되고 있으며, NRC 직원의 감독을 받지 않습니다. 원자력법에 근거하여, 시민은 NRC의 주된 허가의 결정에 대하여 이의신청을 할 권리가 인정되고 있습니다. 여기에서 한 번 더 확인해두고 싶습니다만, 지금 말하고 있는 것은 NRC 결정에 대한 이의신청으로서, 허가를 받은 사업자나 신청자의 행위에 대해 이루어지는 것은 아닙니다.

이 절차의 첫 번째 스텝으로서는 ASLBP에서 청문의 기회를 설정하는 것입니다. 일반적으로는 ASLBP는 3인의 심판원으로 구성되어 있고, 그 중의 2인이 기술면의 심판원, 다른 1인이 법률면의 심판원입니다. 2인의 기술면의 심판원은 당해 안건에 대응한 전문성에 의해 선임됩니다. 법률면의 심판원은 통상은 심사회의 장으로서 행정법에 정통하고 있습니다. ASLBP의 구성 및 심판원의 자격은 원자력법에 규정되어 있고, 법률상의 요건으로 되어 있습니다[2]. ASLBP의 결정에 대한 불복신청은 위원회의 5명의 위원에게 배정됩니다. 그 후, 그에 대한 불복신청은 NRC의 조직을 벗어나서 연방법원 레벨에서 다루어집니다. 이처럼, 우선 NRC 내에서 몇 가지 단계가 있고, 그 위에 NRC의 손을 벗어나서 연방법원 레벨로 가게 됩니다.

NRC의 결정에 대한 불복의 소가 연방법원 레벨에서 제기된 경우, NRC의 전문적 판단에 대해서 커다란 존중이 부여됩니다[3]. 앞에서 말씀드린 바와 같이, NRC의 임무는 공중의 위생 및 안전에 대해 충분한 보호를 확보하는 것에 있습니다. NRC의 설립근거법인 미국원자력법[4]은 「충분한 보호」의 의미에 대해서는 정의를 하고 있지 않고, 또한 「충분」이라는 개념을 이용할 때에 그 의미를 명백히는 하고 있지 않습니다.

---

2) 미국원자력법 191조(원자력안전 및 허가에 관한 심사회)에는 다음과 같이 규정되어 있다. 「위원회는 하나 또는 그 이상의 원자력안전 및 허가에 관한 심사회를 설치할 수 있다. 각 심사회는 3명으로 구성되고, 그 중 1명은 행정소송절차를 실시할 자격을 가지며, 남은 2명은 결정에 관련된 쟁점과의 관계에서 위원회가 적당하다고 인정하는 기술적 그밖의 자질을 가지는 자이어야 한다」.

3) Massachusetts v. NRC, 878 F.2d 1516, 1523(1st Cir. 1989).

4) Atomic Energy Act of 1954, 42 USC 2011 et seq.

NRC는 충분한 보호가 의미하는 바를 구체적으로 정의하는 것에는 항상 신중하였습니다만, 충분한 보호에 대한 절대적인 확증이 없이 「합리적인 확증」을 제공하는 것으로 생각되고 있습니다. 이것은 NRC는 제로 리스크의 상태를 실현하는 것이 아님을 나타내고 있습니다. 충분한 보호에 대한 합리적인 확증이라는 개념은 1961년에 연방대법원에 의해 확인되고 있습니다[5].

오랜 세월에 걸쳐서, 연방법원은 일관해서 충분한 보호의 내용을 획정하는 것은 NRC의 기술적 스태프의 전문적 판단에 거의 맡겨져 있다고 판단해왔습니다. 이 때문에, 오랜 세월 연방대법원은 일반적으로 위원회의 결정을 존중해왔습니다. 약 50년 전의 NRC 이전의 원자력위원회의 시대로 소급합니다만, 미국의 연방레벨에서의 항소심에 해당하는 콜롬비아특별구연방항소심법원은 미국원자력법의 규제체계는 「행정청에 부여되고 있는 책임의 넓이의 정도에서 대단히 특징적이며, 조직의 설치목적을 어떻게 달성할지에 대해서는 상세한 규정이 두어지고 있지 않다」[6]고 말하고 있습니다. 또한, 약 20년 후의 1989년에 연방레벨의 항소심에 해당하는 제1순회구연방항소심법원은 NRC의 결정에 대한 소송의 심사는 「과학적 기술적 쟁점을 포함하는 경우에는 억제적인 것으로 된다」[7]고 나타내고 있습니다.

도모오카 후미토 : 감사합니다. 미국에서의 하나의 분쟁해결의 수법이라는 것으로서, 대단히 귀중한 상황을 제공해주셨습니다. 첸 선생님, 앞에서 대만의 건으로 발언해주시겠습니까.

첸춘셩 : 앞에서 전문가집단에 대한 신뢰성과, 규제기관에의 신뢰성에 언급하였습니다만, 대만에서는 지금까지 원자력발전에 관한 소송이 희귀하였습니다. 그러나, 2013년에 고등행정법원의 판결이 있었습니다. 대만은 1978년부터 원자력의 운전이 시작되고, 그리고 2013년 초에 겨우 법원의 판단이 나온 것입니다만, 저의 생각으로는 그 전에 나온 원자력에 관한 불복신청도 적기 때문에, 중요한 것이라고 생각합니다.

---

5) Power Reactor Development Co. v. International Union of Electrical, Radio and Machine Workers, 367 US 396, 408 (1961).

6) Siegal v. AEC, 400 F.2d 1516, 1523 (1st Cir. 1989).

7) Massachusetts v. NRC, 878 F.2d 1516, 1523(1st Cir. 1989).

후쿠시마제1원전사고 후에 있었던, 이 판결 중의 사실을 간단히 소개하겠습니다. 본건에서는 제2위의 원자력발전소의 1호기에 대해서 22회의 대규모점검을 실시한 후, 재운전을 인정한 처분은 고도의 과학기술과 관련된 리스크평가이며, 그리고 복잡한 리스크판단에 속하는 사항이었습니다. 따라서, 당시의 과학기술의 수준에 비추어서 원자력의 설치와 운전에 수반되어 일어날 수 있는 손해에 대해, 필요한 예방조치가 취하여지고 있다고 인정할 때에는 주관기관은 원자로의 설치와 운전의 허가를 부여할 수 있다고 하는 법률이 규정되어 있습니다. 그리고, 본건은 법원이 그 원자력발전소의 대규모 점검 후, 그 재운전을 인정할 것인지 여부의 심사는 당시의 과학기술에 비추어, 필요한 예방조치가 취하여지고 있는지 여부, 그러한 상황을 심사한다는 것입니다.

법원은 절대적 안전기준, 앞에서 야마가타 씨도 일본에서는 상대적 안전성과 절대적 안전성이 있다고 말씀하셨습니다만, 법원은 절대적 안전성의 기준을 채용하지 않는다고 말하였습니다. 그렇지 않으면, 궁극적으로 인간의 과학기술의 이용에 의한 발전의 길을 방해하고, 과학기술의 연구와 발전은 불가능하게 되기 때문입니다. 이에 의해, 원자력발전소의 대규모 점검 후, 재운전의 심사에 관하여 법원은 실천이성을 평가하는 기준이어야 합니다. 약간 독일과 유사합니다. 그러나, 규제기관인 원자력위원회의 판단여지도 인정되고 있습니다.

본 판결에서 법원은 제2위의 원자력발전소의 1호기의 대규모 점검 후, 재운전을 인정하는 처분은 고도의 과학기술과 관련되는 리스크평가로서, 복잡한 리스크 판단에 의존하는 사항이기 때문에, 본건 피고인 원자력위원회가 판단의 권한을 가지고 있다고 판단하였습니다. 그 근거는 이른바 동태적 기본권 보호입니다. 또한, 판결 중에서 원자력의 안전의 개념도 설명하였습니다. 법원은 안전의 개념에 대해, 실천이성의 한계를 넘는 과학의 불확정한 부분은 과학에서 완전하게 예기되는 것이 아니라고 하면서, 절대적 안전의 기준을 취하는 것은 불가능하다고 판단하고 있습니다.

이처럼, 법원은 안전의 개념에 대하여, 실천이성을 평가의 기준으로 하여 안전성을 파악하고 있기 때문에, 실체적인 판단을 취하지 않고 있습니다. 그리고, 후쿠시마제1원전사고 후, 처음으로 고등행정법원의 판결이 나왔습니다. 판결에서는 법원이 규제기관의 판단의 여지의 권한을 긍정하고 있습니다만, 저의 생각으로는 규제기관 또는 전문가의 안전성에 대한 판단에 대해서 전보다 신뢰성이 저하하는 것이 아닐까라고 생각합니다.

도모오카 후미토 : 감사합니다. 역시 일본법이라고 할까요, 일본의 제도로 다시 돌아가면, 신규제기준에 어느 정도의 신뢰성이 있는가라는 점에 대해서도 법원의 쟁점으로 된다고 할 수 있습니다만, 실무에 종사하고 있는 야마가타 씨는 이 점의 신뢰성 향상도 포함하여, 자신의 통상의 업무를 통하여 생각나시는 점도 포함하여 말씀해주십시오.

야마가타 히로시 : 이것은 전혀 다른 분야로서, 사람의 신뢰를 어떠한 경우에 얻을 수 있는지를 연구해서 논문을 쓴 적이 있습니다만, 하나로는 역시 실적입니다[8]. 우리들은 전문가입니다만, 전문가가 아닌 분이 저 사람은 확실히 업무를 하고 있는지 여부를 판단하는 것은 실적에 근거합니다. 이것은 통계학의 분야에서 베이즈 추정이라고 말하는 것입니다만, 어떤 사안이 일어난 경우에 그것이 정말로 진(眞)인지 여부를 판단하는 것입니다만, 그러한 실적에 근거하여 대부분의 사람은 판단합니다. 다분히 법관도 심증이라는 말이 사용되는지도 모르겠습니다만, 실적을 사용한다고 생각합니다.

그러나, 그 사람이 거짓말을 하는 사람이라면 어떨까하는 것입니다. 실제로 거짓말을 하는지 여부는 별개의 문제입니다만, 거짓말을 할지도 모른다고 생각되는 순간, 그 신뢰는 얻을 수 없습니다. 그리고 당연히 예전에 나쁜 짓을 한, 실패한 사람에 대해서는 신뢰의 회복커브가 대단히 늦는다는 것도 이론적으로 입증되었습니다.

그러한 관점에서 말하면, 예전의 경제산업성에 있었던 원자력보안원이라는 것은 없어지고 전혀 다른 것이 생겼습니다. 투명성이라는 관점에서 말하면, 테러대책 등은 공개할 수 없는 것입니다만, 심사회합은 You Tube로 공개하고, 자료도 전부 공개하고 있습니다. 그러한 공개의 자세가 필요하다고 생각합니다.

다음은 앞에서도 말하였던 것처럼, 실적을 쌓아가는 수밖에 신뢰는 얻을 수 없다고 생각하고 있습니다. 따라서, 우리들은 가능한 한의 투명성을 확보한다는 것과, 실패는 두 번 허용되지 않는다는 것을 어떻게 쌓아가서 이해를 얻을 수 있을까라는 것입니다.

그러나, 이 신뢰를 얻어간다는 것은 실적을 쌓아가는 것이기 때문에, 급히 갑자기 높아지는 것이 아니고, 히어로가 나타나는 것도 아니며, 서서히 좋게 되어 가는 것입니다. 미국의 경우라면, 스리마일섬원자력발전소사고를 일으키고서 약 30년 경과하였다고 생각합니다만, 우리들도 10년 단위로 그러한 것을 획득해가는 수밖에 없을 거라고 생각하고 있습니다.

도모오카 후미토 : 감사합니다. 점점 시간이 다 되어가기 때문에, 총괄적으로 제가 마무리를 하겠습니다. 지금도 이야기가 있었습니다만, 예컨대 기술의 신뢰성이나 신규제기준의 문제도 포함하여, 기술을 어떻게 파악할 것인가라는 점은 어제도 그러했고, 오늘도 그렇습니다만, 역시 각 세션별로 주목하여야 할 각도는 다르지만, 공통된 인식은 필요하다고 생각합니다.

어떤 기술에 관하여, 금후 사고가 일어나지 않는, 확립된 기술인지 여부 그에 대해서 어떠한 문제점이 있는가라는 것을 항상 팔로우업한다는 것으로, 방사성폐기물 정도로 장기간은

8) Hiroshi YAMAGATA, “Bayesian Analysis of Public Reliance on the Nuclear Development”, Annals of Nuclear Energy, 25-10, pp.709-720 (1998).

아닙니다만, 역시 원자로라는, 잘못하면 폭주해버릴 것 같은 기술에 관해서 항상 감시를 할 필요가 있다고 생각합니다.

특히 제가 강조해두고 싶은 것은 그러한 신뢰성을 확보하는 위에서는, 그를 위한 절차를 확실히 구축해가지 않으면 안된다는 것입니다. 그것은 때로 정보공개라는 것도 되고, 전문가 상호의 충돌을 공개하는 것을 통하여, 다양한 비판을 받는다는 것도 대단히 중요하다고 생각합니다.

그러나, 그렇다하더라도 역시 신뢰를 둘 수 없다는 것은 역시 경험칙이라는 것이 중요하게 되는 것이 아닌가하는 생각이 듭니다.

안전규제에 관해서는 정말로 여러 가지 문제, 각도, 논점이 있기 때문에, 그러한 점은 오늘의 짧은 디스커션 내지는 세션에서의 프레젠테이션으로 다 총괄할 수 없다고 생각합니다. 따라서, 성과물로서의 책도 읽어서 공부해가고 싶다고 생각합니다.

플로어로부터의 코멘트 내지 발언 등을 본래는 받고 싶습니다만, 대단히 죄송하게 되었습니다. 시간 관계상 이쯤에서 종료하겠습니다. 여러분, 대단히 감사합니다.

1

원자력기술의 전문적 지견과 법적 규제

(Special Knowledges for Nuclear Technologies and legal regulation)

히토츠바시대학 정책포럼/환경법정책강좌 심포지엄

도모오카 후미토(友岡史仁)(니혼대학)

Fumito Tomooka(Nihon University)

2

「신규제기준」과 재가동

New Regulatory Standards and restarting nuclear reactors in Japan

○ 재가동의 법적 근거로 되는 「신규제기준」

○ Starting Point : New Regulatory Standards are "legal basis" for restarting current nuclear reactors.

○ 「신규제기준」의 타당성에 관련된 문제에 대하여

○ About Appropriation for applying new regulatory standards.

3

기술과 신뢰성의 관계

Relations between technologies and confidence

○ 후쿠시마제1원전사고와 원자력기술의 신뢰성

○ Fukushima Accident and confidence to nuclear technologies.

○ 기술의 최대한의 콘트롤과 신뢰성 확보의 필요성을 위하여

○ Best Control for nuclear technologies and necessity for ensuring confidences

4

신뢰성 향상의 노력①
Effort to improve Confidence①

○ 전문가집단으로서의 원자력규제위원회
○ JNRC is the group of special knowledges.
○ 「신규제기준」은 전문가집단에 의한 합의의 결과.
○ New Regulatory Standard is the result of the decision of special knowledge.
○ 지견에 포함시키기 위한 타이밍의 문제
○ Up-dating knowledges are the timing issues.

5

신뢰성 향상의 노력②
Effort to Improve Confidence②

○ 「신규제기준」이 전문가집단에 의해 의견집약된 결과, 논의의 여지없이 제정되고 있는가?
○ Has the New Regulatory Standard enacted as a result of full discussion by the specialists?
○ 리스크평가가 전문가 상호의 대립을 해소할 수 있을지를 지켜볼 필요가 있다.
○ We must see whether risk assessment would relax collision between specialists.

6

신뢰성 향상의 노력③
Effort to Improve Confidence③

○ 후쿠시마제1원전사고 후의 원전소송에서의 재가동의 재정지의 사건.
○ Civil lawsuit case stopping restarted nuclear reactor has occurred since Fukushima accident.
○ 법관이 「신규제기준」의 신뢰성을 부정한 케이스에도 주목해야함.
○ We should notice the court case – the judge refused confidence of the New Regulatory Standard by JNRC.

7

새로운 과제로서①
New Issues①

○ 방사성물질의 방출대책이 「다중방호」의 제5층에 제시되어 있는 것과의 관계

○ Relations between radiation emission policy and IAEA Fifth level of “defence in depth”.

○ 방사성물질의 시설 외부 방출을 안전규제와 링크시키는 것의 법적 과제

○ Legal issues existing between radiation emission and safety regulation.

8

새로운 과제로서②
New Issues②

○ 「신규제기준」의 타당성을 법관이 독자로 판단하고자 하는 것에의 대응

○ Response to the judge’s own review for the New Regulatory Standard.

○ 아이디어로서 : 원자력규제위원회에 준사법적 기능을 갖게 하는 것, 법원에 전문법원을 설치하는 것

○ ideas : JNRC given as quasi-judicial function, special court setting inside the court.

전체강평

다나카 요시히로(田中良弘)

니이가타대학 준교수, 히토츠바시대학 객원준교수

이틀간에 걸쳐「히토츠바시대학 정책포럼/환경법정책강좌 심포지엄『후쿠시마원전사고와 법정책 – 진재・원전사고로부터의 부흥을 향하여 –』」에 참가해주셔서, 진심으로 감사합니다. 본래라면, 본 강좌의 발족부터 약 3년 반에 걸친 연구활동의 집대성으로서 본 심포지엄을 개최할 수 있었던 것에 대하여, 저의 감개무량의 마음을 코멘트하고 싶었습니다만, 이미 예정시간을 대폭 초과하였기 때문에, 곧바로 강평에 들어가도록 하겠습니다.

본 심포지엄에서는 OECD/NEA 및 원자력규제청이 협력해주셔서, 이틀간에 걸쳐서 국내외의 전문가를 초청해「후쿠시마원전사고와 법정책」을 테마로 강연해주셨습니다.

어제의 기조강연에서는 OECD/NEA 사무국차장인 다니엘・이라칸 씨로부터 후쿠시마제1원전사고 후의 원자력안전에 관한 국제적인 동향 및 금후의 과제에 대하여 말씀해주셨습니다. 후쿠시마제1원전사고를 받아서 OECD/NEA 자신이나 각 가맹국이 원자력에 관한 안전규제의 강화와 위기대응체제의 구축에 어떻게 대응해왔는지, 또한 금후 어떤 일에 대응할 필요가 있는지에 대하여 구체적으로 말씀해주셨고, 정말로 본 심포지엄의 테마에 어울리는 기조강연이었고, 대단히 유익한 내용이었습니다.

이라칸 씨가 되풀이하여 말씀하셨던 것처럼, 안전성의 개선이나 위기대응을 포함하는 리스크의 경감에 향한 대응은 장기간에 걸쳐서 계속적으로 실시되어야 할 사항입니다. 안전성의 확보란 계속적인 프로세스라고 하는 이라칸 씨의 지적은 금후로 향한 OECD/NEA 자신의 결의의 표명임과 동시에, 저희들 연구자・실무가에 향해진 강한 기대의 메시지라고 느꼈습니다.

어제 행하여진 세션 1에서는「후쿠시마원전사고 후의 법정책」으로 타이틀을 붙여서, 3명의 선생님께서 강연을 해주셨고, 분에 넘치게도 저도 강연하였습니다.

히토츠바시대학의 다카하시 시게루 선생님으로부터는 후쿠시마제1원전사고에 관한 손해배상의 현황과 우리나라의 원자력손해배상제도의 개선의 논의에 대하여 말씀해주셨습니다.

죠치대학의 치쿠시 게이이치(筑紫圭一) 선생님으로부터는 사고유래방사성물질오염폐기물의 처리에 관한 현황과 과제에 대하여 말씀해주셨습니다.

저는 우리나라 오염제거법제의 평가와 과제에 대하여 보고하였습니다.

또한, OECD/NEA 사무국 원자력법과장인 히메나 · 바스케스 메냔 씨는 현재의 국제적인 원자력손해배상의 체계에 대하여 말씀해주셨습니다.

원자력손해배상과 방사성물질오염대책은 현재도 여전히 후쿠시마제1원전사고로부터의 부흥에 향한 중요한 과제임과 동시에 원자력법제의 바람직한 모습을 검토함에 있어서 중요한 문제라고 말할 수 있습니다. 세션 1에서의 각 강연은 원자력손해배상이나 방사성물질오염대책에 관한 법정책을 검토함에 있어서 시사에 풍부한 것이었다고 생각됩니다.

오늘 오전에 이루어진 세션 2에서는「주민참가, 리스크커뮤니케이션」이라고 타이틀을 붙여서, 3명의 선생님께서 강연을 해주셨습니다.

죠치대학의 오리 아케미(織朱實) 선생님은 고준위방사성폐기물의 처분에 관해 우리나라의 입지선정의 프로세스와, 그 때의 리스크커뮤니케이션의 과제에 대하여 말씀해주셨습니다.

고쿠가쿠인대학의 가와이 도시키(川合敏樹) 선생님은 방사성폐기물의 최종처분장의 입지선정이나 설치 · 가동을 둘러싼, 해외의 대응과 과제에 대하여 말씀해주셨습니다.

또한, 로이화나대학의 토마스 · 쇼메루스 선생님은 원자력분야에의 오후스조약의 적용에 관해 환경정보에의 액세스와 주민참가, 사법에의 액세스에 대하여 말씀해주셨습니다.

많은 스테이크홀더를 가지는 원자력관련시설에 대해서는 그 설치 · 가동의 프로세스에서 합의 형성과 의사결정의 형태가 커다란 문제로 됩니다. 세션 2에서의 각 강연은 원자력분야에서의 합의형성이나 의사결정의 형태를 생각함에 있어서 대단히 중요하고 유익한 내용이었습니다.

오늘 오후에 이루어진 세션 3에서는「후쿠시마원전사고 후의 안전규제」로 타이틀을 붙여서, 5명의 선생님께서 강연을 해주셨습니다.

원자력규제청의 야마가타 히로시(山形浩史) 씨는 우리나라에서의 안전규제에 대하여 말씀해주셨습니다.

OECD/NEA 사무국 원자력법과 법무전문관인 킴벌리 · 섹스톤 닉 씨는 NEA 국가들에서의 안전규제에 대하여 말씀해주셨습니다.

대만사법원 대법관인 첸춘셩 씨는 동아시아에서의 안전규제에 대하여 말씀해주셨습니다.

전남대학교의 함인선 선생님은 한국에서의 안전규제에 대하여 말씀해주셨습니다.

그리고, 니혼대학의 도모오카 후미토(友岡史仁) 선생님께서 패널디스커션의 모두에서 우리나라의 신규제기준에 관해 원자력기술의 전문적 지견과 법적 규제의 관점에서 말씀해주셨습니다.

모든 강연도 원자력안전규제에 대하여 국제비교의 관점에서 대단히 흥미있는 테마를 제공하는 것이며, 금후의 원자력안전규제의 형태를 검토함에 있어서 중요한 시사를 얻을 수 있는 내용이었습니다.

또한, 각 세션 후에 이루어진 패널디스커션에서도 여러 가지 각도로부터 활발한 논의가 이루어졌습니다. 본 심포지엄은 개별 강연은 물론, 전체로서도 대단히 유익한 것이었다고 생각합니다. 다망하신 중에서도 참가해주신 선생님들께 깊이 감사드립니다.

마지막으로, 금후의 원자력법제에 관한 연구와 논의의 더 나은 발전을 기원하며, 저의 전체강평을 마치겠습니다.

이틀간에 걸쳐서 참가해주셔서 정말로 감사합니다.

폐회인사

다카하시 시게루(高橋 滋)
히토츠바시대학환경법정책강좌 책임자 · 히토츠바시대학 교수

여러분, 이틀간에 걸쳐서 심포지엄에 참가해주셔서 감사합니다. 총괄적인 말씀은 이미 다나카 선생님이 하셨기 때문에 간단히 감상을 덧붙여서 말씀드리는 것으로 인사말씀을 대신하겠습니다.

이틀 간에 걸친 세 개의 세션에서 일본과 OECD국가들, 나아가 동아시아국가들의 후쿠시마제1원전사고 이후의 여러 가지 원자력법에 관한 노력의 소개가 이루어졌다고 생각합니다. 모든 국가들도 후쿠시마제1원전사고를 심각하게 받아들이고 진지한 검토가 이루어져온 것으로 생각됩니다.

그리고, 일본은 후쿠시마제1원전사고의 경험을 토대로 하여, 진지하게 사고를 성찰하고, 새로운 노력을 하고 있으며, 이것을 세계에 발신하는 것이 정말로 우리나라 일본이 후쿠시마원전사고로 인해 부여된 과제를 달성해가는 것과 연결된다고 생각합니다. 이러한 의미에서 이번 심포지엄도 그 커다란 노력의 일환으로 자리 매김 할 수 있는 것이 아닐까 생각합니다.

한편 이 성과는 바람직한 형태로 서적으로 간행할 것을 예정하고 있습니다. 우리나라에 부과된 중대한 과제를 달성하는 커다란 흐름 가운데에서 소기의 성과, 우리들의 프로젝트가 여기에 나타나는 것이라고 생각합니다. 협력해주셔서 정말로 감사합니다.

이로써 심포지엄을 마치도록 하겠습니다. 대단히 감사합니다.

원전사고로부터의 부흥과 주민참가
-후쿠시마원전사고 후의 법정책-

인　쇄　2019년 2월 20일
발　행　2019년 2월 25일

편저자　다카하시 시게루(高橋 滋) 외
역　자　함인선
발행인　정병석
발행처　전남대학교출판문화원

등　록　1981. 5. 21. 제53호
주　소　61186 광주광역시 북구 용봉로 77
전　화　(062) 530-0571~2
영업부　(062) 530-0573
팩　스　(062) 530-0579
홈페이지　http://www.cnup.co.kr
이메일　cnup0571@hanmail.net

값 20,000원

ISBN　978-89-6849-610-3 (93360)

이 도서의 국립중앙도서관 출판예정도서목록(CIP)은
서지정보유통지원시스템 홈페이지(http://seoji.nl.go.kr)와
국가자료공동목록시스템(http://www.nl.go.kr/kolisnet)에서 이용하실 수 있습니다.
(CIP제어번호 : CIP2019006626)